普通高等教育"十三五"应用型本科规划教材

应用统计学基础

秦春蓉　主　编

范保珠　陈　娇　胡佳婷　副主编

叶　璐　陈　郑　李晓燕　参　编

清华大学出版社

北京

内 容 简 介

　　本书系统阐述了统计学的基本理论与方法。全书共分 8 章,内容包括绪论、统计数据的搜集与整理、统计数据的描述性分析、时间数列、统计指数、抽样分布与参数估计、相关与回归分析等。为了突出统计学的实用性,本书特增加"Excel 的统计数据分析应用"一章。

　　本书既可作为应用型本科院校非统计专业的经济管理类学生的必修教材,也可作为人口学、社会学、医药学、法学、新闻学等非经管类专业学生的选修教材。

图书在版编目(CIP)数据

　　应用统计学基础/秦春蓉主编. —北京:清华大学出版社,2017
　　(普通高等教育"十三五"应用型本科规划教材)
　　ISBN 978-7-302-49534-5

　　Ⅰ. ①应…　Ⅱ. ①秦…　Ⅲ. ①应用统计学－高等学校－教材　Ⅳ. ①C8

　　中国版本图书馆 CIP 数据核字(2018)第 026629 号

责任编辑:陈　明
封面设计:傅瑞学
责任校对:王淑云
责任印制:杨　艳

出版发行:清华大学出版社
　　　　　网　　　址:http://www.tup.com.cn,http://www.wqbook.com
　　　　　地　　　址:北京清华大学学研大厦 A 座　　　　邮　　编:100084
　　　　　社 总 机:010-62770175　　　　　　　　　　　邮　　购:010-62786544
　　　　　投稿与读者服务:010-62776969,c-service@tup.tsinghua.edu.cn
　　　　　质量反馈:010-62772015,zhiliang@tup.tsinghua.edu.cn
印 装 者:三河市国英印务有限公司
经　　销:全国新华书店
开　　本:170mm×230mm　　印　张:17　　　　字　　数:343 千字
版　　次:2017 年 12 月第 1 版　　　　　　　　　印　　次:2017 年 12 月第 1 次印刷
印　　数:1～2500
定　　价:42.00 元

产品编号:076483-01

前　言

随着现代信息技术的不断进步,数据化已经成为社会发展的一种趋势。在大数据时代,社会的运行、经济的活动、人类的行为都变得可数据化了。做好数据的搜集、整理与分析,许多问题才可迎刃而解。统计学作为进行数据搜集、整理与分析的重要工具性学科,它与人们的生活、工作密不可分,没有任何学科或领域能够真正离开统计学。

社会主义市场经济深入发展的当下,社会、经济、科技、教育彼此依赖的关系更紧密,进而对实用技能型和创新型经济人才的需求也更加迫切,这必然使得经济管理类专业的人才培养目标发生相应的变化,并逐渐趋于应用化和市场化。要使一本统计学教材能真正成为经济管理类专业的基础性、通用性的教材,其内容要从传统的"宏观统计"或"政府统计"转向"商务统计",这样的统计学教材才更具生命力和适用性。

统计学也是高等院校经济管理类非统计专业的一门核心课程,是一门应用性很强的方法论课程,它能够为学生学习其他专业课程提供数量分析的方法。近几年来,应用型本科院校十分重视统计课程的教学工作,经济管理类专业普遍将统计学作为专业基础课程开设,这对于培养学生基本的数据分析能力十分重要。

本书共 8 章,在编写上采取由浅入深、循序渐进的思路,尽量避免繁杂的公式推导。各章内容结构设计为:"案例/问题导入——章节导言——统计理论——本章小结——练习题"。整个体系强调应用型本科院校经济管理本科专业的统计学课程教学中所必须的基本原理、基本方法、基本技能及其应用。本书的结构框架如下:

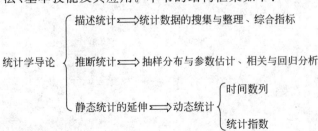

　　本书的特色是：覆盖统计学经典理论，取舍得当；融入现代教学方法，体系新颖，增加了趣味性；理论教学与实践教学有机结合。与其他应用型教材相比，本书最大的不同在于：在本书的第 8 章，以"中国旅游市场发展现状"为案例导向，数据源自《中国统计年鉴 2016》，通过表格处理软件 Excel 2013，从描述统计到推断统计，专门介绍数据的分析应用。包括数据整理与汇总、时间数列长期趋势分析、抽样与区间估计、线性回归分析等，着重探讨影响中国旅游市场发展的主要因素，从而更好地规划中国未来旅游产业的发展。从分析的结果可以清楚地了解未来中国国内旅游收入的发展趋势、城镇人均旅游消费水平趋势、国内旅游人数的变化等。

　　本书基于编者多年来对经济管理类专业本科教学的实践经验及体会，集思广益编写而成。全书由秦春蓉主编，各章的编写分工如下：李晓燕（第 1 章）、叶璐（第 2 章）、陈郑（第 3 章）、陈娇（第 4 章）、胡佳婷（第 5 章）、秦春蓉（第 6 章）、范保珠（第 7 章、第 8 章）。

　　本书的出版，得到了清华大学出版社的支持与帮助，在此对为本书出版付出心血的编辑们及有关同事、朋友的关心，致以衷心的谢意。还要特别感谢本书所参考和引用的相关资料、案例的作者。

　　由于编者水平有限，书中不当、疏漏之处在所难免，恳请广大同行及读者批评指正，以期有机会再版时予以修正与完善。

编　者

2017 年 8 月

目 录

第1章 绪 论

学习目标

1. 了解统计的含义及统计学的研究对象；
2. 认识统计学的学科分类；
3. 掌握统计学的几个基本概念。

基本概念

统计 总体 总体单位 标志 标志值 变异 变量 指标 指标体系

案例导入

1981 年，首届国际《红楼梦》研讨会在美国召开。威斯康星大学讲师陈炳藻独树一帜，宣读了题为《从词汇上的统计论〈红楼梦〉作者的问题》的论文。他从字、词出现频率入手，通过计算机进行统计、处理、分析，对《红楼梦》后 40 回系高鹗所作这一流行看法提出异议，认为 120 回均系曹雪芹所作。

章节导言

在诺贝尔经济学获奖者中，2/3 以上的研究成果与统计和定量分析有关。因此，著名经济学家萨缪尔森在其经典的教科书《经济学》第 12 版中特别提到："在许多与经济学有关的学科中，统计学是特别重要的。"

通过数据来研究规律、发现规律，贯穿了人类社会发展的始终。人类科学发展史上的不少进步都和数据采集分析直接相关，例如现代医学流行病学的开端。伦敦 1854 年发生了大规模的霍乱，很长时间没有办法控制。一位医师用标点地图的方法研究了当地水井分布和霍乱患者分布之间的关系，发现有一口水井周围的霍乱患病率明显较高，借此找到了霍乱暴发的原因：一口被污染的水井。关闭这口水井之后，霍乱的发病率明显下降。这种方法，充分展示了数据分析的力量。

1.1　统计的含义

数据,已经渗透到当今每一个行业和业务职能领域,成为重要的生产因素。人们对于海量数据的挖掘和运用,预示着新一波生产率增长和消费者盈余浪潮的到来。2012 年,大数据首次被麦肯锡咨询公司提出,随后哈佛大学社会学教授加里·金(Gary King)说:"这是一场革命,庞大的数据资源使得各个领域开始了量化进程,无论是学术界、商界还是政府,所有领域都将开始这种进程。"

"满城尽谈大数据",很多人其实并不理解大数据的真正价值是什么。2017 年初,哈佛大学政治学系金教授在上海交通大学举办了一场名为《大数据,重要的不是数据》(Big Data is Not About the Data)的讲座。讲座里,金教授用 3 个大数据研究案例说明:大数据的真正价值在于数据分析。有数据固然好,如果没有分析,数据的价值就无法体现。

数据足够大了之后,我们突然发现一切社会现象到最后都有统计规律。它不像物理学那样可以准确地去描述因果的关系,其本质就是一个统计规律。统计作为进行数据搜集、整理与分析的重要工具,与人们的生活、工作密不可分,没有任何学科或领域能够真正离开统计。只有掌握统计的基本知识和方法技能,才能及时获取各种统计信息,然后根据获取的信息认识社会经济发展的趋势和规律,并做出正确的决策和调控。

发展到现在,"统计"一词有三种含义:一是指**统计工作**,即统计是一种数据搜集、加工和提供的过程,是一种使用明确的概念、方法和程序,以有组织、有条理的方式,从一个总体的部分或所有单元中搜集感兴趣的指标信息的调查过程,并包括将这些信息综合编辑成有用的简要形式的所有活动;二是指**统计资料**,即统计活动的成果,包括在统计调查中所取得的原始资料和经过加工整理汇总的综合统计资料;三是指**统计学**,即分析统计数据的方法和技术,它是一门阐述如何去搜集、整理、显示、描述、分析数据和由数据得出结论的一系列概念、原理、原则、方法和技术的科学,是一门独立的、实用性很强的通用方法论科学。具体内容如表 1-1 所示。

表 1-1　统计的含义

类别	内　涵
统计工作	也称统计活动,是指为了研究客观事物,以有组织、有形式的方式,搜集、整理、分析等工作的总称
统计资料	是指在统计工作中所获得的所有资料的总称,这些资料形式可以是数据、文字、报表、分析报告等
统计学	是指通过科学地概括、总结统计实际经验,形成一门系统地阐述统计理论与方法的学科

统计工作、统计资料和统计学三者相互联系,是理论与实践的辩证统一关系。统计资料的质量好坏、数量的多少取决于统计工作,统计资料是统计工作的成果,统计工作是搜集、整理、分析统计资料的活动过程。统计工作的发展和深化需要统计理论的指导。统计学来源于统计工作,是统计工作经验的理论概括,同时反过来又指导统计工作,推动统计工作的不断发展和提高。三者之间的关系如图 1-1 所示。

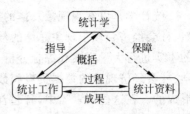

图 1-1   统计工作、统计资料、统计学的关系

总体而言,**统计**是人们正确运用理论和方法搜集数据、整理数据、分析数据和由数据得出结论的实际操作过程,是人们从数据层面对客观世界的一种认识活动和结果。

统计工作、统计资料、统计学的定义是什么?三者的关系是什么?

1.2   统计学的研究对象

在不同的场合,"统计"的含义或语义不同。但不论何时何地,只要提到统计,人们总是要把它与总计、差异比较、大量的数据分析联系起来。这说明数量性、总体性及相关性是统计学的基本特性。世界上各类现象的发展变化规律,都表现为质与量的辩证统一。要认识其客观存在的规律性,就必须认识其质与量的辩证关系,认识其数量关系的特征及度的界限。因此,统计的研究对象是指统计研究所要认识的客体。一般来说,统计的**研究对象**是客观现象总体的数量特征和数量关系,以及通过这些数量方面反映出来的客观现象发展变化的规律性。它往往具有如下特点:

1. 数量性

数量性是统计学研究对象的基本特点。因为,数字是统计的语言,数据资料是统计的原料。一切客观事物都有质和量两个方面,事物的质与量总是密切联系、共同规定着事物的性质。没有无量的质,也没有无质的量。一定的质规定着一定的量,一定的量也表现为一定的质。但在认识的角度上,质和量是可以区分的:可以在一定的质的情况下,单独地研究数量方面,通过认识事物的量进而认识事物的质。因此,事物的数量是认识客观现象的重要方面,通过分析研究统计数据资料,研究和掌握统计规律性,就可以达到统计分析研究的目的。例如,要分析和研究国民生产总值,就要对其数量、构成及数量变化趋势等进行认识,进而正确地分析和研究国民生产总值的规律性。

2. 总体性

统计学是以客观现象总体的数量作为自己的研究对象。统计学的研究对象是自然、社会经济领域中现象总体的数量方面,即统计学的数量研究是对总体普遍存在着的事实进行大量观察和综合分析,得出反映现象总体的数量特征和规律性。自然科学、社会经济现象的数据资料和数量对比关系等一般是在一系列复杂因素的影响下形成的。在这些因素当中,有起着决定和普遍作用的主要因素,也有起着偶然和局部作用的次要因素。由于种种原因,在不同的总体单位中,它们相互结合的方式和实际发生的作用都不可能完全相同。所以,对于每个总体单位来说,就具有一定的随机性质。而对于有足够多总体单位的总体来说又具有相对稳定的共同趋势,显示出一定的规律性。统计学研究对象的总体性,是从对总体单位的实际表现的研究过渡到对总体的数量表现的研究。在研究总体的统计数据资料过程中,为了更好地分析研究现象总体的统计规律性,不排除对个别事物的深入调查研究。

3. 具体性

统计学研究的是一定时间、地点、条件下具体事物的量,不是抽象的量。这是统计学和数学的一个重要区别。但是,由于统计学是从量的方面研究总体现象,因此,在许多方面要使用数学方法进行统计分析。统计学的这一特点,要求统计工作者必须按照具体事物的本来面目进行调查,保证调查资料对具体事物的准确反映。即在研究客观事物的数量方面,统计学研究的是具体对象的具体数量,而不是抽象的量。而数学则是研究抽象的数量关系和空间几何形式,是舍弃了具体对象质的规定性,是抽象的量。因此,尽管统计学有许多数学公式和应用各种数学方法,但不等于数学,必须在质与量的紧密结合中研究现象量的方面。

4. 变异性

统计学研究的是同类现象总体的数量特征,其前提是总体各单位的特征表现存在着差异,否则就没有进行统计研究的必要。现实中的差异性,有的是由固定原因引起的,有的是由多种原因引起的。由固定原因引起的差异性可以按照已知条件事先推定,不需要运用统计方法进行研究。由多种原因引起的差异性无法事先确定,需要运用统计方法进行研究,进而探索出现象总体的特征和规律。

5. 社会性

统计学研究社会经济现象。这一点与自然技术统计学有所区别。自然技术统计学研究自然技术现象。自然现象的变化与发展有其固有的规律,在其变化进程中,通常表现为随机现象,即可能出现或可能不出现的现象。而统计学的研究对象是人类社会活动的过程和结果。人类的社会活动都是人们有意识、有目的的活动,各种活动都贯穿着人与人之间的关系,除了随机现象外,还存在着确定性的现象,即必然要出现的现象。所以,统计学在研究社会经济现象时,还必须注意正确处理好这些涉及人与人之间关系的社会矛盾。

 统计的含义是什么? 其研究对象有什么特点?

1.3 统计学的学科分类

统计学作为一门研究客观事物数量特征和数量关系的方法论科学,其内容构成错综复杂,既有层次性,又有交叉性。截至目前,统计学大致有以下两种分类(如图 1-2 所示)。

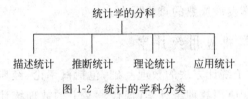

图 1-2 统计的学科分类

1.3.1 描述统计学和推断统计学

描述统计学指以总体全面资料或非随机性局部资料为基础的统计理论与方法体系,包括统计总体论(有关总体、指标和分组等理论)、统计设计、统计调查、统计整理、统计指数、动态分析理论、统计平衡理论、统计数据库等。它不同于仅研究如何整理和概括大量数据的"描述统计学"。

例如,想知道对监狱情景进行哪些改造,可以降低囚徒的暴力倾向。这就需要将不同的囚室颜色基调、囚室绿化程度、囚室人口密度、放风时间、探视时间进行排列组合,而后让每个囚室进行实验处理,最后用因素分析法找出与囚徒暴力倾向相关系数最高的因素。

推断统计学是研究如何利用样本数据来推断总体特征的统计方法。它是在对搜集的样本数据进行描述的基础上,对统计总体的未知数量特征作出以概率形式表述的推断。其中,总体是指所要研究事物的全体,样本是指从总体中抽取的一部分单位的集合。

例如,要了解消费者对某种食品的口味偏好,不可能对每个消费者一一进行测试,而只能选取一部分消费者,通过这部分消费者的情况对全体消费者的情况进行推断。这就用到了推断统计学。

描述统计学和推断统计学的划分,一方面反映了统计方法发展的前后两个阶段,同时也反映了应用统计方法探索客观事物数量规律性的不同过程。

统计研究过程的起点是统计数据,终点是探索出客观现象内在的数量规律性。

在这一过程中,如果搜集到的是总体数据(如普查数据),则经过描述统计之后就可以达到认识总体数量规律性的目的了;如果所获得的只是研究总体的一部分数据(样本数据),要找到总体的数量规律性,则必须应用概率论的理论并根据样本信息对总体进行科学的推断。

显然,描述统计和推断统计是统计方法的两个组成部分。描述统计是整个统计学的基础,推断统计则是现代统计学的主要内容。由于在对现实问题的研究中,所获得的数据主要是样本数据,因此,推断统计在现代统计学中的地位和作用越来越重要,已成为统计学的核心内容。当然,这并不等于说描述统计不重要。如果没有描述统计搜集可靠的统计数据并提供有效的样本信息,即使再科学的统计推断方法也难以得出切合实际的结论。从描述统计学发展到推断统计学,既反映了统计学发展的巨大成就,也是统计学发展成熟的重要标志。

1.3.2　理论统计学和应用统计学

理论统计学侧重于统计方法的数理基础,包括概率论、经典统计理论、贝叶斯理论、统计判决理论等。应用数理统计学(现代意义上的数理统计学)则侧重于统计方法的应用形式,包括抽样技术、试验设计、相关分析、方差分析、多重应答分析、多元统计分析、序贯分析、线性统计模型、时间数列分析、非参数统计等。

应用统计学只涉及某一特定现象、领域的统计研究,又可以分为核算统计学和实验统计学。核算统计学是通过核算手段研究社会现象及其过程的数量特征或统计规律性的理论与方法体系,包括经济统计学、社会统计学、科技统计学、环境统计学等。而实验统计学是运用实验手段研究自然现象自身及其过程的数量特征或统计规律性的理论与方法体系,包括统计物理学、生物统计学、天文统计学、气象统计学、心理统计学、农业试验统计学、工程技术统计学等。

从统计学的学科分类可以看出,统计学的内容是十分丰富的,其研究和应用的领域非常广泛。

什么是描述统计?什么是推断统计?两者的关系是什么?

1.4　统计学的几个基本概念

统计学的研究对象表现出总体性,而总体是由总体单位构成。通过对各总体单位的标志表现进行综合,形成反映总体本质特征和规律的统计指标。因此,需要掌握几个基本概念:总体与总体单位、标志与标志值、变异与变量、指标与指标体系。

1.4.1　总体与总体单位

1. 总体与总体单位的概念

统计学中,研究对象的全体称为**总体**(population),组成总体的每一个个体称为**总体单位**(population unit)。总体是所要认识的研究对象的全体,是具有某种共同性质或特征的许多总体单位的集合体。总体所包含的总体单位数目,称为**总体容量**(population size),通常用 N 来表示。例如,2017 年重庆市的生产总值,其总体由重庆市所有区县的生产总值构成。

2. 总体的分类

根据总体包含的单位数是否有限,总体可以分为**有限总体和无限总体**。

总体所包含的单位数如果是有限的,称为有限总体,如人口数、企业数、商店数等。

总体所包含的单位数如果是无限的或在一定条件下是无法确定的,则称为无限总体,如连续生产的某种产品的数量、大海里的鱼等。

3. 总体的特征

在确定总体单位时,需要首先确定总体。那么判断总体的依据是什么呢？作为一个总体,必须同时具备以下几个特征:

(1) 同质性

同质性是指构成总体的各个单位必须具有至少一个共同的特征和性质。例如,重庆市工业企业总体在性质上与每个工业企业的经济职能是相同的,都是从事工业活动的基本单位。同质性是总体的根本特征,只有总体单位是同质的,统计才能通过对总体单位特征的观察研究,归纳和揭示出总体的综合特征和规律性。

(2) 大量性

大量性是指总体中必须包含足够多的总体单位。仅个别或极少数总体单位不能构成总体。这是因为统计研究的目的是为了描述事物总体的规律性。由于个别总体单位都受偶然因素的影响,其特征不能说明总体的特征,只有相当多的个别总体单位结合起来形成总体,才能使偶然因素的作用相互抵消,从而显示事物的共同性质即总体的特征。

(3) 差异性

差异性或称变异性,是指构成总体的各单位只是在某一性质上相同,但在其他性质或特征上具有一定的差异。例如,重庆市全部工业企业虽然具有相同的经济职能,但是每个工业企业从事的活动内容不同、企业法人不同、员工人数不同。这就是总体内在的差异性。

同质性是构成统计总体的基础,大量性是统计研究的前提,差异性则是统计研究的前提和内容。

4. 总体与总体单位之间的关系

统计总体与总体单位并不是固定不变的,根据研究目的和任务的不同,二者可以互相转化。例如,要研究某市工业企业的生产经营情况,则该市全部工业企业就构成总体,而每一个工业企业是总体单位;如果要研究该市某一个工业企业的生产经营情况,那么该企业就成为总体,而该企业下属的各个车间或部门就成为总体单位。由此可见,由于研究目的不同,一个工业企业既可以作为一个总体单位来研究,也可以作为一个总体来研究。

总体与总体单位之间的区别是什么?

1.4.2 标志与标志值

标志是用来说明总体单位特征的名称。而标志表现是各总体单位在标志下的具体表示。这表明标志的承担者或载体是总体单位。在研究总体特征和规律时,必须先研究各总体单位标志的具体表现。而不同的标志,其具体表现不同。因此,首先,认识标志的类型——品质标志和数量标志;其次,认识标志的具体表现。

标志可以按以下情形进行分类:

1. 标志按其性质可以分为品质标志和数量标志

品质标志是表明总体单位的**质**的特征的名称。例如,工人的性别、民族、文化程度、工种等这一类标志。它不能用数量而只能以性质属性上的差别,即文字来表示事物的质的特征。

数量标志是表明总体单位的**量**的特征的名称。例如,工人的年龄、工龄、工资,工业企业的工人数、产量、产值、固定资产等。它只能以数量的多少来表示事物的量的特性。

就一个品质标志或数量标志而言,其具体表现可能多种多样,不能将标志与标志表现混为一谈。例如,对三个工人的月工资计算平均数,只能说是对三个标志表现或三个标志值计算平均数,不能说对三个数量标志计算平均数,因为数量标志只有一个,即工人的"月工资"。

2. 标志按其变异情况可以分为不变标志和可变标志

当一个统计标志在各个单位的标志表现都相同时,这个标志称为不变标志;当一个统计标志在各个单位的标志表现不尽相同时,这个标志称为可变标志。

例如,中国第六次人口普查(2010 年)规定:"人口普查的对象是具有中华人民共和国国籍并在中华人民共和国国境内常住的人。"按照这一规定,在作为调查对象的人口总体中,国籍和在国内居住是不变标志,而性别、年龄、民族、职业等则是可变标志。**不变标志是构成统计总体的基础**。因为至少必须有一个不变标志将各总体单位联结在一起,才能使它具有"同质性",从而构成一个总体。**可变标志是统计研究的主要内容**。因为如果标志在各总体单位之间的表现都相同,那就没有进行统计分析研究的必要了。

 学号、身份证号、手机号属于什么标志?

1.4.3 变异与变量

统计中的变异是普遍存在的。一般意义上的变异是指标志(包括品质标志和数量标志)在总体单位之间的不同表现。可变标志的属性或标志值在总体各单位之间存在的差异,统计上称之为变异。这是广义上的变异,包括了品质标志和数量标志的变异。

有时,**变异**仅指品质标志在总体单位之间的不同表现。当数量标志值在总体单位之间有差异,说明该数量标志可变。可变的数量标志称为**变量**,其标志表现称为**变量值**。例如,"年龄"的标志表现为 20 岁,21 岁,28 岁等,那么"年龄"就是一个变量。

1. 变量按其取值是否连续,可分为离散型变量和连续型变量

离散型变量只能取有限个值,而且其取值都以整位数断开,可以一一列举,如人数、企业数、机器台数、产品数量等。

连续型变量是可以在一个或多个区间中取任何值的变量,其取值是连续不断的,不能一一列举,如身高、体重、总产值、资金、利润、年龄、温度、零件尺寸的误差等。

值得一提的是,有些变量其性质是属于连续型变量,但实际工作中却把它们当作离散型变量处理,其尾数采用"四舍五入",以利于统计资料的整理,如成绩、年龄……,取其整数或小数点后保留 1~2 位,但并不改变其变量值的连续性质。

2. 变量按其所受因素影响的不同,可分为确定性变量和随机性变量

由确定性因素影响所形成的变量称为确定性变量。确定性因素使变量按一定的方向呈上升或下降趋势变动。例如,出租车费用总是随着总里程的变化而变化的,只要给出出租车费用单价,那么出租车总费用是可以计算的。

由随机性因素影响所形成的变量称为随机性变量,如产品质量检验。在所控制的质量数据范围内,由于受偶然因素的影响,产品的质量数据也不是绝对相同的,它们与质量标准有一定的误差,这是随机性因素的影响。生活中均匀正六面体的骰子每次掷出正面朝上的点数也是最典型的随机性变量。

由于社会经济现象受多种因素的影响,既包括确定性因素,又包括随机性因素。

因此,认识社会经济现象,不仅需要运用社会经济统计学的方法,还需运用数理统计学的方法。

变异与变量之间的区别有哪些?

1.4.4 指标与指标体系

统计指标是综合反映总体**数量特征**的概念和数值,简称指标。

1. 指标的特征

指标具有以下三个方面的特征:

(1) 数量性

所有的统计指标都可以用数值来表现。这是统计指标最基本的特点。统计指标所反映的是客观现象的数量特征。这种数量特征是统计指标存在的形式,没有数量特征的统计指标是不存在的。

(2) 综合性

综合性是指统计指标既是同质总体大量个别单位的总计,又是大量个别单位标志差异的综合,是许多个体现象数量综合的结果。统计指标的形成必须经过从总体单位到总体的过程,是通过个别单位数量差异的抽象化来体现总体综合数量的特点。

(3) 具体性

统计指标的具体性有两方面的含义:一是统计指标不是抽象的概念和数字,而是一定的、具体的社会经济现象的量的反映,是在质的基础上的量的集合。这一点使社会经济统计和数理统计、数学相区别。二是统计指标说明的是客观存在的、已经发生的事实,反映了社会经济现象在具体地点、时间和条件下的数量变化。这一点又和计划指标相区别。

2. 指标的分类

(1) 统计指标按照其反映的内容或其数值表现形式,可以分为总量指标、相对指标和平均指标

总量指标是反映现象总体规模的统计指标,通常以绝对数的形式来表现,因此又称为绝对数,例如,土地面积、国内生产总值、财政收入等。总量指标按其反映的时间状况不同又可以分为时期指标和时点指标。**时期指标**又称时期数,反映的是现象在一段时期内的总量,如产品产量、能源生产总量、财政收入、商品零售额等。时期数通常可以累积,从而得到更长时期内的总量。**时点指标**又称时点数,反映的是现象在某一时刻上的总量,如年末人口数、科技机构数、公司员工数、股票价格等。时点数通常不能累积,各时点数累计后没有实际意义。

相对指标又称相对数,是两个绝对数之比,如经济增长率、物价指数、全社会固定资产增长率等。相对数的表现形式通常为比例和比率两种。

平均指标又称平均数或均值,反映的是现象在某一空间或时间上的平均数量状况,如人均国内生产总值、人均利润等。

(2)统计指标按其所反映总体现象的数量特性的性质不同可分为数量指标和质量指标

数量指标是反映社会经济现象总规模水平和工作总量的统计指标,一般用绝对数表示,如职工人数、工业总产值、工资总额等。

质量指标是反映总体相对水平或平均水平的统计指标,一般用相对数或平均数表示,如计划完成程度、平均工资等。

综上所述,相对指标、平均指标不能进行有意义的加减,质量指标(相对指标、平均指标)也不能进行有意义的加减。指标的分类如表 1-2 所示。

表 1-2　指标的分类

表示形式 项目	绝对数	相对数	平均数
是否可以加减	是	否	否
按表现形式	总量指标	相对指标	平均指标
按反映内容	数量指标	质量指标	

单个指标只能说明总体现象的一个侧面。由于社会经济现象数量之间存在一定的联系。因此,各种指标之间也存在着各种各样的联系。若干个相互联系的指标组成一个整体就称为**指标体系**。

和单个指标相比较,指标体系是应用更为广泛和更为重要的手段。因为,任何社会现象和自然现象都是一个相互联系的有机整体。一个企业是由许多有机联系的部门组成的整体,整个国民经济是由许多有机联系的部门或地区组成的整体,生产、分配、流通、消费是有机联系的复杂过程。人类所进行的各种社会活动也是相互联系的。这种社会经济现象的相互联系产生统计指标体系的客观基础,同时也产生了使用指标体系的要求。另外,以对社会现象总体的认识来讲,一个指标的作用是有限的。因为它只能反映社会总体及其运动的一个侧面,不能只靠一个指标来了解情况和做出判断,而要使用相互联系的一套指标来反映和研究,否则,就容易产生片面性。对自然现象的认识也是如此,需要使用一整套相互联系的指标才能揭示自然现象的本质。

3. 指标与标志的区别与联系

指标与标志既有明显的区别,又有密切的联系。

两者的区别:

(1)标志是说明总体单位特征,而指标是说明总体特征。

（2）标志中的品质标志不能用数值表示，只能用文字表示，而指标都能用数值表示。

（3）标志一般不具备时间地点等条件，但作为一个完整的统计指标，一定要讲时间、地点、范围。

两者的联系：

（1）有许多统计指标的数值是从总体单位的数量标志值汇总而来的，既可指总体各单位标志量的总和，也可指总体单位数的总和。比如，某地区工业增加值指标是由该地区的每个企业的工业增加值汇总而来，某集团公司职工人数指标是由该集团公司各企业的职工人数汇总而来。

（2）两者存在着一定的变换关系。这主要是指标和数量标志之间存在着变换关系。由于研究目的不同，原来的统计总体如果变成总体单位，则相应的统计指标也就变成数量标志了；反之亦然。例如，在研究某集团公司职工情况时，该集团公司的全部职工是总体，相应的工资总额为统计指标。而在研究该集团公司所属的某企业职工工资情况时，该企业就是总体单位，则相应的工资总额为数量标志，具体的工资总额数值为标志值。于是，该企业的工资总额由统计指标相应地变为数量标志了。

指标的分类有哪些？指标与标志有何区别与联系？

1.5 统计软件简介

处理数据不是一件容易的事情，在运用复杂统计方法处理海量数据的时候更是这样。好在现在的时代是计算机时代，原本一些枯燥、烦琐的数据处理工作可以借助计算机完成。这也是统计学学习者的福音。很多时候，只要知道统计学的原理，选择合适的统计学方法，就可以运用计算机处理非常复杂的统计分析任务。因此，运用统计软件非常重要。

统计软件有很多，以下粗略地介绍了三种。

1.5.1 Excel 简介

Excel 是微软办公套装软件的一个重要组成部分，可以进行各种数据的处理、统计分析和辅助决策操作，广泛应用于管理、统计、财经、金融等众多领域。Excel 可以胜任基本的数据整理和统计图表的制作工作，能够实现一些基本的统计分析功能。如果不从事统计领域的专业工作，那么 Excel 是比较理想的选择。由于 Excel 普适度比较高，本书在涉及数据处理软件实例时，全部以 Excel 2013 为例。

1.5.2 SPSS 简介

如果觉得 Excel 还不够用，又不愿意在统计软件上花太多的时间，可以选择

SPSS。SPSS 的全称是"统计产品与服务解决方案"(statistical product and service solutions),是世界上最早采用图形菜单驱动界面的统计软件。其最突出的特点就是操作界面极为友好,输出结果美观漂亮。它将几乎所有的功能都以统一、规范的界面展现出来,使用 Windows 的窗口方式展示各种数据管理和数据分析方法的功能,对话框展示各种功能选择项。用户只要掌握一定的 Windows 操作技能,粗通统计分析原理,就可以使用该软件从事统计分析工作。2009 年 7 月 28 日,IBM 以 12 亿美元收购了 SPSS,如今 SPSS 的版本已升至 20.0,而且更名为 IBM SPSS。

1.5.3　SAS 简介

SAS(statistical analysis system)是由美国北卡罗来纳州立大学 1966 年开发的统计分析软件,经过多年的完善和发展,在国际上作为统计分析的标准软件,同时在各个领域得到广泛的应用。全球 50000 多家企业都在通过 SAS 软件对数据进行深入挖掘,帮助企业更快、更准确地进行业务决策。与 SPSS 比较起来,SAS 更加专业,需要使用者对所使用的统计方法有清楚的认识,并允许使用者通过编写程序实现更为准确的统计分析。对于非专业人士来说,使用 SAS 有一点困难。

目前,常用的统计软件都有专门的教材供大家学习使用。

1.6　本章小结

1. 统计学的几个基本概念

在认识总体之前,先要理解以及区分统计学的几个基本概念:总体、总体单位、标志、指标、变异、变量、指标体系。具体内容如图 1-3 所示。

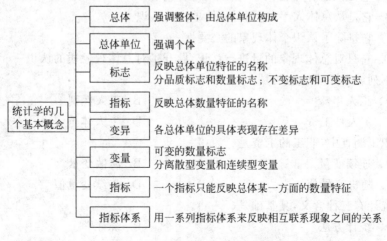

图 1-3　统计学的几个基本概念

2. 指标的分类

指标分类的维度有两个：指标的表现形式和指标反映的内容，并且各指标可以用不同形式的数来表示。具体内容如图 1-4 所示。

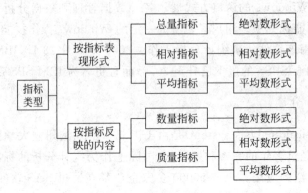

图 1-4　指标类型

1.7　练习题

一、单选题

1. 一个统计总体(　　)。

   A. 只能有一个标志　　　　　　　　B. 只能有一个指标

   C. 可以有多个标志　　　　　　　　D. 可以有多个指标

2. 统计总体的特点表现在(　　)。

   A. 它是从总体单位入手，达到对总体的认识

   B. 它是从总体入手，达到对总体单位的认识

   C. 它排除了认识个体现象的必要性

   D. 它只对总体现象的量进行认识，抛开了对总体现象质的认识

3. 下列属于品质标志的是(　　)。

   A. 工人年龄　　　　　　　　　　　B. 工人性别

   C. 工人月工资　　　　　　　　　　D. 工人体重

4. 职工调查中，职工的工资是(　　)。

   A. 连续变量　　　　　　　　　　　B. 离散变量

   C. 随机变量值　　　　　　　　　　D. 连续变量值

5. 统计有三种含义，其基础是(　　)。

   A. 统计方法　　　　　　　　　　　B. 统计学

   C. 统计活动　　　　　　　　　　　D. 统计资料

6. 某班学生数学成绩分别为 65 分、71 分、80 分和 87 分,这四个数字是(   )。

    A. 指标   B. 标志   C. 变量   D. 标志值

7. 统计研究的量必须是(   )。

    A. 抽象的量   B. 具体的量

    C. 连续不断的量   D. 可直接相加的量

二、判断题

(   )1. 总体的同质性是指总体中的各个单位在所有标志上都相同。

(   )2. 总体的差异性是指总体单位必须具有一个或若干个可变的品质标志或数量标志。

(   )3. 数量指标是由数量标志汇总来的,质量指标是由品质标志汇总来的。

(   )4. 品质标志和质量指标一般不能用数值表示。

(   )5. 所有的统计指标和可变的数量标志都是变量。

(   )6. 社会经济现象都是有限总体。

(   )7. 全国人口普查的总体单位是户。

(   )8. 所有总体单位与总体之间都存在相互转换关系。

(   )9. 统计学是一门方法论的科学。

(   )10. 统计指标是客观事实的具体反映,不具有抽象性。

(   )11. 品质标志不能转变为统计指标。

(   )12. 统计指标及其数值可以当作总体。

(   )13. 商品的价格在标志分类上属于数量标志。

(   )14. 要了解一个企业的产品生产情况,总体单位是每一件产品。

三、简答题

1. 统计的含义是什么?其研究对象有什么特点?

2. 什么是总体和总体单位?试举例说明它们之间的关系。

3. 标志和指标有何区别与联系?

4. 什么是描述统计?什么是推断统计?

四、思考题

一项调查表明,消费者每月在网上购物的平均花费是 200 元,而选择在网上购物的主要原因是"价格便宜"。

1. 这一研究的总体是什么?

2. 研究者所使用的主要是描述统计方法还是推断统计方法?

第 2 章　统计数据的搜集与整理

 学习目标

1. 理解统计数据的类型；
2. 熟悉统计数据搜集的组织形式与方法；
3. 掌握统计数据的整理。

基本概念

频数　频率　累计频数　累计频率

案例导入

要研究重庆高校学生的成绩影响因素，现以重庆某高校 2016 级的工商管理、市场营销、财务管理三个专业共 33 个班为研究对象。为了保护学生的隐私，调查采取匿名的方式，发放 1000 份调查问卷。试问调查问卷需采集哪些相关数据，才能达到研究目的？

 章节导言

统计工作不是把数字随便填到几个格子里去，而应当是用数字来说明所研究的现象在实际生活中已经充分呈现出来或正在呈现出来的各种社会类型。

手中妙笔书写统计篇章，表中数据体现发展变化。想要了解事物的发展变化，就需要了解数据、搜集数据、分析数据。本章主要介绍统计数据的类型，统计数据搜集的组织形式、方法及工具，统计数据的整理与显示。

2.1　统计数据的类型

统计学是一门研究客观事物数量方面和数量关系的方法论科学。在研究客观事物的数量方面，自然离不开统计数据。而统计数据是对客观现象进行计量的结果。由于客观事物有的比较简单，有的比较复杂，有的表现为数量差异，有的表现为品质差异。因此,统计数据也就有定性数据和定量数据的区别,并且可分为不同的层次:定类数据、定序数据、定距数据、定比数据。

2.1.1　定类数据

定类数据表现为类别,不能区分顺序,属于品质数据或定性数据。

人的性别有男性、女性,可以按性别对人口进行分组,每组之间的关系是平等或并列的,没有等级之分。从另一层面上说,正因为定类数据各组间的关系是平等或并列的,才使得各组或各类之间可以改变顺序。需要**注意**的是,在定类数据中,各组或各类必须符合类别穷尽和互斥的要求,即组别或类别可以通过列举的方式全部显示出来,而且每一个数据只能归于其中一类。比如,我国13亿多人口,每个人的性别是唯一的。在统计中,为了利用计算机技术进行集成化数据处理,减少工作量,往往对各类别用指定数字代码来表示,如数字"1"代表男性、"2"代表女性,但这些数字只是符号,不能进行运算。因此,定类数据的主要数学特征是"＝"或"≠"。

2.1.2　定序数据

定序数据表现为类别,可以进行排序,也属于品质数据或定性数据。它在对事物分类的同时给出各类的顺序,其数据仍表现为"类别",但各类之间是有序的,可以比较优劣。因此,定序数据的层次比定类数据更高。

受教育程度可分为文盲半文盲、小学、初中、高中、大学、研究生及以上。它们也可以用数字代码来表示,如数字"1"代表文盲半文盲,"2"代表小学,"3"代表初中,"4"代表高中,"5"代表大学,"6"代表研究生及以上学历。需要注意的是,定序数据并不能测量出类别之间的准确差值,类别之间只能比较大小。因此,定序数据的主要数学特征是">"或"<"。

2.1.3　定距数据

定距数据表现为数值,可以进行加、减运算,属于数量数据或定量数据。定距数据不仅能比较各类事物的优劣,还能计算出事物之间差异的大小。因此,相较定类数据和定序数据,定距数据能对事物进行准确测度。

显然,定距数据可以较方便地转换为定序数据。例如,考查课的成绩可以将将百分制分数转换为五级制分数。一般来说,百分制中的"60～70"这一分数段对应五级制中的"及格",其他分数依次类推。值得一提的是,定序数据不能转换为定距数据,如五级制分数不能转换为百分制分数。因此,定距数据的主要数学特征是"＋"或"－"。

2.1.4　定比数据

定比数据表现为数值,可以进行加、减、乘、除运算,属于数量数据或定量数据。定比数据,也称比例数据,与定距数据属于同一层次,最大的区别在于是否有绝对零点。在定距数据中,"0"表示某一个数值,而定比数据中的"0"表示"没有"或"无"。

"温度"是典型的定距数据,因为在摄氏温度中,0℃表示在海平面高度上水结冰的温度;但对于销售人员来说,"0"表示没有成交量,所以销量属于定比数据。在实际生活中,"0"在大多数情况下均表示事物不存在,如长度、高度、利润、薪酬、产值等,所以在实际统计中,使用的多为定比数据。在定距数据中,"0"表示特定含义,因此有些书把定距数据看做是定比数据的特殊形式,两者不加区别。因此,定比数据的主要数学特征是"+""-""×"或"÷"。

区分数据的类型十分重要,因为对不同类型的数据将采用不同的统计方法来处理和分析。这里需要特别指出的是,适用于低层次测量数据的统计方法,也适用于较高层次的测量数据,因为后者具有前者的数学特性。一般来说,数据的层次越高,应用范围越广泛;层次越低,应用范围越受限。层次高的数据,可以兼有层次低的数据的功能,而层次低的数据,不能兼有层次高的数据的功能。表 2-1 给出了上述四种统计数据的测量层次和数学特征。

在统计分析中,数据的测量层次越高越好,因为高层次的统计数据包含更多的数学特征,所运用的统计分析方法越多,分析时也就越方便。

表 2-1　四种统计数据的比较

计量数据 数学特征	定类数据	定序数据	定距数据	定比数据
分类("=""≠")	√	√	√	√
排序(">""<")		√	√	√
间距("+""-")			√	√
比值("×""÷")				√

统计数据有哪些类型?它们的主要数学特征是什么?

2.2　统计数据的搜集

统计数据的搜集是指按照预定的统计研究任务,运用科学的调查方法,有组织地向社会实际搜集统计资料的过程。

2.2.1 统计数据搜集的组织形式

统计数据搜集的组织形式取决于调查对象的特点和调查目的。不同情况下应采用不同的组织形式,以搜集到准确、及时、全面和系统的统计资料,为高质量地完成统计工作任务打下良好的基础。

1. 普查

普查是为了某种特定的目的而专门组织的一次性的**全面调查**,用以搜集重要国情国力和资源状况的全面资料,为政府制定规划、方针、政策提供依据。如全国人口普查就是对全国人口——进行调查登记,规定某个特定时点(某年某月某日某时)作为全国统一的统计时点,以反映有关人口的自然和社会的各类特征。普查的**优点**在于:普查是调查某一人群的所有成员,在确定调查对象上比较简单;所获得的资料全面,可以知道全部调查对象的相关情况,准确性高;所获得的数据为抽样调查或其他调查提供基本依据。与此同时,普查也存在**不足**:普查工作量大,花费大,组织工作复杂;调查内容有限;由于工作量大可能导致调查的精确度下降,调查质量不易控制。

(1)普查的特点

① 普查通常是一次性或周期性

由于普查涉及面广、调查单位多,需要耗费大量的人力、物力和财力,通常需要间隔较长的时间,一般每隔 10 年进行一次。如我国的人口普查从 1953 年至 2010 年共进行了六次。今后,我国的普查将规范化、制度化,即每逢末尾数字为"0"的年份进行人口普查,每逢末尾数字为"3"的年份进行第三产业普查,每逢末尾数字为"5"的年份进行工业普查,每逢末尾数字为"7"的年份进行农业普查,每逢末尾数字为"1"或"6"的年份进行统计基本单位普查。

② 规定统一的标准时点

调查时间是指调查资料所属的时间。因为现象分为时点现象和时期现象,因此,针对时点现象,调查时间用"某一时刻"表示,必须确定调查的标准时间点;针对时期现象,调查时间用"某一段时间"表示,必须确定调查时间的开始、结束时间。调查资料必须确定调查时间,以免调查时因情况变动而产生重复登记或遗漏现象。例如,我国第六次人口普查的标准时点为 2010 年 11 月 1 日零时,就是要反映这一时点上我国人口的实际状况。

③ 规定统一的调查期限

调查期限是指完成整个调查工作所需的时间,包含搜集、整理、分析到报送的整个工作所花的时间。如普查时,在普查范围内各调查单位或调查点尽可能同时进行登记,并在最短的期限内完成,以便在方法和步调上保持一致,保证资料的准确性和时效性。

④ 规定普查的项目和指标

普查时必须按照统一规定的项目和指标进行登记,不准任意改变或增减,以免影响汇总和综合,降低资料质量。并且,同一种普查,每次调查的项目和指标应力求一致,以便于进行历次调查资料的对比分析和观察社会经济现象的发展变化情况。

⑤ 普查的数据一般比较准确,规范化程度也较高。因此,它可以为抽样调查或其他调查提供基本依据。

⑥ 普查的使用范围比较窄,只能调查一些最基本及特定的现象。

普查既是一项技术性很强的专业工作,又是一项广泛性的群众工作。我国历次人口普查都认真贯彻群众路线,做好宣传和教育工作,得到群众的理解和配合,因而取得令世人瞩目的成果。

(2) 普查应遵循的原则

① 必须统一规定调查资料所属时间。

② 正确确定调查期限、选择登记时间。为了提高资料的准确性,一般应选择在调查对象变动较小和登记、填报较为方便的时间,并尽可能在各普查地区同时进行,力求最短时间完成。

③ 规定统一的调查项目和计量单位。同种普查,各次基本项目应力求一致,以便历次普查资料的汇总和对比。

④ 普查尽可能按一定周期进行,以便于研究现象的发展趋势及其规律性。

2. 统计报表

统计报表是按统一规定的表格形式,统一的报送程序和报表时间,自下而上提供基础统计资料,是一种具有法律性质的报表。统计报表是一种以全面调查为主的调查方式。它是由政府主管部门根据统计法规,以统计表格形式和行政手段自上而下布置,而后由企、事业单位自下而上层层汇总上报,逐级提供基本统计数据的一种调查方式。统计报表具有统一性的特点。

(1) 统计报表的基本特点

统一性是统计报表的基本特点,具体表现为:

① 统计报表的内容和报送的时间是由国家强制规定的,以保证调查资料的统一性。

② 统计报表的指标含义、计算方法、口径是全国统一的。

(2) 统计报表的分类

① 按调查范围,统计报表可分为全面统计报表和非全面统计报表。全面统计报表要求调查对象中的每一个单位都要填报。非全面统计报表只要求调查对象的一部分单位填报。

② 按填报单位不同,分为基层统计报表和综合统计报表。基层统计报表是由基层企、事业单位填报的报表,综合统计报表是由主管部门或中间部门根据基层报表逐

级汇总填报的报表。综合统计报表主要用于搜集全面的基本情况,也常为重点调查等非全面调查所采用。

③ 按报送周期长短不同,分为日报、周报、旬报、月报、季报、半年报和年报。周期短的,要求资料上报迅速,填报的项目比较少;周期长的,内容要求全面一些。年报具有年末总结的性质,反映当年中央政府的方针、政策和计划贯彻执行情况,内容要求更全面和详尽。日报和旬报称为进度报表,主要用来反映生产、工作的进展情况。月报、季报和半年报主要用来掌握国民经济发展的基本情况,检查各月、季、年的生产工作情况。年报是每年上报一次,主要用来全面总结全年经济活动的成果,检查年度国民经济计划的执行情况等。

④ 按报表内容和实施范围不同,分为国家统计报表、部门统计报表和地方统计报表。国家统计报表——国民经济基本统计报表,由国家统计部门统一制发,用以搜集全国性的经济和社会基本情况,包括农业、工业、基建、物资、商业、外贸、劳动工资、财政等方面最基本的统计资料。部门统计报表——为了适应各部门业务管理需要而制定的专业技术报表。地方统计报表——针对地区特点而补充制定的地区性统计报表,是为本地区的计划和管理服务的。

(3) 统计报表优点

统计报表具有以下三个显著的优点。

① 来源可靠

它是根据国民经济和社会发展宏观管理的需要而周密设计的统计信息系统,从基层单位日常业务的原始记录和台账(即原始记录分门别类的系统积累和总结)到包含一系列登记项目和指标,都力求规范和完善,使调查资料具有可靠的基础,保证资料的统一性,便于在全国范围内汇总、综合。

② 回收率高

它是依靠行政手段执行的报表制度,要求严格按照规定的时间和程序上报,因此,具有 100% 的回收率;而且填报的项目和指标具有相对的稳定性,可以完整地积累形成时间数列资料,便于进行历史对比和社会经济发展变化规律的系统分析。

③ 方式灵活

它既可以越级汇总,也可以层层上报、逐级汇总,以便满足各级管理部门对主管系统和区域统计资料的需要。

3. 重点调查

重点调查是指在全体调查对象中选择一部分**重点单位**进行调查,以取得统计数据的一种非**全面调查**方法。其中,重点单位是指在全体调查对象中只占一小部分,但其标志值在总体的标志总量中占较大的比重。对这部分重点单位进行调查所取得的统计数据应有代表性,能够反映社会经济现象发展变化的基本趋势。

因此,选取重点单位,应遵循**两个原则**:一是要根据调查任务的要求和调查对象的基本情况而确定选取的重点单位及数量。一般来讲,要求重点单位应尽可能少,而其标志值在总体中所占的比重应尽可能大,以保证有足够的代表性;二是要注意选取那些管理比较健全、业务力量较强、统计工作基础较好的单位作为重点单位。

重点调查的**主要特点**是:投入少、调查速度快,所反映的主要情况或基本趋势比较准确。根据研究问题的不同需要,重点调查可以采取一次性调查,也可以进行定期调查。一次性调查适用于临时调查任务。

4. 典型调查

典型调查是根据调查目的和要求,在对调查对象进行初步分析的基础上,**有意识地**选取少数具有代表性的典型单位进行深入细致的调查研究,借以认识同类事物的发展变化规律及本质的一种**非全面调查**。典型调查要求搜集大量的第一手资料,掌握所调查的典型单位的各方面情况,系统、细致地解剖,从中得出用以指导工作的结论和办法。

(1)典型调查的作用

典型调查具有两个突出的作用:

① 研究尚未充分发展、处于萌芽状况的新生事物或某种倾向性的社会问题。通过对典型单位深入细致的调查,可以及时发现新情况、新问题,探测事物发展变化的趋势,形成科学的预见。

· ② 分析事物的不同类型,研究它们之间的差别和相互关系。例如,通过调查可以区别先进事物与落后事物,分别总结它们的经验教训,进一步进行对策研究,促进事物的转化与发展。

此外,在总体内部差别不大,或分类后各类型内部差别不大的情况下,典型单位的代表性很显著,也可用典型调查资料来补充和验证全面调查的数字。

(2)典型调查的特征

① 典型调查主要是定性调查。典型调查主要依靠调查者深入基层进行调查,对调查对象直接剖析,取得第一手资料,能够透过事物的现象发现其本质和发展规律。它是一种定性研究,难以进行定量研究。

② 典型调查是根据调查者的主观判断,有意识地选择少数具有代表性的单位进行调查。因此,调查者对调查单位的了解情况、思想水平和判断能力对选择典型的代表性起着决定作用。

③ 典型调查的方式是面对面的直接调查。它主要依靠调查者深入基层与调查对象直接接触与剖析。因此,对现象的内部机制和变化过程往往了解得比较清楚,资料比较全面、系统。

④ 典型调查方便、灵活,可以节省时间、人力和经费。典型调查的对象少,调查时间快,反映情况快,调查内容系统周密,了解问题深,使用调查工具不多,运用起来灵活方便,可以节省很大的人力、财力。

（3）典型调查的注意事项

① 正确地选择典型

根据调查的目的，在对事物和现象总体情况初步了解的基础上，综合分析，对比研究，从事物的总体上和相互联系中分析其发展趋势，选出典型。典型可分为三种：先进典型、中间典型和后进典型。当研究目的是探索事物发展的一般规律或了解一般情况时，应选择中间典型；当研究目的是要总结推广先进经验时，应选取先进典型；当研究目的是为了帮助后进单位总结经验时，就应选择后进典型。

② 注意点与面的结合

典型虽然是同类事物中具有代表性的部分或单位，但毕竟是普遍中的特殊，一般中的个别。因此，对于典型的情况及调查结论，要注意哪些属于特殊情况，哪些可以代表一般情况。要慎重对待调查结论，对于其适用范围要作出说明，特别是对于要推广的典型经验，必须考察、分析其是否具备条件，条件是否成熟，切忌"一刀切"。

③ 定性分析与定量分析结合

进行典型调查时，不仅要通过定性分析，找出事物的本质和发展规律，而且要借助定量分析，从量上对调查对象的各个方面进行分析，以提高分析的科学性和准确性。

5．抽样调查

抽样调查是一种非全面调查，按照随机原则，从全部调查研究对象中，抽选一部分单位进行调查，并据以对全部调查研究对象作出估计和推断的一种调查方法。显然，抽样调查虽然是非全面调查，但它的目的却在于取得反映总体情况的信息资料，因而，也可起到全面调查的作用。例如，某学校想了解全校教师上课情况（如课堂氛围、学生状态等），由于时间、精力等方面的问题，随机抽取部分教师，听取其上课情况。可见，抽样调查经济性好，实效性强，适应面广，准确性高。（有关抽样调查的详细内容将在本书的第 6 章展开。）

综上所述，统计数据搜集的组织形式可分为全面调查和非全面调查，而全面调查包括普查和统计报表，非全面调查包括重点调查、典型调查和抽样调查（如图 2-1 所示）。

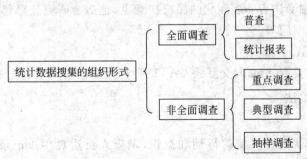

图 2-1　统计数据搜集的组织形式

统计数据搜集的组织形式有哪些？它们的区别在哪些地方？

2.2.2　统计数据搜集的方法

统计数据的搜集方法主要包括询问调查和观察实验两种方法,具体包括:访问调查、邮寄调查、电话调查、座谈会、个别深度访问、网上调查、观察法、实验法等。

1. 询问调查法

（1）访问调查

访问调查又称派员调查,是调查者与被调查者通过面对面地交谈而得到所需资料的调查方法。访问调查的方式有标准式访问和非标准式访问两种。前者是按一个事先设计好的访问结构,如固定格式的标准化问卷,有顺序地依次提问,并由受访者做出回答。非标准式访问则事先不做统一的问卷或表格,也没有统一的提问顺序,有的只是一个题目或提纲,由调查人员和受访者自由交谈,以获得所需的资料。

（2）邮寄调查

邮寄调查是通过邮寄或其他方式将调查问卷送至被调查者,由被调查者填写,然后将问卷寄回或投放到指定收集点的一种调查方法。

（3）电话调查

电话调查是调查人员利用电话与受访者进行语言交流,从而获得信息的一种调查方式。电话调查时效快、费用低,但调查问题的数量不能过多。

（4）座谈会

座谈会也称为集体访谈法,是将一组受访者集中在调查现场,让受访者对调查的主题发表意见,从而获取调查资料的一种方法。这种方法适用于搜集与研究课题有密切关系的少数人员的倾向和意见。

（5）个别深度访问

个别深度访问是一次只有一名受访者参加的特殊的定性研究。这种方法常用于动机研究,以发掘受访者非表面化的深层次意见,也适合研究较隐秘的问题,如个人隐私或较敏感的问题等。

（6）网上调查

网上调查主要有 e-mail、交互式 CATI 系统、互联网 CGI 程序三种方法。

2. 观察实验法

（1）观察法

观察法是指就调查对象的行动和意识,调查人员边观察边记录以收集信息的方法。

（2）实验法

实验法是一种特殊的观察调查方法，是在所设定的特殊实验场所、特殊状态下，对调查对象进行实验以取得所需资料的一种调查方法。

因此，询问调查法和观察实验法的主要不同在于：①被调查者是否知道自己处于被调查的情形中；②所获资料是表面的还是深入的。

2.2.3　统计数据搜集的工具

统计数据搜集的方法不同，所用工具也有所差异。观察实验法所用的工具主要是科学仪器，而询问调查法所用的工具主要是问卷。观察实验法是因果性调研中搜集资料的主要方法，但实验可能会引起诸多实验误差，且实验结果在很大程度上由实验条件决定。询问调查法是应用最广泛的原始资料的获取方式，其问卷设计是调查前的一项重要准备工作，问卷设计的科学性在调查中具有关键性意义。问卷设计的好坏，在很大程度上决定着问卷的回收率、有效率，甚至关系到调查活动的成败。

1. 问卷的结构

一份问卷通常由三部分组成：前言、主体内容和结束语。

问卷前言主要是对调查目的、意义及填表要求等的说明，包括问卷标题、调查说明及填表要求。前言部分的文字需简明易懂，能激发被调查者的兴趣。

问卷主体是市场调查所要收集的主要信息，由一个个问题及相应的选择项目组成。通过主体部分问题的设计和被调查者的答复，市场调查者可以对被调查者的个人基本情况和对某一特定事物的态度、意见倾向以及行为有较充分的了解。

问卷结束语主要表示对被调查者合作的感谢，记录下调查人员姓名、调查时间、调查地点等。结束语要简短明了，有的问卷也可以省略。

2. 问卷设计的步骤

（1）确立主题，规定资料范围

主题是问卷的眼，要明确，并且要结合调查的具体要求以及要达到的目的来确定。确定主题后，要根据调查的内容确定调查的范围，同时要搜集相关的资料，勾画问卷的整体构思。

（2）分析样本特征

深入了解调查目标群体的社会环境、观念风俗、行为规范等社会特征，对其需求和潜在的欲望等心理特征也要多方了解，对其文化知识、理解能力都要有相应的掌握。

（3）设计问题

在设计问题这一环节中，要根据调查内容拟定问题。拟定问题时，要充分考虑到应答人群适合什么样的句式，要以简单扼要的语言表述问题，问题中不可带有生疏的专业用语或地方语言。此外,对问题还要进行严格的筛选,对于不必要的问题要尽量删除。

（4）试问

调查者在设计好问题后要换位思考,站在被调查者的角度去回答问题,了解一下答题过程的心理感受,对问题是否清晰,逻辑是否合理都要有清楚的认识。

（5）修订

根据试问的情况,对存在的不足进行修订。

（6）试发

对修订好的问卷进行小批量的复印后,要在目标群体中选择一小部分人进行问卷发放,了解具体情况。

（7）确定问卷

在试发放后,要结合应答的情况进行综合整理,改正不足后最后确定问卷。

3. 撰写一份完美问卷的要点

问卷中,问题设计合理、排列科学可以提高问卷回收率和信息的质量。

（1）文字表达要准确,避免使用被调查者可能不明白的缩写、俗语、生僻用语

例如,调查商品消费情况,使用"您通常喜欢选购什么样的鞋?"就用词不准确,因为对于"通常""什么样"的含义,不同的人有不同的理解,回答各异,不能取得准确的信息。若改为"您外出旅游时,会选购什么品牌的旅游鞋?",这样表达就很准确,不会产生歧义。

再如,您对 PPO 的意见是什么? 很可能不是每个人都知道 PPO 代表优先提供者组织(preferred provider organization)。如果这一问题以一般公众为被调查对象,调查者可能会遇到麻烦。另一方面,如果问题针对医院管理者,那么 PPO 缩写很可能是可接受的。

（2）提问要具体

含糊地提问会得到含糊的答案。例如,您的家庭收入是多少? 当被调查人员给出此问题的数字答案时,其答案各式各样:2016 年的税前收入,2016 年的税后收入,2015 年的税前收入,2015 年的税后收入等。

（3）提问不要过多

当问题的要求过多时,被调查者是不会回答的,或者要么拒绝要么乱猜。例如"2016 年您读了多少本书?"需给出一个回答范围:"A. 无; B. 1～10 本; C. 11～25 本; D. 26～50 本; E. 多于 50 本"。

（4）确保问题易于回答

要求过高的问题也会导致拒答或猜想。例如,问题"请您对以下 20 项因素的重要性进行排序。"相当于让被调查者做一次相当大的计算工作。实际中不要让其为 20 项排序,而应让其挑选出前 5 项。

涉及填卷人的心理、习惯和个人生活隐私而不愿回答的问题,即使将其列入问卷也不易得到真实结果。遇有这类问题,如果实在回避不了,可列出档次区间或用间接的方法提问。如调查个人收入,如果直接询问,不易得到准确结果,而划分出不同的档次区间供其选择,效果就比较好。

避免拟定时间久、回忆不起来或回忆不准确的问题。

(5)不要过多假设

问题设计者有时默认了一些知识、态度和行为。例如,"您对校长关于出勤率的立场倾向于同意还是反对?"这一问题假设了被调查者知道校长对出勤率有一个立场并知道立场是什么。

(6)注意双重问题和相反观点的问题

将多个问题结合起来或运用相反观点的问题会导致出现模棱两可的问题和答案。例如,"您赞同在私人住宅而不在公共场所吸烟吗?"如果此问题精确描述被调查人员的立场,那么就很容易解释"是"这种回答。但是回答为"否"可能意味着被调查人员赞同在公共场所吸烟而不赞同在私人场所吸烟,或两者都反对,或两者都赞同。"学校不应该对学生直接负责吗?"这个问题模棱两可,几乎任何回答都可以。

(7)检查误差

带有误差的问题会引导被调查人员以某一方式回答,但这种方式不能准确反映其立场。有几种使问题存在偏向性的方式。

① 暗示被调查人员本应参与某一行为。例如,"今年看电视剧《人民的名义》的人比看其他电视剧的人多。您看过这部电视剧吗?"为了不显示出"不同",被调查人员即使没有看过也会说是的。问题应该是"您曾看过电视剧《人民的名义》吗?"

② 选择答案不均衡。例如,"我国每年在援助外国方面花费近300亿美元。您认为这个数字应:A.增加;B.保持不变;C.稍减一点;D.减少一点;E.大量减少。"这套答案鼓励被调查人员选择"减少"选项,因为其中有3项"减少",而只有一项是增加。

③ 使用引导性的语句。如设计问卷时,问"某品牌的旅游鞋质优价廉,您是否准备选购?"这样的问题将容易使填表人由引导得出肯定性的结论或对问题反感,简单得出结论。这样不能反映消费者对商品的真实态度和真正的购买意愿,所以产生的结论也缺乏客观性,结果可信度低。

(8)评价问卷和编排

一旦问卷草稿设计好后,问卷设计人员应再回过来做一些批评性评估。如果每一个问题都是深思熟虑的结果,这一阶段似乎是多余的。但是,考虑到问卷所起的关键作用,这一步不可不少。在问卷评估过程中,以下原则应当考虑:问题是否必要;问卷是否太长;问卷是否回答了调研目标所需的信息;邮寄及自填问卷的外观设计；开放试题是否留足空间；问卷说明是否用了明显字体等。

（9）预先测试

正式调查之前的试调查、修改和编辑都不能保证成功。事先测试是保证问卷研究项目成功而费用相对较低的方式。事先测试的基本目的是保证问卷提供给被调查人员以清晰、容易理解的问题，使得这样的问题将得到清晰、容易理解的回答。

4. 问卷举例

大学生对金融类岗位需求的调查问卷

亲爱的同学：

你好，首先祝贺你即将成为毕业生中的一员！也很高兴能邀请你用 2～3 分钟的宝贵时间参加此次调研，你的意见非常重要。此次调研的目的是为了了解大学生对金融类相关工作岗位的需求现状，以便更好地指导或服务毕业生的就业，提前作好相应的职业规划。

我们保证对所填信息资料保密，也不另作他用。你的支持是我们前进的动力，非常感谢配合！请如实填写以下基本信息：

年级_____专业_____性别_____年龄_____身高_____

1. 你现在是否有明确的职业意向？（ ）

    A. 是   B. 否

2. 你是否愿意在银行、保险等金融机构工作（或实习）？（ ）（若选 B，中止访问，不用再填写）

    A. 愿意   B. 不愿意

3. 你拥有以下哪些类型的从业资格证？（ ）（可多选）

    A. 银行   B. 证券   C. 会计   D. 保险

    E. 其他

4. 你认为去金融机构工作（或实习）最困扰你的因素是（ ）（可多选）

    A. 专业不对口或专业面太窄   B. 就业信息不足

    C. 缺乏实践和工作经验   D. 缺乏社会关系

    E. 户籍、性别、身高等歧视   F. 沟通交流能力不足

    G. 其他

5. 你希望在哪些金融类岗位工作（或实习）？（ ）（可多选）

    A. 大堂经（助）理   B. 电话（售后）客服

    C. 理财（个贷）助理   D. 渠道经理

    E. 综合管理岗   F. 个贷催收（扫描）岗

    G. 汽车金融操作岗   H. 其他

---

6. 你对金融类相关岗位了解多少?(　　)
　　A. 非常了解　　　　　　　　B. 比较了解
　　C. 一般　　　　　　　　　　D. 比较不了解
　　E. 非常不了解

7. 你是否希望通过校内培训(行业专家、主管授课)进行相关岗位的进一步了解?(　　)
　　A. 是　　　　　　　　　　　B. 否

8. 你期望的工资标准是?(　　)
　　A. 2000 元以下　　　　　　　B. 2000~3000 元
　　C. 3000~4000 元　　　　　　D. 4000 元以上

9. 你希望工作(或实习)的地点是(　　)
　　A. 成都　　　　　B. 重庆　　　　　C. 其他

10. 关于大学生对金融类岗位需求方面,你还有什么样的建议或意见?

　　　　　　　　　　　　　　　　　　　　　　　谢谢你的支持!

问卷设计要注意什么问题?

2.3　统计数据的整理

　　统计数据整理的目的在于将总体单位的标志值转化为说明总体数量特征的指标值,使统计资料系统化,从而得出反映现象总体性和规律性的综合资料,为统计分析提供基础和前提条件。同时,合理使用图表显示统计数据、描述统计结果是应用统计的基本技能之一。

　　根据标志的性质,可将数据分为定性数据和定量数据。首先要弄清面对的数据类型,因为对于不同类型的数据,所采取的处理方式和方法是不同的。对定性数据主要是做分类整理,对定量数据则主要是做分组整理。适合于低层次数据的整理方法也适合于高层次的数据;但适合于高层次数据的整理方法并不适合于低层次的数据。

2.3.1　数据的预处理

　　所谓数据的预处理,即在对数据分类或分组之前所做的必要处理。包括审核、筛选、排序。

1. 数据审核

从不同渠道取得的统计数据,在审核的内容和方法上有所不同。

对于原始数据应主要从**完整性**和**准确性**两个方面去审核。完整性审核主要是检查应调查的单位或个体是否有遗漏,所有的调查项目或指标是否填写齐全。准确性审核主要包括两个方面:一是检查数据资料是否真实地反映了客观实际情况,内容是否符合实际;二是检查数据是否有错误,计算是否正确等。审核数据准确性的方法主要有逻辑检查和计算检查。逻辑检查主要是审核数据是否符合逻辑,内容是否合理,各项目或数字之间有无相互矛盾的现象,此方法主要适合对定性数据的审核。计算检查是检查调查表中的各项数据在计算结果和计算方法上有无错误,主要用于对定量数据的审核。

对于通过其他渠道取得的二手资料,除了对其完整性和准确性进行审核外,还应该着重审核数据的**适用性**和**时效性**。二手资料可以来自多种渠道,有些数据可能是为特定目的通过专门调查而获得的,或者已经按照特定目的需要做了加工处理。对于使用者来说,首先应该弄清楚数据的来源、数据的口径以及有关的背景资料,以便确定这些资料是否符合自己分析研究的需要,是否需要重新加工整理等,不能盲目生搬硬套。此外,还要对数据的时效性进行审核,对于有些时效性较强的问题,如果取得的数据过于滞后,可能失去了研究的意义。一般来说,应尽可能使用最新的统计数据。数据经审核后,确认适合实际需要,才有必要做进一步的加工整理。

归纳起来,数据审核的内容主要包括以下四个方面:

(1) 准确性审核

主要是从数据的真实性与精确性角度检查资料,其审核的重点是检查调查过程中所发生的误差。

(2) 适用性审核

主要是根据数据的用途,检查数据解释说明问题的程度。具体包括数据与调查主题、与目标总体的界定、与调查项目的解释等是否匹配。

(3) 及时性审核

主要是检查数据是否按照规定时间报送,如未按规定时间报送,就需要检查未及时报送的原因。

(4) 一致性审核

主要是检查数据在不同地区或国家、在不同的时间段是否具有可比性。

2. 数据筛选

对审核过程中发现的错误应尽可能予以纠正。调查结束后,当数据中发现的错误不能予以纠正,或者有些数据不符合调查的要求而又无法弥补时,就需要对数据进行筛选。数据筛选包括两方面的内容:一是将某些不符合要求的数据或有明显错误的数据予以剔除；二是将符合某种特定条件的数据筛选出来，对不符合特定条件的数据予以剔除。数据的筛选在市场调查、经济分析、管理决策中是十分重要的。

3. 数据排序

数据排序是按照一定顺序将数据排列，以便于研究者通过浏览数据发现一些明显的特征或趋势，找到解决问题的线索。除此之外，排序还有助于对数据检查纠错，为重新归类或分组等提供依据。在某些场合，排序本身就是分析的目的之一。排序可借助于计算机来完成。

对于定性数据，如果是字母型数据，排序有升序与降序之分，但习惯上使用升序更为普遍，因为升序与字母的自然排列相同；如果是汉字型数据，排序方式有很多，比如按汉字的拼音首字母排序，这与字母型数据的排序完全一样，也可按笔画排序，其中也有笔画多少的升序降序之分。交替运用不同方式排序，在汉字型数据的检查纠错过程中十分有用。

对于定量数据，排序方式只有两种，即递增和递减。排序后的数据也称为顺序统计量。

2.3.2 定性数据的整理

1. 定类数据的整理

定类数据本身就是对事物的一种分类，因此在对此类数据进行整理时，主要从各类别的频数、频率或比例着手进行分析。

（1）相关概念

频数（frequency），又称次数，常用字母 f 表示，是指落在各类别中的数据个数。

例 2-1 经常抛硬币，在抛了 100 次后，硬币有 40 次正面朝上，60 次正面朝下。那么，硬币反面朝上的频数是多少？

解：掷了硬币 100 次，40 次朝上，则有 $100-40=60$ 次反面朝上，所以硬币反面朝上的频数为 60。

频数分布（frequency distribution）：将各个类别及其相应的频数全部列出来即可得到频数分布。

频数分布表：将频数分布用表格的形式表现出来就是频数分布表。例如，重庆某高校为了解大四学生的就业意向，随机抽取 200 人对其就业问题做了问卷调查，其中的一个问题是："你希望从事的职业：A. 行政人员；B. 管理人员；C. 专业技术人员；D. 其他。"

调查数据经分类整理后形成的频数分布表如表 2-2 所示。

表 2-2 200 名大四学生希望从事职业的频数分布表

希望从事的职业	频数/人
行政人员	58
管理人员	83
专业技术人员	22
其他	37
合计	200

很显然，200 个同学的就业意向，如果不做分类整理，既不便于理解，也不便于分析。经分类整理后，可以大大简化数据，很容易看出希望从事"管理人员"的人数最多，而希望从事"专业技术人员"的人数最少。

频率（比例）（proportion）：一个总体中各个部分的频数占总体频数的比重，常用于反映总体的构成与结构。设总体频数为 N，被分为 K 个部分，各部分的频数分别为 $N_1, N_2, \cdots, N_K$，则比例定义为：$\dfrac{N_i}{N}$ （$i = 1, 2, \cdots, K$）。

各部分的比例之和等于 1，即

$$\frac{N_1}{N} + \frac{N_2}{N} + \cdots + \frac{N_K}{N} = 1$$

比例是将总体中各部分的数值变成同一个基数，即以 1 为基数，从而可以对不同类别的数值进行比较。

百分比：将比例乘以 100，即得百分数，是将比的基数抽象化成 100 所得的数据，用％表示。

比率（ratio）：不同类别的频数的比值。可以是总体中各不同部分的频数对比。需要注意的是，比率不是总体中部分与整体的关系，因此，比值可能大于 1。比率还可以是同一现象在不同时间或空间上的频数之比。例如，一个班的总人数 50 人，其中男生 20 人，女生 30 人。则男生所占的比例是 40％，女生所占的比例是 60％；男女生的比率是 2：3。

（2）编制频数分布表

数据整理的结果就是频数分布表。通过下面的例子，来看一下定类数据整理的过程。

例 2-2 某市场调查公司为研究不同品牌饮料的市场占有率，对随机抽取的某超市进行了调查。调查人员在某天对 50 名顾客购买饮料的品牌进行了记录。如果一个顾客购买某一品牌的饮料，就将这一饮料的品牌名字记录一次。下面就是记录的原始数据。

营养快线	可口可乐	营养快线	汇源果汁	七喜
七喜	营养快线	可口可乐	七喜	可口可乐

营养快线	可口可乐	可口可乐	百事可乐	营养快线
可口可乐	百事可乐	营养快线	可口可乐	百事可乐
百事可乐	七喜	七喜	百事可乐	七喜
可口可乐	营养快线	营养快线	汇源果汁	汇源果汁
汇源果汁	营养快线	可口可乐	百事可乐	可口可乐
可口可乐	百事可乐	七喜	汇源果汁	百事可乐
七喜	可口可乐	百事可乐	百事可乐	七喜
可口可乐	营养快线	百事可乐	汇源果汁	营养快线

对原始数据进行整理后,可得到频数分布表,如表 2-3 所示。

表 2-3　不同品牌饮料的频数分布表

品牌名称	频数/名	比例	百分比/%
可口可乐	15	0.3	30
营养快线	11	0.22	22
百事可乐	9	0.18	18
汇源果汁	6	0.12	12
七喜	9	0.18	18
合计	50	1	100

从表 2-3 很容易看出:这 50 名顾客中,购买可口可乐的人数有 15 人,所占比重为 30%;购买营养快线的人数有 11 人,所占比重为 22%;购买百事可乐的人数有 9 人,所占比重为 18%;购买汇源果汁的人数有 6 人,所占比重为 12%;购买七喜的人数有 9 人,所占比重为 18%。

(3) 定类数据的图示

频数分布表可以反映统计数据的整理结果,但图形可以更加直观形象地描述数据。图形的绘制又建立在频数分布表的基础之上,即首先生成频数分布表或交叉频数分布表,而后在其基础上绘制相应图形。

① 条形图

条形图是用宽度相同的条形的高度或长短来表示各类别数据的图形;有单式条形图、复式条形图等形式;主要用于反映分类数据的频数分布;绘制时,各类别可以放在纵轴,称为条形图,也可以放在横轴,称为柱形图。

单式条形图:只表示一个项目的数据。根据例 2-2 调查得到的不同品牌饮料的频数,绘制的单式条形图如图 2-2 所示。

根据图 2-2,可以很直观地看出购买各品牌饮料的频数分布情况,购买可口可乐的人数最多,购买汇源果汁的人数最少。

复式条形图:可以同时表示多个项目的数据。

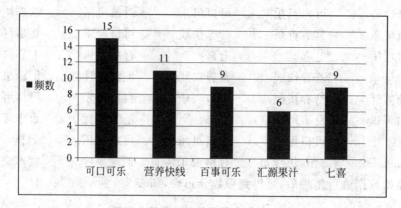

图 2-2　不同品牌饮料的频数分布

例 2-3　根据调查,表 2-4 为 2017 年重庆某高校的教师构成情况。试根据表格绘制相应的复式条形图。

表 2-4　2017 年重庆某高校的教师构成情况

职称	男/人	女/人
助教	82	204
讲师	279	307
副教授	68	60
教授	53	32

根据上述数据绘制的复式条形图如图 2-3 所示。

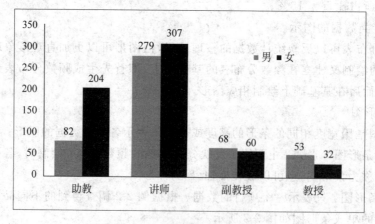

图 2-3　2017 年某高校教师的构成情况

从图 2-3 可知,2017 年重庆某高校的教师中,讲师最多,教授最少;讲师中女教师比男教师多;教授中女教师比男教师少;助教中女教师比男教师多得多。

② 饼图

饼图也称圆形图,是用圆形及圆内扇形的角度来表示数值大小的图形,主要用于表示总体或样本中各组成部分所占的比例,对于研究结构性问题十分有用。绘制圆形图时,总体中各部分所占的百分比用圆内的各个扇形角度表示。这些扇形的中心角度,是按各部分数据百分比占 360° 的相应比例确定的。

例 2-4　根据例 2-2 调查得到的超市顾客购买不同品牌饮料的频率,绘制的饼图如图 2-4 所示。

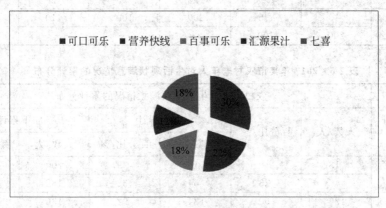

图 2-4　不同品牌饮料的频率分布

从图 2-4 可以很直观地看出超市顾客购买各品牌饮料所占的比重情况。

2. 定序数据的整理

(1) 相关概念

累计频数(cumulative frequencies)(或**累计频率**)按累计的方向不同可以分为向上累计和向下累计。从变量值小的一方向变量值大的一方把各组的频数(或频率)依次相加,称为**向上累计频数**(或**向上累计频率**);从变量值大的一方向变量值小的一方把各组的频数(或频率)依次相加,称为**向下累计频数**(或**向下累计频率**)。

(2) 编制累计频数分布表

例 2-5　根据 2017 年某市城镇和农村老年人对生活现状满意情况资料绘制的累计频数分布表如表 2-5 和表 2-6 所示。

根据表 2-5 和表 2-6,可以看出 2017 年某市城镇和农村老年人对生活现状的满意情况。

(3) 定序数据的图示

① 累计频数分布折线图

根据例 2-5 绘制的累计频数分布折线图如图 2-5 和图 2-6 所示。

表 2-5　2017 年某市城镇老年人对生活现状满意情况的累计分布

| 回答类别 | 城镇老年人对生活现状满意情况的累计分布 | | | | | |
| | 人数/人 | 百分比 % | 向上累计 | | 向下累计 | |
			人数/人	百分比/%	人数/人	百分比/%
非常不满意	14	7	14	7	200	100
不满意	44	22	58	29	186	93
一般	114	57	172	86	142	71
满意	18	9	190	95	28	14
非常满意	10	5	200	100	10	5
合计	200	100	—	—	—	—

表 2-6　2017 年某市农村老年人对生活现状满意情况的累计分布

| 回答类别 | 农村年人对生活现状满意情况的累计分布 | | | | | |
| | 人数/人 | 百分比/% | 向上累计 | | 向下累计 | |
			人数/人	百分比/%	人数/人	百分比/%
非常不满意	18	9	18	9	200	100
不满意	46	23	64	32	182	91
一般	120	60	184	92	136	68
满意	10	5	194	97	16	8
非常满意	6	3	200	100	6	3
合计	200	100	—	—	—	—

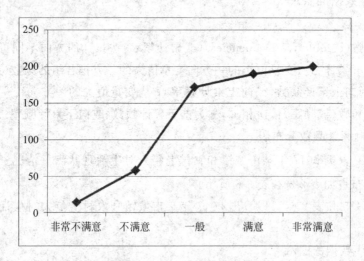

图 2-5　2017 年某市城镇老年人对生活现状满意情况的向上累计频数分布

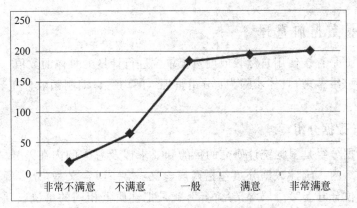

图 2-6　2017 年某市农村老年人对生活现状满意情况的向上累计频数分布

② 环形图

根据例 2-5 绘制的环形图如图 2-7 所示。

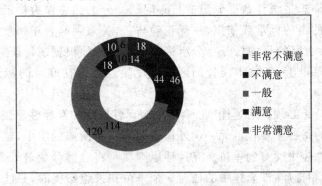

图 2-7　2017 年某市老年人对生活现状的满意情况

　　结合例 2-7 的资料,图 2-7 的内环为 2017 年某市城镇老年人对生活现状满意情况的频数分布,外环为 2017 年某市农村老年人对生活现状满意情况的频数分布。

　　环形图中间有一个"空洞",总体中的每一部分数据用环中的一段表示。环形图可用于结构比较研究,主要用于展示定类和定序数据。环形图与饼图类似,但又有区别,主要表现在以下几个方面:

　　第一,饼图只能显示一个总体各部分所占的比例。

　　第二,环形图可以同时绘制多个总体的数据系列,每一个总体的数据系列为一个环。

　　定性数据的整理方法也都适用于定量数据的整理。但是定量数据还有一些特定的整理方法,并不适用于定性数据。

　　饼图和环形图的区别有哪些?

2.3.3 定量数据的整理

定量数据是直接使用自然数或度量衡单位进行计量的具体的数值。对于定量数据主要就是分组整理,具体步骤为:分组整理、计算频数、编制频数分布表、用图形显示数据。

1. 统计数据分组

统计数据分组是根据统计研究的目的和要求以及总体的内在差异,将数据分别列入不同的组内。统计数据分组包括**两层含义**:第一层含义是"分",就是把性质上有差异的单位分开。第二层含义是"合",就是把性质上相同的单位归并在一起。因此,统计数据分组的结果表现为组间的差异性和组内的同质性。

统计数据分组是把总体按某一标志来分门别类的,选择什么样的标志就有什么样的分组体系。因此,统计数据分组的关键在于分组标志的选择和分组界限的确定。选择分组标志是统计数据分组的核心问题。分组标志作为将现象总体划分为各个不同性质的组的标准或依据,选择正确与否,关系到能否正确反映总体的性质特征、实现统计研究的目的任务。分组标志的选择必须根据统计研究目的,在对现象进行分析的基础上,抓住本质性的区别及反映现象内在联系的标志来作为分组标志。

统计数据分组必须同时遵循两个原则:**穷尽性原则**和**互斥性原则**。穷尽性原则就是使总体中的每一个单位都无一例外地划归到各自所属的组中,或者说各分组的空间足以容纳总体中所有的单位。互斥性原则就是将总体分成若干个组后,各个组间互不相容、互相排斥,即总体中的任何一个单位在按组归类时,只能归属于其中的某一个组,而不能同时归属于两个或两个以上的组。

2. 编制频数分布表

根据分组结果,计算各组中出现的频数,就形成了一张频数分布表。根据分组方法不同,可分为单项式数列和组距式数列。

(1) 单项式数列

单项式数列是把每一个变量值作为一组,这种分组方法通常只适合于离散型变量且变量值较少的情况下使用。其频数分布表编制较简单,在按每一个不同的变量值分别列组后,把各个变量值出现的频数统计出来,就形成了单项式分组数据的频数分布表。

例 2-6 2017 年 5 月在某大学随机抽出 30 名学生,并调查其每周的上网时间(单位:h),结果如下:

5 7 7 10 8 6 5 9 7 8 6 10 6 8 7 7 6 9 7 8 8 9 7 8 6 7 8 7 7

根据资料,绘制的频数分布表如表 2-7 所示。

表 2-7　某大学 30 名学生每周上网时间的频数分布表

每周上网时间/h	人数/人
5	2
6	5
7	11
8	7
9	3
10	2
合计	30

表 2-7 为单项式数列,反映了 2017 年 5 月某大学学生每周的上网时间。

（2）组距式数列

组距式数列是将全部变量值依次划分为若干个区间,并将同一区间的变量值作为一组。这种方法通常适合于连续变量或变量值较多的情况。组距式数列频数分布表的编制步骤如下。

① 将原始数据按数值大小排列和计算全距。确定最大变量值和最小变量值,二者之差就是全距 R。全距表明变量值变动的幅度,是确定组数与组距的依据,可用公式表示如下。

$$单项式数列：R = X_{\max} - X_{\min}$$

$$组距式数列：R = 最高组上限 - 最低组下限$$

式中,R——全距;$X_{\max}$——总体最大标志值;$X_{\min}$——总体最小标志值。

② 确定组距和组数。在组距分组中,一般是用变量值变动的一定范围代表一个组,每个组的最大值为该组的**上限**,最小值为该组的**下限**;而每个组上限和下限之间的距离称为**组距**。组距数列中共有多少个组称为**组数**。在编制组距数列的时候,必须确定组距和组数。组数的多少与组距的大小是相互制约的:组数越多,组距越小;组数越少,组距越大。二者变化呈反向趋势。

对于组距、组数的确定,应视具体情况而定。一般应考虑以下几点:一要尽量反映出总体单位分布情况及总体的集中趋势;二要尽可能区分组与组之间性质上的差异,通过数量差异反映质的变化,同时组距最好取整数。组距、组数先确定哪一个,没有统一的规定。如果先确定组距,再确定组数,可根据斯特奇斯经验公式计算组距,具体公式如下:

$$组距 = \frac{全距}{1 + 3.322 \log N}$$

式中,N 为总体单位数。

③ 确定组限和计算组中值。组限即组距的两个端点,包括下限和上限。若一组内的上、下限都齐全则称为**闭口组**。若一组有上限缺下限,或者有下限缺上限则称为**开口组**。当数据出现个别极大值、极小值与其他数值相差悬殊,为了避免出现空白组(即没有变量值的组)或个别极端值被漏掉,在第一组和最后一组可以分别采用"××以下"和"××以上"的开口组。

确定组限要考虑几个方面:第一,最小组的下限要略低于最小变量值,最大组的上限要略高于最大变量值,以保证分组的完备性;第二,组限应尽可能是引起事物质的变化的数量界线,应有利于表现总体分布的规律性;第三,组限的确定及其表现形式是由变量值的性质决定的。例如:

职工人数(人)   固定资产额(万元)

99 以下   50~60

100~199   60~70

200~299   70~80

300~399   80~90

划分离散变量的组限时,相邻组的组限可以间断;对于连续变量划分组限时,相邻组的组限必须重叠。根据"上限不在内"的原则可解决不重复的问题,如年龄为 36 岁统计在 36≤年龄<38 小组,而不在 34≤年龄<36 小组。

值得一提的是:组距数列可采用等距分组,也可采用不等距(异距)分组。组距数列中,各组组距相等的分组,称为**等距数列**;组距不全相等的分组,称为不等距(异距)数列。在等距数列中组距与组数的关系如下:

$$组距 = \frac{全距}{组数} \quad 或 \quad 组数 = \frac{全距}{组距}$$

一般地,是用等距分组还是异距分组需要看数据的分布是否均匀。如果数据分布均匀,那么选择等距分组;如果数据分布不均匀,则选择异距分组。

比如,表 2-8 为等距分组,表 2-9 为异距分组。

表 2-8　某高校大学生按身高分组分布表

身高/cm	学生数/人	各组学生占学生总数的百分比/%
150~155	200	10
155~160	400	20
160~165	800	40
165~170	500	25
170 以上	100	5
合计	2000	100

表 2-9　2016 年某市工业局所属企业降低成本计划情况

成本计划完成程度/%	企业数/个
85 以下	5
85～90	10
90～100	40
100～105	9
105 以上	3
合计	67

从表 2-8 可以观察总体单位标志值的分布特征：学生身高主要集中在"160～165"，占比 40%；学生人数最少的为"170 以上"，占比 5%。值得注意的是，上述这个数列是等距数列，在等距数列中各组的频数是可以直接比较的，而异距数列不能直接比较。

异距数列各组的频数不能直接比较，因为一个分组内频数的多少除了受单位标志值集中程度的影响外，还受组距大小的影响：组距越大，标志值出现的频数越多；组距越小，标志值出现的频数越少。因此，在异距数列中，往往通过频数密度或频率密度比较大小。频数密度和频率密度的计算公式如下：

$$频数密度 = \frac{某一组的次数}{该组的组距}$$

$$频率密度 = \frac{某一组的频率}{该组的组距}$$

组中值，即各组的上限和下限之间的中点数值。因为组距分组掩盖了组内各单位的实际变量值，通常用组中值近似地代表每个组若干变量值的一般水平。其广泛应用于统计分析中，如计算均值、标准差等。组中值的计算公式如下：

$$闭口组的组中值 = \frac{该组的上限 + 该组的下限}{2}$$

$$缺下限的开口组的组中值 = 该组的上限 - \frac{相邻组组距}{2}$$

$$缺上限的开口组的组中值 = 该组的下限 + \frac{相邻组组距}{2}$$

例 2-7　2016 年甲、乙、丙三个地区按农民人均收入分组如表 2-10 所示，试确定各组组中值。

表 2-10　三个地区农民人均收入构成表

按农民人均收入分组/元	甲/%	乙/%	丙/%
500 以下	5.00	7.50	11.00
500～600	58.20	61.00	66.30
600～1000	27.80	25.50	19.50

续表

按农民人均收入分组/元	甲/%	乙/%	丙/%
1000 以上	9.00	6.00	3.20
合计	100.00	100.00	100.00

解："500 以下"组的组中值 $=500-\dfrac{600-500}{2}=450$（元）

"500～600"组的组中值 $=\dfrac{500+600}{2}=550$（元）

"600～1000"组的组中值 $=\dfrac{600+1000}{2}=800$（元）

"1000 以上"组的组中值 $=1000+\dfrac{1000-600}{2}=1200$（元）

用组中值代表各组标志值的平均水平，是基于各组的标志值呈均匀分布这一前提。但是，实际上各组标志值并不是均匀分布的，组中值与各组的实际平均水平仍有一定的差距。因此，用组中值计算的均值，也只是近似值。

④ 计算各组的频数和频率，编制组距数列，并用统计表显示整理的结果。这个表就是频数分布表。

例 2-8 下面是某班级 50 名学生统计学课程的考试成绩（单位：分）。

95　69　91　70　85　85　92　79　79　98
78　80　79　66　79　77　80　46　78　81
82　62　84　84　64　75　100　68　88　89
91　53　91　83　68　95　75　95　76　86

经整理后，编制组距数列过程如下：

第一，将原始数据按数值大小依次排列并计算全距。50 名学生的考试成绩按数值大小重新排列如下（单位：分）。

46　50　53　60　62　64　64　66　68　68
68　69　70　70　75　75　76　77　78　78
78　78　79　79　79　77　80　80　80　81
82　83　84　84　85　85　86　88　88　89
91　91　91　94　95　95　95　98　100

确定全距 $R=100-46=54$ 分。

第二，以上数据大小分布比较均匀，变量值数目较多，故应编制等距数列。

第三，对数据资料进行定性分析，可按成绩分成优秀、良好、中、及格、不及格五种类型分为五个组，组距为：

$$组距=\frac{全距}{组数}=\frac{54}{5}=10.8（分）（即组距定为 10 分）$$

若用斯特奇斯经验公式计算,则

$$组距 = \frac{全距}{1 + 3.322\log N} = 8.13(分)$$

这里取 10 分(组距一般都取整数,最好是 5 或 10 的倍数)。

第四,遵循最低组的下限应小于最小变量值和最高组的上限应大于最大变量值的原则,一般将学生考试成绩分为 60 分以下、60～70 分、70～80 分、80～90 分、90～100 分,与上述五种类型对应。

将数据归类后,便可计算各组的频数和频率。为了统计分析的需要,还需计算出累计频数和累计频率。一个完整的组距数列应具备两个要素:用区间表示的各组和各组频数,如表 2-11 所示。

表 2-11　某班 50 名学生统计学课程考试成绩频数分布表

成绩/分	频数/人	频率/%	累计频数/人		累计频率/%	
			向上累计	向下累计	向上累计	向下累计
60 以下	3	6	3	50	6	100
60～70	9	18	12	47	24	94
70～80	13	26	25	38	50	76
80～90	15	30	40	25	80	50
90～100	10	20	50	10	100	20
合计	50	100	—	—	—	—

变量数列根据每一组的变量值表现形式,可分为单项式数列(用单个变量值表现)和组距式数列(用一个数值区间表现)。而组距式数列根据组距是否完全相等,分为等距式数列和异距式数列。每一种变量数列有其各自特点,具体内容如图 2-8 所示。

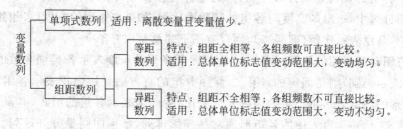

图 2-8　变量数列类型及特点

选择分组标志要考虑哪些因素? 等距数列、异距数列的适用场合有哪些? 异距数列如何比较次数?

3. 定量数据的图示

（1）分组数据：直方图和折线图

① 直方图

根据例 2-8 中数据，绘制的直方图如图 2-9 所示。

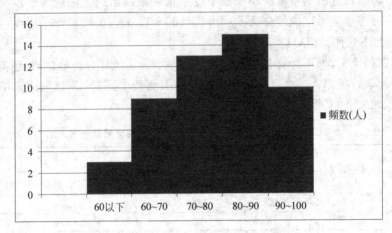

图 2-9　某班 50 名学生统计学成绩分布直方图

从图 2-9 中可以看出 50 名学生的成绩分布情况。80～90 分的学生最多，60 分以下的学生最少。

对于等距分组的数据，可以用矩形的高度直接表示频数分布。如果不是等距分组数据，用矩形的高度来表示各组频数的分布就不再适用。因为对于不等距分组，各组频数大小会受组距的影响。此时用矩形的面积或频率密度绘制直方图，可以更准确地表示各组数据的分布特征。实际上，无论是等距数列还是异距数列，用矩形的面积来表示各组的频数分布更为合适，因为这样可以使直方图下的总面积等于 1。比如在等距分组中，矩形的高度与各组的频数成比例，如果取矩形的宽度（各组组距）为一个单位，高度表示比例（即频率），则直方图下的总面积等于 1。

直方图和条形图的不同：第一，条形图是用条形的长度表示各类别频数的多少，其宽度（表示类别）则是固定的；第二，异距分组的直方图是用面积表示各组频数的多少，矩形的高度表示每一组的频数或百分比，宽度则表示各组的组距，其高度与宽度均有意义。第三，直方图的各矩形通常是连续排列，条形图则是分开排列。最后，条形图主要用于展示定性数据中的定类数据，直方图则主要用于展示定量数据。

② 折线图

折线图也称频数多边形图，是在直方图的基础上，把直方图顶部的中点（组中值）用直线连接起来，再把原来的直方图抹掉。注意折线图的两个端点要分别与横轴相交。用直线段将各数据点连接起来而组成图形，以折线方式显示数据的变化趋势。

折线图可以显示随时间（根据常用比例设置）而变化的连续数据，因此非常适用于显示在相等时间间隔下数据的趋势。图 2-10 为根据图 2-9 画出的折线图。

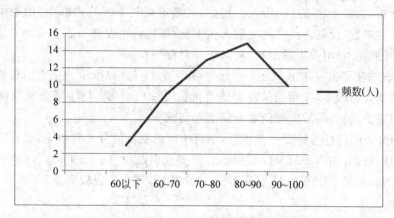

图 2-10　某班 50 名学生成绩分布折线图

当所分的组数很多时，组距会越来越小。这时所绘制的折线图就会越来越光滑，逐渐形成一条平滑的曲线，即频数分布曲线。分布曲线在统计学中有着十分广泛的应用，是描述数据分布规律的有效方法。

在日常生活和经济管理中，常见的频数分布曲线主要有钟形分布（正态分布、偏态分布）、J 形分布、U 形分布等几种类型，如图 2-11 所示。

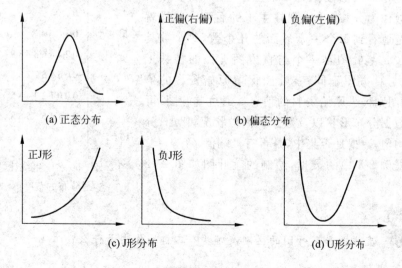

图 2-11　频数分布的主要类型

钟形分布的特征是"两头小、中间大"，即靠近中间的变量值分布的频数多，靠近两边的变量值分布的频数少。若中间变量值分布的频数最多，两侧变量值分布区的频数随着与中间变量值距离的增大而减少,并且围绕中心变量值两侧呈对称分布,则为正态分布,如图 2-11 的(a)所示。而非对称分布各有不同方向的偏态,即左偏分布和右偏分布,如图 2-11 的(b)所示。比如,某城市或某小区的人群中,如果中等生活水平的人占多数,特别富或特别穷的人占少数,那种情况属于正态分布;如果大多数人低于(或高于)中等生活水平,则属于非对称分布。

J 形分布主要有正 J 形和反 J 形分布,如图 2-11 的(c)所示。正 J 形是频数随着变量值的增大而增多,如商品供应量随着价格上涨而增多;反 J 形是频数随着变量值增大而减少,如商品需求量随着价格上涨而减少。

U 形分布的特征与钟形分布相反,靠近中间的变量值分布频数少,靠近两端的变量值分布频数多,如图 2-11 的(d)所示。例如在商品设计——生产——销售三个环节中,其利润和成本比值是 U 形分布的,生产最低,其余二者较高。

直方图和折线图的区别是什么?

(2) 未分组数据:茎叶图和箱线图

对于未分组数据,可以用茎叶图和箱线图来表示。

① 茎叶图

又称"枝叶图",它的设计思路是将数组中的数按位数进行比较,将数的大小基本不变或变化不大的位作为一个主干(茎),将变化大的位的数作为分枝(叶),列在主干的后面。这样就可以清楚地看到每个主干后面的几个数,每个数具体是多少。茎叶图是一个与直方图类似的特殊工具,但又与直方图不同,茎叶图保留原始资料的信息,直方图则失去原始资料的信息。通过茎叶图,可以看出数据分布形状以及数据的离散状况,比如,分布是否均匀,数据是否集中,是否有极端值,等等。

根据例 2-8 中的数据,绘制的茎叶图如图 2-12 所示。

4	6
5	03
6	024468889
7	00556778888999
8	00012344556889
9	111455558
10	0

图 2-12　50 名学生统计学成绩分布的茎叶图

直方图和茎叶图的区别有哪些? 各自的优劣是什么?

② 箱线图

箱线图是由一组数据的 5 个特征值(具体的计算将在第 3 章阐述)绘制而成,是由一个箱子和两条线段组成。其绘制方法是:首先找出一组数据的 5 个特征值,即数据的最大值、最小值、中位数(一组数据排序之后处于中间位置上的变量值 M_e)和两个四分位数(一组数据排序之后处于数据 25% 位置和 75% 位置上的两个值,分别称为下四分位数 Q_L 和上四分位数 Q_U);而后连接两个四分位数画出箱子;最后将两个最值点与箱子相连。

对于一组数据,统计上也称为一个数据"批",或单批数据;对于多组数据也称为多批数据。对于单批数据,可以绘制简单的箱线图;对于多批数据,可以绘制多批数据箱线图。通过箱线图,不仅可以反映出一组数据分布的特征,还可以进行多组数据分布特征的比较。

例 2-9 2017 年 5 月某部门 20 名员工收入(单位:元)数据如下,试绘制单批数据箱线图。

| 1200 | 1500 | 1500 | 1500 | 1500 | 1800 | 1800 | 2500 | 3200 | 3200 |
| 3800 | 3800 | 4600 | 4600 | 4600 | 7500 | 7500 | 9000 | 10000 | 12000 |

根据上述数据,绘制的单批数据箱线图如图 2-13 所示。

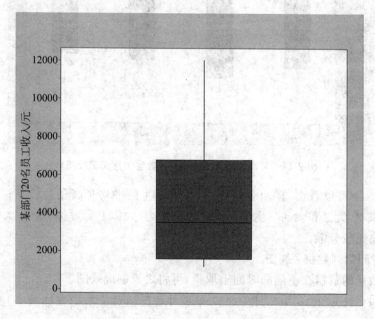

图 2-13 某部门 20 名员工收入的箱线图

从图 2-13 可以看出 2017 年 5 月该部门员工收入分布不均匀,高收入的员工人数较少,多数员工收入较低。

例 2-10 2017 年 5 月在某高校各年级(大一、大二、大三、大四)中随机抽取各 12 人,获取其身高数据,如表 2-12 所示。试绘制多批数据箱线图。

表 2-12 各年级各 12 名学生的身高数据   单位：cm

年级	最小值	Q_L			M_e			Q_U				最大值
	1	2	3	4	5	6	7	8	9	10	11	12
大一	151	152	155	159	161	162	167	168	171	178	178	183
大二	148	153	153	156	158	163	165	168	173	175	175	180
大三	153	155	157	160	161	161	163	168	169	176	177	178
大四	146	154	159	160	161	165	167	168	173	174	175	175

根据上述数据，绘制的多批数据箱线图如图 2-14 所示。

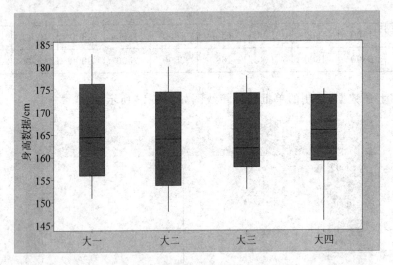

图 2-14 某高校各年级各 12 名学生的身高箱线图

由图 2-14 可以看出，在四个年级中，大四学生的平均身高相对较高；从身高的离散程度来看，大二和大四学生的身高比较集中，且大体上为对称分布；大一和大三学生的身高比较分散。

（3）时间数列数据：线图

时间数列的数据在不同的时间上取得，可将之绘制成线图。

例 2-11 已知 2016 年 5 月～2017 年 5 月居民消费价格指数如表 2-13 所示，试绘制线图。

表 2-13 2016 年 5 月-2017 年 5 月居民消费价格指数

时间	居民消费价格指数
2016 年 5 月	102
2016 年 6 月	101.9
2016 年 7 月	101.8

续表

时 间	居民消费价格指数
2016 年 8 月	101.3
2016 年 9 月	101.9
2016 年 10 月	102.1
2016 年 11 月	102.3
2016 年 12 月	102.1
2017 年 1 月	102.5
2017 年 2 月	100.8
2017 年 3 月	100.9
2017 年 4 月	101.2
2017 年 5 月	101.5

根据上述数据绘制的线图如图 2-15 所示。

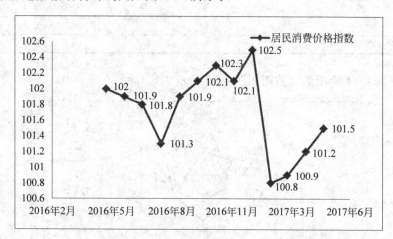

图 2-15　2016 年 5 月—2017 年 5 月居民消费价格指数

（数据来源：国家统计局网站）

从图 2-15 中可以看出,居民消费价格指数的波动比较明显,没有明显的向上或向下的趋势。

绘制线图时应**注意**以下几点:第一,时间一般绘在横轴,指标数据绘在纵轴,图形的长宽比例要适当,其长宽比例大致为 10：7;第二,一般情况下,纵轴数据下端应从"0"开始,以便于比较;第三,数据与"0"之间的间距过大时,可以采取折断的符号将纵轴折断。

（4）多元变量数据:雷达图

当研究的变量只有两个时,可以在平面直角坐标系内进行绘图;当研究的变量有三个时,虽然可以在空间直角坐标系内绘图,但看起来不方便,特别是变量多于三个的情况,利用一般的描点绘图法很难做到。为此,研究了多变量的图示方法,其中有雷达图、脸谱图、星座图等。这里只介绍常见的雷达图。

雷达图是显示多个变量的常用图示方法,在显示或对比各变量的数值总和时十分有用。假定各变量的取值具有相同的正负号,则总的绝对值与图形所围成的区域成正比。此外,利用雷达图也可以研究多个样本之间的相似程度。

例 2-12 已知 A,B 公司的电脑在品牌、价格、内存、CPU、硬盘、售后等六个方面的评分情况如表 2-14 所示,试绘制雷达图。

表 2-14 A,B 公司的电脑在六个方面的评分情况表

项目	A	B
品牌	8	5
价格	9	3
内存	7	6
CPU	9	5
硬盘	6	5
售后	3	7

根据表 2-14 绘制的雷达图如图 2-16 所示。

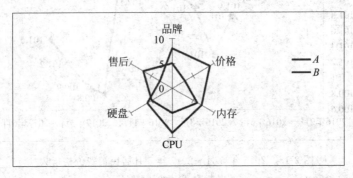

图 2-16 A,B 公司电脑在六个方面评分情况

从图 2-16 中可以清楚地看到,A,B 两个公司的电脑在价格上的差距较大,在硬盘、内存方面差距较小。

 统计数据的整理步骤是什么?不同类型的数据各自用什么图形显示?

2.3.4 统 计 表

除了图形可以显示统计数据之外,另一种显示统计数据的方式就是统计表。在日常生活中,阅读报纸杂志、看电视或上网时,能看到大量的统计表和统计图。统计

表把杂乱的数据有条理地组织在一张简明的表内,统计图把数据形象地显示出来。显然,看统计表和统计图就要比看枯燥的数字更有趣。当对某些实际问题进行研究时,也经常要使用统计表和统计图。正确地使用统计表和统计图是做好统计分析的最基本技能。前面介绍了不同类型统计数据的图形显示方法,这里将介绍统计表的构成、分类及设计。

1. 统计表的构成

关于统计表的构成,可以从两方面进行说明,如表 2-15 所示。

从外观形式上看,统计表是由总标题、横行标题、纵栏标题、指标数值构成的。总标题是指表的名称,能简单扼要地反映出表的主要内容,位于统计表的正上方;横行标题是指每一横行内数据的意义,位于表格内的左侧,通常用来表示总体及总体的构成;纵栏标题是指每一纵栏内数据的意义,位于表格内的右上角,通常说明统计指标的名称;指标数值是指各空格内按要求填写的数字;单位是指表格里数据的计量单位。

从内容上看,统计表分为主词和宾词两个部分。主词是说明总体的,可以是各个总体单位的名称、总体各个分组名称,形式上表现为横行标题。宾词是说明总体的指标名称和数值的。形式上表现为纵栏标题和指标数值。

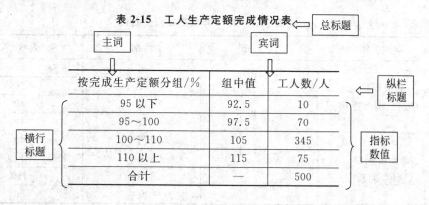

表 2-15 工人生产定额完成情况表

按完成生产定额分组/%	组中值	工人数/人
95 以下	92.5	10
95～100	97.5	70
100～110	105	345
110 以上	115	75
合计	—	500

2. 统计表的分类

统计表的形式繁简不一,通常按总体是否分组和分组的复杂程度不同,可分为简单表、简单分组表和复合分组表。

简单表是指未经分组的统计表,又称一览表。它的主词只是总体各单位的简单排列,或者是年、月、日期的简单排列,如表 2-16 所示。

表 2-16 2017 年 4 月各直辖市商品房销售面积情况

地区	商品房销售面积/万平方米
北京市	287.33
天津市	528.49

续表

地区	商品房销售面积/万平方米
上海市	436.84
重庆市	2174.29

简单分组表是指仅按一个标志进行分组的统计表,简称分组表,如表 2-17 所示。

表 2-17　2016 年某地区工业企业按固定资产分组的企业与职工数统计表

按固定资产分组/万元	企业个数/人	职工人数/人
400 以下	5	2250
400～600	10	6029
600～800	12	9280
800 以上	3	3140
合计	30	20699

复合分组表是指按两个或两个以上标志进行分组的统计表,简称复合表,如表 2-18 所示。

表 2-18　2016 年某高校师资状况

职　称	年　龄	性别	人数/人
高级职称 (教授、副教授)	45 岁以上	男	50
		女	30
	45 岁以下	男	80
		女	40
非高级职称 (讲师、助教)	45 岁以上	男	40
		女	10
	45 岁以下	男	110
		女	50

3. 统计表的设计

统计表的设计应该遵循科学、实用、美观、大方等原则,具体应注意以下几点:

(1) 统计表的各种标题,特别是总标题的表达,应该尽可能简明、确切、概括地反映出表的基本内容。

(2) 表中的主词各行和宾词各栏(列),一般按先局部后整体的原则排列,即先列各个项目,后列总计。

(3) 表格的设计要求长与宽之间保持适当的比例。

(4) 表的线条设计:表的上下两端应以粗线绘制,表内线条以细线绘制,统计表的格式一般是"开口"式的,即表的左右两端不画纵线。

（5）如果统计表的栏数较多，通常要加以编号。

（6）表中的数据一般是右对齐，有小数点时应以小数点对齐，而且小数点的位数应统一。

（7）数据计量单位相同时，可放在表的右上角标明，不同时应放在每个指标后或单列出一列标明。

（8）当统计表某栏不应有数字时，要用符号"—"填充；当缺某项数字时，用符号"…"表示；当某项资料免填时，用符号"×"表示；当某项数字恰好与上下左右另一数字相同时，应重写，切记写"同上"或"同左"等字样。

（9）统计表中的文字、数字要书写工整、清晰、数位要对齐。

（10）必要时，统计表应加说明或注解、资料来源，以备考察。

统计表编制完毕经审核后，制表人和主管负责人要签名，并加盖公章以示负责。

设计统计表要注意哪些问题？

2.4 本章小结

1. 统计数据的类型

根据标志的性质，可将数据分为定性数据和定量数据；根据计量尺度的不同，可以把数据分为定类数据、定序数据、定距数据和定比数据。

2. 统计数据的搜集

统计数据搜集的组织形式：普查、统计报表、重点调查、典型调查、抽样调查，其各自的特点如表 2-19 所示。

表 2-19 统计数据搜集的组织形式

组织形式	特 点
普查	具有一次性或周期性；规定统一的标准时点和调查期限；数据一般比较准确，规范化程度也较高；使用范围比较窄
统计报表	统计报表的内容和报送的时间是由上级部门规定的，以保证调查资料的统一性；指标含义，计算方法、口径是全国统一的
重点调查	投入少；调查速度快；所反映的主要情况或基本趋势比较准确
典型调查	是调查者主观判断选择调查对象的调查；是直接调查——面对面，系统、深入的调查；是定性调查；方便灵活，节省人力物力
抽样调查	遵循随机原则；用部分推断总体；会产生抽样误差，但误差可以计算和控制

统计数据搜集的方法：询问调查和观察实验法，具体方法有访问调查、邮寄调查、电话调查、座谈会、个别深度访问、网上调查、观察法、实验法；统计数据搜集的常用工具——问卷：问卷的结构、问卷设计的步骤、撰写一份优秀问卷的要点、问卷举例。

3. 统计数据的整理

对定性数据主要做分类整理，对定量数据则主要做分组整理。适合于低层次数据的整理方法也适合于高层次的数据；但适合于高层次数据的整理方法并不适合于低层次的数据（如图 2-17 所示）。

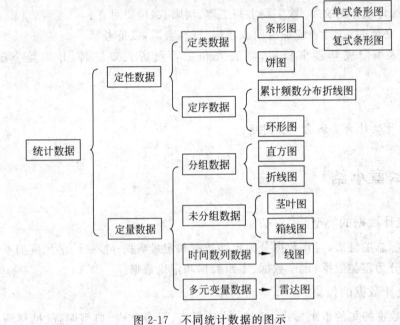

图 2-17　不同统计数据的图示

2.5　练习题

一、单选题

1. 人口普查规定统一的标准时点是为了（　　　）。

　A. 确定调查范围　　　　　　　　　　B. 方便登记

　C. 确定调查单位　　　　　　　　　　D. 避免重复或遗漏统计

2. 某电视台节目主持人王小姐，欲了解观众对其主持节目的收视情况，她在街头随机调查了 50 名观众。她所采用的调查方法是（　　　）。

　A. 直接观察法　　　　　　　　　　　B. 报告法

　C. 访问法　　　　　　　　　　　　　D. 很难判断

3. 对连续大量生产的某种小件产品进行质检,最合适的方法是(　　)。

    A. 普查　　　　　　　　　　　　B. 重点调查

    C. 典型调查　　　　　　　　　　D. 抽样调查

4. 全面调查是对调查范围内的所有单位所进行的调查,因此,下述调查中属于全面调查的是(　　)。

    A. 就全国钢铁生产重点单位进行调查

    B. 对全国的人口进行普查

    C. 到某棉花地产了解棉花收购情况

    D. 抽查一部分单位对已有的资料进行复查

5. 某城市拟对占全市销售额 70% 的几个大商场进行调查,以了解全市社会零售商品销售的基本情况,则这种调查方式是(　　)。

    A. 典型调查　　　　　　　　　　B. 抽样调查

    C. 普查　　　　　　　　　　　　D. 重点调查

6. 统计数据分组就是根据统计研究的目的,按照一个或几个分组标志(　　)。

    A. 将总体分成性质相同的若干部分

    B. 将总体分成性质不同的若干部分

    C. 将总体划分成数量相同的若干部分

    D. 将总体划分成数量不同的若干部分

7. 按某一标志分组的结果,表现出(　　)。

    A. 组内同质性和组间差异性　　　B. 组内差异性和组间差异性

    C. 组内同质性和组间同质性　　　D. 组内差异性和组间同质性

8. 变量数列中各组频率的总和应该(　　)。

    A. 小于 1　　　　B. 等于 1　　　　C. 大于 1　　　　D. 不等于 1

9. 组距、组限和组中值之间的关系是(　　)。

    A. 组距=(上限-下限)/2　　　　B. 组中值=(上限+下限)/2

    C. 组中值=(上限-下限)/2　　　　D. 组限=组中值/2

10. 就某一变量数列而言,组距和组数的关系是(　　)。

    A. 组距大小与组数多少呈反比　　B. 组距大小与组数多少呈正比

    C. 组距大小与组数多少无关　　　D. 组数越多,组距越大

11. 某连续变量数列,其末组为开口组,下限为 500。又知其邻组组中值为 480,则末组组中值为(　　)。

    A. 490　　　　　　B. 500　　　　　　C. 510　　　　　　D. 520

12. 统计数据分组的关键在于(　　)。

    A. 正确选择不同特征的品质标志和数量标志

    B. 确定组距

  C. 选择统计指标和统计指标体系

  D. 选择分组标志和划分各组界限

13. 如果数据分布很不均匀,则应编制( )。

  A. 开口组   B. 闭口组

  C. 等距数列   D. 不等距数列

14. 按连续变量分组,第一组 45~55,第二组 55~65,第三组 65~75,第四组 75 以上。则( )。

  A. 55 在第一组   B. 65 在第二组

  C. 65 在第三组   D. 75 第三组

15. 某同学考试成绩为 80 分,应将其计入( )。

  A. 成绩为 80 分以下人数中

  B. 成绩为 70~80 分的人数中

  C. 成绩为 80~90 分的人数中

  D. 根据具体情况来具体确定

16. 频数是指( )。

  A. 各组单位数与总体单位数之比   B. 各组分布频数的比率

  C. 各组单位数   D. 总体单位数

17. 将统计表分为总标题、横行标题、纵栏标题和指标数值四部分是( )。

  A. 从表式结构看   B. 从内容上看

  C. 从作用上看   D. 从性质上看

18. 频数分布和频数密度分布相同的是( )。

  A. 变量数列   B. 组距数列

  C. 等距数列   D. 异距数列

19. 在组距分组时,对于连续型变量,相邻两组的组限( )。

  A. 必须是重叠的   B. 必须是间断的

  C. 可以是重叠的,也可以是间断的   D. 必须取整数

20. 对某银行职工先按性别分组,在此基础上再按工资等级分组,则这样的分组属于( )。

  A. 简单分组   B. 平行分组

  C. 复杂分组   D. 复合分组

二、多选题

1. 根据计量尺度不同,可以把数据分为( )。

  A. 定类数据   B. 定序数据

  C. 定性数据   D. 定量数据

  E. 定距数据   F. 定比数据

2. 普查是一种( )。

　　A. 专门组织的调查　　　　　　B. 一次性调查

　　C. 经常性调查　　　　　　　　D. 非全面调查

　　E. 全面调查

3. 我国第六次人口普查的标准时间是 2010 年 11 月 1 日零时,下列情况应统计人口数的有( )。

　　A. 2010 年 11 月 2 日出生的婴儿

　　B. 2010 年 10 月 30 日出生的婴儿

　　C. 2010 年 10 月 30 日死亡的人

　　D. 2010 年 11 月 1 日 1 时死亡的人

　　E. 2010 年 10 月 26 日出生,11 月 1 日 6 时死亡的婴儿

4. 下列调查属于非全面调查的有( )。

　　A. 普查　　　　　　　　　　　B. 重点调查

　　C. 典型调查　　　　　　　　　D. 抽样调查

　　E. 全面的统计报表

5. 在某厂工人按日产量(单位:件)分组的变量数列中,下面正确的说法有( )。

　　A. "日产量"是分组的数量标志

　　B. 各组工人的日产量数值是变量值或标志值

　　C. 各组的工人数是频数或频数

　　D. 各组工人数的比重是频率

　　E. 分组变量是离散变量

6. 在组距数列中,组中值是( )。

　　A. 上限和下限之间的中点数值

　　B. 用来代表各组标志值的平均水平

　　C. 在开放式分组中无法确定

　　D. 在开放式分组中,可以参照相邻组的组距来确定

　　E. 就是组平均数

三、判断题

( )1. 全面调查就是对调查范围内的每个单位进行调查。

( )2. 普查可以得到全面、详细的资料,但需要花费大量的人力、物力和财力及时间。因此,在统计调查中不宜频繁组织普查。

( )3. 各种调查方法结合运用,容易造成重复劳动,故不宜提倡。

( )4. 异距数列就是各组组距都不相等的组距数列。

( )5. 重点调查的重点单位是根据当前的工作重点来确定的。

( )6. 进行组距分组时,当标志值刚好等于相邻两组的上下限时,一般把此

值归并为上限的那一组。

（　　）7. 用组中值可近似地表示一组中各个体变量值的一般水平。

（　　）8. 统计数据分组的关键问题是确定组距和组数。

（　　）9. 钟形分布的特征是"两头大、中间小"。

（　　）10. 对连续变量数列，既可以编制成单项式数列，也可以编制成组距式数列。

四、计算题

已知某高校某专业两个班级 2016—2017 学年第二学期应用统计学成绩如表 2-20 所示。

表 2-20　某高校某专业两个班级应用统计学成绩

班级	学号	姓名	性别	成绩/分	等级
00000001	2015001001	许××	男	86	良
00000001	2015001002	刘××	女	84	良
00000001	2015001003	黄××	男	74	中
00000001	2015001004	方××	男	67	及格
00000001	2015001005	邓××	女	71	中
00000001	2015001006	莫××	女	72	中
00000001	2015001007	冯××	男	82	良
00000001	2015001008	李××	男	60	及格
00000001	2015001009	钟××	男	87	良
00000001	2015001010	朱××	男	86	良
00000001	2015001011	李××	男	73	中
00000001	2015001012	谭××	女	88	良
00000001	2015001013	杜××	女	86	良
00000001	2015001014	叶××	女	71	中
00000001	2015001015	徐××	男	91	优秀
00000001	2015001016	冉××	男	90	优秀
00000001	2015001017	孙××	女	85	良
00000001	2015001018	夏××	男	86	良
00000001	2015001019	杨××	男	76	中
00000001	2015001020	高××	女	67	及格
00000001	2015001021	贾××	女	92	优秀
00000001	2015001022	黄××	男	85	良
00000001	2015001023	韦××	男	86	良
00000001	2015001024	王××	女	83	良
00000001	2015001025	俞××	男	68	及格

续表

班级	学号	姓名	性别	成绩/分	等级
00000002	2015001026	陈××	男	60	及格
00000002	2015001027	易××	女	70	中
00000002	2015001028	张××	男	70	中
00000002	2015001029	李××	女	81	良
00000002	2015001030	敖××	男	77	中
00000002	2015001031	羊××	男	86	良
00000002	2015001032	蔡××	男	68	及格
00000002	2015001033	袁××	女	78	中
00000002	2015001034	陈××	男	74	中
00000002	2015001035	戴××	男	79	中
00000002	2015001036	程××	女	86	良
00000002	2015001037	吴××	女	74	中
00000002	2015001038	周××	男	86	良
00000002	2015001039	李××	男	90	优秀
00000002	2015001040	杨××	女	87	良
00000002	2015001041	曹××	男	85	良
00000002	2015001042	罗××	男	60	及格
00000002	2015001043	陈××	女	85	良
00000002	2015001044	肖××	女	76	中
00000002	2015001045	刘××	女	84	良
00000002	2015001046	付××	男	87	良
00000002	2015001047	傅××	男	47	不及格
00000002	2015001048	苏××	女	81	良
00000002	2015001049	耿××	男	78	中
00000002	2015001050	原××	男	78	中

要求：（1）指出表 2-20 中各数据的类型。

（2）针对表 2-20 中的定类数据，编制频数分布表。

（3）针对表 2-20 中的定序数据，编制累计频数分布表。

（4）针对表 2-20 中的定量数据，编制频数分布表。

第3章 统计数据的描述性分析

 学习目标

1. 识记总量指标和相对指标的概念及其种类；
2. 会计算集中趋势和离散程度的指标；
3. 清楚偏态、峰度的含义；
4. 能通过集中趋势、离散程度以及偏态、峰度明确统计数据的分布特征。

基本概念
总量指标 相对指标 集中趋势 离散程度 偏态 峰度

案例导入

根据国家统计局发布的数据,初步核算,2016 年我国国内生产总值（GDP）744127 亿元,按可比价格计算,比上年增长 6.7%。图 3-1 展示了为我国 2008—2016 年的 GDP 及相应的同比增长率。

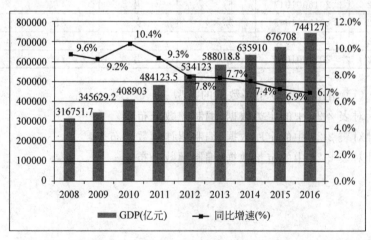

图 3-1 我国 2008—2016 年的 GDP 及相应的同比增长率

统计数据显示,2016 年的工业生产平稳增长,企业效益明显好转；固定资产投资缓中趋稳,市场销售平稳较快增长；产业结构优化转型,全年第三产业增加值占

GDP 的比重为 51.6%；人口总量平稳增长,城镇化率继续提高。总的来看,2016 年国民经济运行保持在合理区间,实现中高速增长,经济增长的质量和效益不断提高,经济发展新常态特征更加明显。

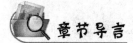 **章节导言**

一个事物我们应该从多方面去看它。——名言

通过整理统计数据,可以对数据的分布形状和特征有一个大致的了解。但要全面掌握数据分布的特征,还需要找到反映数据分布特征的各个代表值。数据分布特征可以从三个方面进行衡量和描述:一是分布的**集中趋势**,反映各数据向其中心值靠拢或聚集的程度;二是分布的**离散程度**,反映各数据远离其中心值的趋势;三是分布的形状,反映数据分布的**偏态和峰度**。本章通过总量指标来了解总体的数量特征;通过相对指标来研究现象之间的联系;通过平均指标来了解总体的集中趋势;通过变异指标来了解总体的离散程度,重点阐述和讨论了数据分布代表性的计算方法、特点及其应用的条件和范围。

3.1 总量指标

3.1.1 总量指标的概念

总量指标(total amount indicator)又称绝对数指标,用绝对数形式来反映总体的总规模、总水平或工作总量的指标。其数值大小随总体范围的大小而增减。例如,2016 年,我国国内生产总值为 744127 亿元,钢产量为 80700 万吨,年末人口总数为138271 万人,年末居民存款余额为 1505864 亿元等均为总量指标。

3.1.2 总量指标的作用

总量指标是最基本的指标,具有以下三方面的作用:

1. 总量指标是认识现象总体的起点;

2. 总量指标是编制计划、实行经营管理的主要依据;

3. 多数相对指标和平均指标是由两个总量指标对比得到的,则相对指标和平均指标是派生指标,总量指标为其提供计算基础。

3.1.3 总量指标的种类

总量指标根据不同的维度划分为不同的种类。具体的分类如下:

1. 按总量指标所反映的总体内容

根据反映的总体内容,总量指标分为总体单位总量和总体标志总量。

（1）总体单位总量：反映"总体中共有多少个体"。

（2）总体标志总量：反映"总体中某一标志的各总体单位标志值之和"。如研究某校财务管理专业学生的统计学成绩，财务管理专业学生的总人数便是总体单位总量，其统计学总成绩便是总体标志总量。

总体单位是标志的直接承担者，总体标志总量不会独立于总体单位总量而存在。在一个特定的总体内，只存在一个总体单位总量，但同时并存多个总体标志总量，构成一个总量指标体系。同一总量指标在不同情况下可有不同的性质。例如对各企业工人总数指标来说，当研究企业平均规模时，以企业为总体单位，企业总数为总体单位总量，各企业工人总数为总体标志总量；当研究企业劳动效益时，以工人为总体单位，各企业工人总数为总体单位总量，这时企业的总产量成为总体标志总量。因此，总体单位总量和总体标志总量并不是固定不变的，二者随研究目的不同而变化。

值得一提的是：总体单位总量和总体标志总量的划分，是计算平均指标（算术平均数）的重要依据。

如何区分总体单位总量和总体标志总量？

2. 按总量指标反映的时间状况

根据反映的时间状况，总量指标分为时期指标和时点指标。两种指标的含义和特点如下。

（1）时期指标

时期指标反映的是时期现象，反映现象经过一段时间发展后的结果或总量，如"2017年的产量668吨"反映的是企业在2017年这一年内生产了668吨。时期指标具有以下特征：

① 各指标数值可进行有意义的加减

时期指标的各指标数值相加、减后的结果有意义。其相加后的结果表示现象在这一段时期内发展的累计总量。如将2013—2017年各年的产量指标相加后结果是5372吨，说明某企业在这5年时间总共生产了5372吨产品。

② 指标数值大小与时间长短有关

时期指标的指标数值可以进行有意义的加减，所以指标所属时间越长，指标值就越大或越小，即现象随着时间的推移而一直增加或一直减少。如企业的累计产量随着所属时间的增加而不断增加。

③ 指标数值是通过连续不断地登记取得

时期指标是说明现象在一段时间内发展的结果，因此，必须把现象在这段时间内的数量进行逐一登记，并进行累加得到该时期的指标数值。

④ 非重复统计

时期指标数值是反映某一现象在所属时间内发展的总水平或总规模,不包含上一个相邻时期所登记取得的数值。如 2015 年生产的 1320 吨产量不包含 2014 年生产的 1019 吨产量。

(2) 时点指标

时点指标反映的是时点现象,反映了现象在某一时点上达到的水平,如"2017 年年末的职工人数 308 人"反映的是企业在 2017 年年末有 308 人。时点指标具有以下特征:

① 各指标数值不可进行有意义的加减

各时点指标数值是反映现象在某一时点上的水平,相加后的指标数值没有实际意义。如某企业在 2016 年年末有 257 人,在 2017 年年末有 308 人,则将两年年末的人数相加后得 565 人,但 2017 年年末的 308 人记录了从 2016 年工作到 2017 年年末的职工。此外,也无法说明 565 人到底是哪个时点上的水平。

② 指标数值大小与时间间隔长短无关

各时点指标数值是反映现象在某一时点上所达到的水平,与其时间间隔的长短没有直接关系,即随着时间的推移,现象时而增加,时而减少。其中时间间隔长度是指两个相邻时点指标数值在时间上的距离。如 2013 年年末的职工人数比 2012 年年末的职工人数少,时间间隔长度是 1 年。

③ 指标数值通过一次性登记取得

各时点指标数值是反映现象在某一时点上所达到的水平,是通过一定时间间隔登记一次。

④ 重复统计

各时点指标数值是反映现象在某一时点上所达到的水平,两相邻的时点指标数值存在着重复统计。如 2015 年年末的 201 人记录了从 2014 年年末工作到 2015 年年末的职工人数,这样使得两个时点指标数值存在着重复统计。

综上所述,时期指标与时点指标在指标值是否可以进行有意义的加减、指标值与时间或时间间隔长短是否直接相关、数值的取得方式以及是否重复统计四个方面存在差异(如表 3-1 所示)。时期指标与时点指标将在第 4 章的"时间数列的序时平均数"中深入讨论。

表 3-1　时期指标与时点指标的比较分析

总量指标按反应 时间状况分类	指标值 可加性	指标值大小与所属 时间/间隔长短相关性	数值取得 方式	是否是 重复统计
时期指标	可加	有关	连续登记	否
时点指标	不可加	无关	一次性登记	是

3.1.4 总量指标的计量单位

总量指标是由指标名称和具有计量单位的指标数值构成。根据总量指标所反映的性质,计量单位一般有实物单位、价值单位和劳动单位三种,从而形成实物量指标、价值量指标和劳动量指标。

1. 实物单位

实物量指标是以实物单位计量的指标。实物单位是根据事物的属性(自然属性、物理属性、化学属性)和特点采用的计量单位,包括自然单位、度量衡单位、双重单位、复合单位及标准实物计量单位等。

(1)自然单位

它是根据事物的自然属性来计量的单位。如衣服以“件”为单位,牛奶以“盒”为单位,电脑以“台”为单位。

(2)度量衡单位

它是按统一的度量衡制度而计量的单位。如体重以“千克”为单位,体积以“立方米”为单位。

(3)双重单位

它是采用两种或多种计量单位来表明事物的数量。如电动机以“台/千瓦”计量,船舶以“马力/吨位/艘”计量。

(4)复合单位

它是两种计量单位结合在一起的计量单位。如发电量以“千瓦时”计量,货物周转量以“吨公里”计量。

(5)标准实物单位

它是对同类实物产品按统一标准折合的单位。如将矿泉水中钙的含量折算为“100ml 中含 $400\mu g$”。

实物量指标能直接反映产品的使用价值或现象的具体内容,因而能够具体地表明事物的规模和水平。但是指标的综合性比较差,不同的实物,内容性质不同,计量单位不同,无法进行汇总,因而无法反映国民经济的总规模或总的发展速度。

2. 价值单位

价值量指标是以货币单位计量的统计指标。如国内生产总值以“元”为单位。价值指标具有高度的综合性。它可以综合反映不同国家或地区、部门、企业生产不同产品的总成果,但是脱离了物质内容,比较抽象。因此需要和实物指标结合使用,才能充分发挥其作用。

3. 劳动单位

劳动量指标是以劳动单位即工日、工时等劳动时间计量的统计指标。劳动单位是反映劳动力资源及其利用状况所采用的一种复合计量单位。

 如何区分实物量指标、价值量指标和劳动量指标？

3.2 相对指标

总量指标用于剖析总体的总规模或总水平，但是如果要分析现象之间的相互联系，还需在此基础上应用相对指标来分析。

3.2.1 相对指标的概念

相对指标（relative indicator）又称相对数，是两个有联系的指标之比，用以描述现象之间联系程度的相对数，如人均粮食产量、人口出生率、人均钢产量等。相对指标是一个抽象化的数值，反映现象间的相对程度，其数值大小与研究总体范围的大小无直接联系。一般而言，相对数不能进行有意义地加减。

3.2.2 相对指标的作用

1. 相对指标通过数量之间的对比，可以表明事物相关程度、发展程度，可以弥补总量相对指标的不足，使人们清楚了解现象的相对水平和普遍程度。例如，某企业 2016 年工业产值为 100 万元。该总量指标不能作为评价该企业生产经营好坏的标准。这时，可计算如产值计划完成程度、产值发展速度、固定资产产值率、企业产值占同行业先进企业产值的百分比等一些相对指标，来说明该企业生产经营的状况（取得的成绩或存在的问题）。

2. 把现象的绝对差异抽象化，使原来无法直接对比的指标变为可比。不同的企业由于生产规模条件不同，直接用总产值、利润比较评价意义不大，但如果采用一些相对指标，如资金利润率、资金产值率等进行比较，便可对企业生产经营成果做出合理评价。例如，我国生产的一些主要工农业产品产量（钢产量、原煤产量、棉布产量、水泥产量、彩电产量、冰箱产量、粮食产量、肉禽产量等）均占世界第一位。但是不能直接将其与国外进行对比。这时，可计算我国生产这些主要工农业产品的人均产量（相对指标），然后将其与国外进行对比。

3. 说明总体内在的结构特征，为深入分析事物的性质提供依据。例如计算一个地区不同经济类型的结构，可以说明该地区经济的性质。又如计算一个地区的第一、二、三产业的比例，可以说明该地区社会经济现代化程度等。

3.2.3 相对指标的数值表现形式

相对指标的数值有有名数和无名数两种表现形式。具体内容如下：

1. 有名数

有名数是指在计算相对指标时,同时使用两个对比指标的计量单位,如 2016 年我国人均钢产量为 584 千克/人。

2. 无名数

无名数是一种抽象化了的数值。在计算相对指标时,当其分子与分母指标计量单位相同时,其数值表现为无名数。无名数包括系数或倍数、成数、百分数和千分数。

(1) 系数或倍数

即将对比基数抽象为 1 而计算出来的相对数。如 2016 年产量/2008 年产量 = 500 吨/50 吨。当分子数值大于分母数值很多时,就是倍数;当分子数值与分母标数值相差不大时,就是系数。

(2) 成数

成数是指将对比基数抽象为 10 而计算的相对数。如某地区粮食产量 2016 年比 2015 年增长 2 成,即增长 20%。

(3) 百分数

百分数是指将对比基数抽象为 100 而计算的相对数。如 2016 年重庆的钢产量/2015 年重庆的钢产量 = 500 吨/400 吨 = 125%。

(4) 千分数

千分数是指将对比基数抽象为 1000 而计算出来的相对数,如我国人口出生率,当分子数值小于分母数值很多时,可用千分数表示。

3.2.4 相对指标的种类和计算方法

由于研究目的和任务不同,对比基础和所起作用不同,相对指标又可以分成计划完成程度相对指标、结构相对指标、比例相对指标、比较相对指标、动态相对指标、强度相对指标六种。

1. 计划完成程度相对指标

计划完成程度相对指标是指实际完成数除以计划完成数,是用于检查、监督计划执行情况和计划完成好坏的相对指标。此外,要求分子、分母在计算口径、计量单位、计算方法、时间长度等方面要相同。其计算公式为:

$$计划完成程度相对指标 = \frac{实际完成数}{计划完成数} \times 100\%$$

例 3-1 某企业 2016 年计划产值应为 800 万元,2016 年实际产值为 1000 万元,求 2016 年产值的计划完成程度。

解:$计划完成程度 = \frac{2016\ 的实际产值}{2016\ 的计划产值} \times 100\% = \frac{1000\ 万元}{800\ 万元} \times 100\% = 125\%$

因此,该企业超额 25% 完成产值计划任务。

注意:计划完成程度相对指标的好坏不是根据与 1 的大小来判断,而是根据指标的性质来判断。如生产总值、生产量等指标是越大越好,成本、材料消耗量等消耗性指标是越小越好。具体情况如表 3-2 所示。

表 3-2　计划完成程度的好坏判断

指标性质	表现	完成得好坏
数值越大越好的指标	>100%	超额完成
	<100%	未完成(差额完成)
数值越小越好的指标	>100%	未完成(差额完成)
	<100%	超额完成

根据计划期的长短,计划分为短期计划和长期计划。针对不同计划类型,计划完成程度的计算方法不一样。

(1) 短期计划的执行情况

根据掌握计划完成数的资料不同,计划完成程度相对指标的计算公式会有差异。具体内容如下:

① 计划完成数是绝对数

当计划完成数是绝对数时,计划完成程度相对指标的计算公式如下:

$$计划完成程度相对指标 = \frac{实际完成数}{计划完成数} \times 100\%$$

② 计划完成数是相对数

当计划完成数是相对数时,计划完成程度相对指标的计算公式如下:

$$计划完成程度相对指标 = \frac{100\% + 实际提高率}{100\% + 计划提高率} \times 100\%$$

或

$$计划完成程度相对指标 = \frac{100\% - 实际降低率}{100\% - 计划降低率} \times 100\%$$

计划完成程度相对指标不能以实际提高率或降低率除以计划提高率或降低率,即

$$计划完成程度相对指标 \neq \frac{实际提高率或降低率}{计划提高率或降低率} \times 100\%$$

例 3-2　某企业 2016 年按规定计划产值要比 2015 年提高 10%,实际产值比 2015 年提高了 15%,计算该企业产值的计划完成程度。

解:计划完成程度 $= \dfrac{2016 年实际产值}{2016 年计划产值} \times 100\% = \dfrac{1+15\%}{1+10\%} \times 100\% = 104.5\%$

计算结果表明,该企业产值超额 4.5% 完成了计划。

注意:不能直接用 15% 除以 10%。

当计划完成数是相对数时,为什么不能直接用实际提高率除以计划提高率或实际降低率除以计划降低率?

③ 计划完成数是平均数

当计划完成数是平均数时,计划完成程度相对指标的计算公式为:

$$计划完成程度相对指标 = \frac{实际达到的平均水平}{计划要达到的平均水平} \times 100\%$$

例 3-3 某企业 2016 年计划某产品单位成本为 20 元/件,实际该产品单位成本为 18 元/件,求本年该产品单位成本计划完成程度。

解:该产品单位成本的计划完成程度 $= \frac{18}{20} \times 100\% = 90\%$

由此,该企业超额 10% 完成任务,即该企业产品的单位成本降低了 10%。

(2) 长期计划的执行情况

长期计划执行情况的检查方法有两种:水平法和累计法。下面以 5 年长期计划为例,分别阐述这两种方法。

① 水平法

水平法规定了在 5 年长期计划中最后一年应完成的水平,其计算公式如下:

$$长期计划完成程度 = \frac{长期计划中最后一年实际完成数}{长期计划中最后一年计划完成数} \times 100\%$$

在实践中,若是提前完成,不仅要检查长期计划是否完成以及完成的好坏,还要计算提前完成的时间。因此,首先确定长期计划完成时间。在 5 年长期计划中,只要连续 1 年的实际完成数不低于最后 1 年的计划完成数,此时就完成了 5 年长期计划。其次确定计划提前完成时间。计划提前完成时间即为计划期内剩余的时间。

例 3-4 我国五年计划规定某种产品第 5 年的产量应达到 200 万吨,实际完成 260 万吨。试计算五年计划完成程度。

解:五年计划完成程度 $= \frac{第 5 年的实际产量}{第 5 年的计划产量} \times 100\% = \frac{260}{200} \times 100\% = 130\%$

因此五年计划超额 30% 完成。

例 3-5 某产品五年计划规定,最后一年产量应达到 45 万吨,计划执行情况如表 3-3 所示。

表 3-3 某产品五年生产计划表

时间	第一年	第二年	第三年		第四年				第五年			
			上半年	下半年	一季	二季	三季	四季	一季	二季	三季	四季
产量	30	30	17	19	10	10	11	12	12	13	15	16

解：从上表第四年的二季度起至第五年的第一季度止，连续一年的产量达到了计划所规定的水平，即：$10 + 11 + 12 + 12 = 45$(万吨)。则该产品提前三个季度完成了五年计划。

② 累计法

除了关注计划期中最后1年计划完成数外，还要关注整个长期计划的计划完成总数。而累计法规定了5年计划期内计划完成的累计量。其计算公式为：

$$长期计划完成程度 = \frac{五年计划期间实际累计完成数}{五年计划期间计划累计完成数} \times 100\%$$

在实践中，若是提前完成，累计法也需要计算提前完成的时间。因此，首先确定长期计划完成时间。在5年长期计划中，从计划期的开始到计划期内某一时间的实际累计完成数超过了计划期间计划累计完成数，此时就完成了5年长期计划。其次确定计划提前完成时间。计划提前完成时间即为计划期内剩余的时间。

例 3-6 某地区"十二五"规划期间基本建设投资总额计划为20亿元，五年内实际累计完成22亿元。

解：$长期计划完成程度 = \frac{5年实际累计完成数}{5年计划累计完成数} \times 100\% = \frac{22}{20} \times 100\% = 110\%$

因此超额10%完成五年计划。

以上计划执行检查是在计划期结束后才评价是否超额完成计划，属于事后检查。这种检查法不能实时检查计划完成情况，及时发现问题。而计划执行进度属于事中检查，弥补了事后检查的缺陷，能更好地保障计划顺利完成。

计划执行进度的计算公式如下：

$$计划执行进度 = \frac{从计划期开始到计划期内某一时刻实际累计完成数}{计划期内全期计划累计完成数}$$

为了正确评价计划执行进度，计划执行进度指标应该与已经过去的时间结合起来。一般，占总时间比例为 A 的时间里，计划执行进度应该为 A。当已经过去时间里的计划执行进度大于或等于 A，则计划执行进度理想；若其小于 A 时，需采取措施，加快进度。

例 3-7 某企业2017年全年计划产值为200万元，前三季度实际产值如表3-4所示。

表 3-4 某企业 2017 年生产计划表

季度	第一季度	第二季度	第三季度
实际产值/万元	40	45	60

求累计至第三季度为止产值计划执行进度。

解：产值计划执行进度 $= \dfrac{40+45+60}{200} = 72.5\%$

不难看出，在例 3-7 中截至第三季度，时间已经过去了 75%，计划任务只完成了 72.5%。因此，需采取措施，加快进度。

2. 结构相对指标

结构相对指标也称为"比重"，是在统计数据分组的基础上，用总体中某一部分数值除以总体的全部数值来反映总体内部构成情况的相对指标，常用百分数或成数表示。因此，结构相对指标的分子、分母来自同一总体，并且不能互换，同一总体的各部分所占比重之和为 100% 或 1。其计算公式为：

$$\text{结构相对指标} = \frac{\text{总体中某一部分数值}}{\text{总体的全部数值}}$$

例 3-8 某企业职工有关资料如表 3-5 所示。

表 3-5　某企业职工工资表

职工按性别分组	人数	比重/%	工资总额/元	比重/%	平均工资/(元/人)
男职工	30	60	90000	66.18	3000
女职工	20	40	46000	33.82	2300
合计	50	100	136000	100	—

3. 比例相对指标

在现实生活中，很多客观事物都按照一定的比例关系发展。一旦比例关系失调，就会带来严重的后果。因此，在研究过程中，不仅要研究总体中各部分所占比重，还要分析各部分之间的比例关系，用于判断事物的比例关系是否失衡。

比例相对指标是在统计数据分组的基础上，用总体中某一部分数值除以总体中另一部分数值，用于说明总体内部构成特征的相对指标。比例相对指标的分子、分母来自同一总体，可以互换。如

$$\text{女职工人数：男职工人数} = 20：30 = 2：3$$

而

$$\text{男职工人数：女职工人数} = 30：20 = 3：2$$

比例相对指标的计算公式为：

$$\text{比例相对指标} = \frac{\text{总体中某一部分数值}}{\text{总体中另一部分数值}}$$

结构相对指标、比例相对指标如何区分？

4. 比较相对指标

比较相对指标是将不同空间下同一时间的同类指标数值作对比而形成的相对指

标,用于说明某种现象在同一时间不同空间条件下的差异程度。比较相对指标的分子、分母来自不同总体,可以是绝对数、相对数或平均数,可以互换。如 2016 年石家庄市大米价格 2 元/千克,北京市大米价格 2.5 元/千克,则

$$\frac{北京市大米价格}{石家庄市大米价格}=\frac{2.5}{2}=125\%$$

比较相对指标的计算公式为:

$$比较相对指标=\frac{某空间条件下某种指标的数值}{另一空间条件下同类指标的数值}$$

5. 动态相对指标

在进行统计分析时,除需要横向比较研究现象的发展情况外,还要经常进行纵向比较(即动态比较)。动态相对指标(发展速度)也称动态相对数,是将同一总体在不同时期的两个同类现象进行对比,用于说明事物在时间上发展的快慢程度。动态相对指标的分子、分母来自同一总体,一般不能互换。

动态相对指标的计算公式为:

$$动态相对指标=\frac{报告期指标数值}{基期指标数值}$$

例 3-9 某公司 2017 年钢铁总产量为 435 万吨,2016 年为 407 万吨,则 2017 年钢铁总产量是 2016 年的 106.88%。这表明该公司钢铁总产量在 2017 年比 2016 年增长了 6.88%。

 比较相对指标、动态相对指标如何区分?

6. 强度相对指标

强度相对指标不仅能说明现象在时间、空间里事物本身的内部特征,还能说明现象之间的数量依存关系,使不能直接对比的总量指标有了对比基础。

(1)强度相对指标的概念

强度相对指标是指将两个不同性质但有一定联系的总量指标之间作对比,用来表明现象之间的强度、密度和普遍程度。强度相对指标的分子、分母来自不同总体,有些指标的分子分母可以互换。可见,与其他相对指标相比,强度相对指标不是同类现象指标的对比。其计算公式为:

$$强度相对指标=\frac{某一总体的总量指标数值}{另一总体另一个总量指标数值}$$

如:

$$2016 年我国人均钢铁产量=\frac{年钢产量}{年人口总数}$$

（2）计算强度相对指标应注意的问题

① 强度相对指标的分子与分母为两个性质不同但有联系的总量指标进行对比，若将没有联系的两个不同性质的指标进行对比，则没有意义，如：$\dfrac{\text{钢产量}}{\text{猪的存栏头数}}$。

② 其数值表现形式大多数为有名数，少数为无名数，如人口密度以"人/平方公里"为单位；人均钢产量以"千克/人"为单位、商业网密度以"个/千人"为单位等表现为有名数形式；而人口自然增长率、商品流通费用率等表现为无名数形式。

③ 某些强度相对指标，分子与分母可互换，形成正、逆指标。强度相对指标比值的大小与其反映的强度、密度、普及程度成正比关系，该指标是**正指标**，反之是**逆指标**。如每百元固定资产提供的产值 $=\dfrac{\text{年工业产值}}{\text{年固定资产平均余额}}$（正指标），每百元产值占用的固定资产 $=\dfrac{\text{年固定资产平均余额}}{\text{年工业产值}}$（逆指标）。

注意：有些强度相对指标使用"人均"，如人均钢产量、人均粮食产量、人均教育经费等，但它们与后面的平均指标是有区别的。这将在第4章的"算术平均数"里专门强调。

3.2.5 相对指标的注意事项

1. 正确选择对比标准的基数

如果基数选择不正确，就无法使相对数正确地反映事物之间的数量对比关系。至于选择什么样的基数，必须从现象的性质特点出发，并根据研究目的来确定。如：

$$\text{教育普及程度} = \dfrac{\text{全国识字人口数}}{\text{全国人口数（扣除6岁以下的学龄前儿童）}}$$

2. 保持两个对比指标（分子与分母）的可比性

所谓相对指标的可比性是指两个对比指标在所表明的经济内容、总体范围、计算方法、计量单位、时间长短等方面的一致性。

3. 必须把相对指标和总量指标结合起来运用

利用相对指标进行分析时，要考虑相对数背后所代表的绝对水平。即要将两者结合起来应用，特别是在动态分析时，要注意到每增长1%所对应的绝对值增长。

例3-10 甲、乙两厂钢产量如表3-6所示。

表3-6 钢产量统计表

	钢产量/吨		增长量/吨	增长速度/%
	2012年	2013年		
甲厂	800	1000	200	25
乙厂	200	300	100	50

则甲厂每增长 1% 的绝对值 $=\dfrac{200}{25\%}\times 1\%=8$ 吨；乙厂每增长 1% 的绝对值 $=\dfrac{100}{50\%}\times 1\%=2$ 吨。故高速度背后可能隐藏低水平，而低速度背后可能隐藏高水平。分析问题既要看速度，又要看水平。

4. 要将多种相对指标结合运用

因为相对指标是运用对比的方法揭示现象之间的联系程度，用以反映现象之间的差异程度。所以，计算相对指标时，分子、分母的指标是否具有可比性，是计算结果能否正确反映现象之间数量关系的重要条件。

3.3 集中趋势指标

3.3.1 集中趋势指标概述

1. 集中趋势指标及其特点

集中趋势，是指一组数据向某一中心值靠拢的倾向，测度集中趋势也就是要寻找数据一般水平的代表值或中心值。在现象的同质总体中，各个单位的数量标志值是不尽相同的。如果目的是要对总体的数量水平有一个概括地、一般地认识，显然是不能用某一单位的数量标志值表示。**统计平均数**就是用来反映总体的一般水平和集中趋势的指标。通俗的理解就是，在不变更总体总量的情况下，对总体内的全部标志值进行"截长补短"，使得总体各单位拥有同一水平的数量表现，这个同一的数量表现就是平均数，即集中趋势指标。

统计平均数有以下两个重要的特点：

(1) 平均数是一个代表性值，表示被研究总体的一般水平。

例如，某企业职工的工资水平有高有低，有的职工工资 680 元，有的职工工资 900 元，有的职工工资 870 元，有的职工工资 1200 元，等等。若根据该企业各个职工工资额综合计算出职工平均工资为 860 元，那么，860 元就是一个代表值。它反映了该企业职工工资的一般水平。

(2) 平均数把被研究总体的数量标志值在各个单位之间的数量差异抽象化了。

例如，某企业职工的平均工资为 860 元，但是各个职工的工资水平有高有低，不能说明最高的工资是多少，最低的工资是多少，各职工工资之间的具体差异是多少等。由此可见，平均工资（860 元）已把各个职工工资水平的差异掩盖了、抽象化了。

2. 集中趋势的作用

集中趋势指标——统计平均数，在统计研究中广泛使用，平均数的作用可以归纳为以下几点：

（1）利用平均数对比不同总体的一般水平

平均数可以用来对同类现象在各单位、各部门、各地区之间进行比较，以说明生产水平的高低或经济效果的好坏。

例如，要比较不同的生产企业生产水平的好坏：因为产品总产量受到企业规模大小的影响，仅对比企业的产品总产量是不足以说明问题的，而是需要计算生产人员的平均产品产量，即平均劳动生产率，并分析不同的生产条件。

（2）利用平均数比较和反映同一单位某一标志不同时期一般水平的发展变化，说明事物的发展过程和变化趋势。

例如，研究某地区粮食生产水平的变化，若用粮食总产量这个总量指标分析，会受播种面积变动的影响，而以粮食平均亩产量这个平均数对比，则能正确地反映粮食生产水平的动态以及变化的趋势。

（3）利用平均数分析现象之间的相互关系，并推算其他有关的指标。

在统计估算中经常用一部分单位标志值的平均数去推算总体平均数，并据以推算总体的相关总量指标。例如，在抽样推断中，可以用某县一种农作物产量抽样调查的平均单位面积产量，推断该县农作物的平均单位面积产量，并据以推算全县这种农作物的总产量。

3. 集中趋势指标的类型

集中趋势指标——统计平均数包括静态平均数和动态平均数两种。

（1）静态平均数

静态平均数是根据分布数列计算而得到的一种平均数，主要是从静态上说明总体各单位标志值的一般水平。本章的集中趋势指标就是指静态平均数。

静态平均数根据其处理的方法不同又可以分为数值平均数和位置平均数。

① 数值平均数

数值平均数是一种根据分布数列的全部标志值计算而得到的平均数，主要包括算术平均数、调和平均数、几何平均数三种。

② 位置平均数

位置平均数是一种根据标志值在分布数列中所处的特殊位置计算得到的平均数，主要包括众数和中位数两种。另外，分位数也是位置平均数。

（2）动态平均数

动态平均数是根据时间数列计算而得到的一种平均数，主要是从时间变化的动态上说明一段时期内现象发展的一般水平。其具体计算将在第 4 章进行详细阐述。

总结起来，集中趋势指标的分类可用图 3-2 来表达。

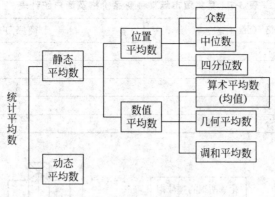

图 3-2　集中趋势指标

3.3.2　位置平均数

按照计量尺度的不同,统计数据有定类数据、定序数据、定距数据、定比数据四种。其中,计量层次最低的是定类数据,最高的是定距数据和定比数据。而且,低层次数据的集中趋势指标适用于高层次的测量数据,反过来,高层次数据的集中趋势指标并不适用于低层次的测量数据。接下来,首先介绍低层次数据的集中趋势指标——位置平均数。

1. 众数

（1）众数的概念

众数（mode）是指总体中出现频数最多的那个标志值,不受极端值或开口组的影响,用符号 M_o 表示。众数作为平均指标时需满足以下条件:频数分布图形为钟形分布。因为在钟形分布条件下,众数近似于算术平均数,而且在某些情形下,众数比算术平均数更有意义,如现实生活中衣服、鞋帽等穿戴物品常用众数来刻画。

某一标志值在数列中最常出现,则说明该标志值最具有代表性,因此可以用其反映数列的一般水平。

（2）确定众数的方法

因掌握的资料不同,众数的确定方法也不同。

① 未分组资料或单项式数列

当掌握的资料是未分组资料或单项式数列时,众数就是出现频数最多的标志值。

例 3-11　某集贸市场某种商品价格及商户资料如表 3-7 所示,则众数 $M_o = 1.8$。

② 组距式数列

在组距式数列中,出现最多的频数所对应的不是具体变量值,而是一个变量值范围。而众数具体是多少,需要根据其相邻两组的频数来推断。众数的计算如图 3-3 所示。

表 3-7　某集贸市场某种商品价格及商户统计表

商品价格/(元/斤)	商家/户
1.6	5
1.8	15
2.2	3
2.4	2
合计	25

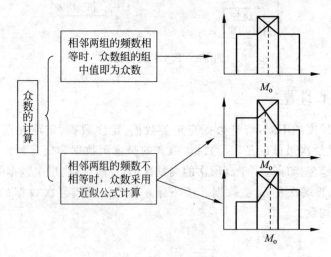

图 3-3　众数的计算

因此,根据组距式数列计算众数的步骤如下:

第一步,确定众数所在组,即最大的频数所对应的组就是众数所在组。

第二步,计算众数所在组的频数与其相邻左右两组的频数之差。

第三步,根据公式计算众数。众数可以根据众数所在组的上限和下限来确定,其计算公式为:

下限公式(用众数所在组的下限为起点值的计算公式):$M_o \approx L + \dfrac{\Delta_1}{\Delta_1 + \Delta_2} \cdot i$

上限公式(用众数所在组的上限为起点值的计算公式):$M_o \approx U - \dfrac{\Delta_2}{\Delta_1 + \Delta_2} \cdot i$

其中,$\Delta_1 = f - f_{-1}$;$\Delta_2 = f - f_{+1}$。

f——众数所在组的频数;

L——众数所在组的下限;

U——众数所在组的上限;

i——众数所在组的组距;

f_{-1}——众数所在组的下限相邻组的频数;

f_{+1}——众数所在组的上限相邻组的频数；

Δ_1——众数所在组与其下限相邻组的频数之差；

Δ_2——众数所在组与其上限相邻组的频数之差。

例 3-12 某乡农民家庭有关资料如表 3-8 所示。

表 3-8 某乡农民家庭收入表

农民家庭按年人均纯收入分组/元	家庭数/户
1200 以下	240
1200~1400	480
1400~1600	1050
1600~1800	600
1800~2000	270
2000~2200	210
2200~2400	120
2400~2600	30
合计	3000

求农民家庭按年人均纯收入的众数。

解：由题可知,该乡农民家庭年人均纯收入的众数 M_o 所在组为 $[1400,1600]$,下限 $L=1400$,上限 $U=1600$,$\Delta_1=1050-480=570$,$\Delta_2=1050-600=450$,组距 $i=1600-1400=200$,则：

$$M_o \approx L + \frac{\Delta_1}{\Delta_1 + \Delta_2} \cdot i = 1400 + \frac{570}{570+450} \times 200 \approx 1511.76 (元)$$

或

$$M_o \approx U - \frac{\Delta_2}{\Delta_1 + \Delta_2} \cdot i = 1600 - \frac{450}{570+450} \times 200 \approx 1511.76 (元)$$

值得一提的是,众数主要用于测量定类数据的集中趋势,也适用于定序数据、定距数据和定比数据。它是一个不容易确定的位置平均指标,当分布数列没有明显的集中趋势而趋于均匀分布时,则无众数可言；当变量数列是不等距分组时,众数的位置也不好确定。

2. 中位数

中位数和众数一样,也是一种位置代表值,但不能用于定类数据,主要用于测量定序数据的集中趋势,也适用于定距数据和定比数据。

(1) 中位数的概念

将总体各单位标志值依其大小顺序排列,位于中点位置的标志值称为中位数(median),用符号 M_e 表示。中位数的确定仅取决于它在数列中的位置。它是一种位置平均数,不受极端值或开口组的影响。

例 3-13　有 9 名工人,每人日产零件数按从低到高的顺序排列如下：11,14, 18,20,22,22,23,25,25,则中位数为 22。这个数字反映了工人总体日产零件数的一般水平。

(2) 中位数的确定

由于掌握的资料不同,中位数的确定方法也会有差异。各种资料的中位数确定方法分别如下：

① 未分组资料

若掌握的资料是未分组资料,则按照以下步骤进行确定：

第一步,排序。将各标志值按大小排序。

第二步,确定中位数。单位标志值的项数存在奇偶性,因而中位数的确定方法有差异。当单位标志值的项数是奇数时,位于中间位置的那个标志值就是中位数,即 $M_e = x_{\frac{N+1}{2}}$；当单位标志值的项数是偶数时,与中间位置相邻的两个标志值的算术平均数为中位数,即 $M_e = \dfrac{x_{\frac{N}{2}} + x_{\frac{N}{2}+1}}{2}$。这里,$N$ 为标志值的个数。

例 3-14　有 9 名工人,每人日产零件数按从小到大的顺序排列如下：15,17, 19,20,22,23,23,24,25。总共有 9 个工人,则中位数的位置为 $\dfrac{9+1}{2}$,即为第 5 个数的位置,于是中位数为 22。这个数字反映了工人总体日产零件数的一般水平。

② 单项式数列

对于单项式数列,由于变量值已经序列化,故中位数可以直接按下列方式确定：

第一步,计算 $\dfrac{\sum f}{2}$。这里 $\sum f$ 为频数之和,即标志值的个数。

第二步,确定中位数所在组。当向上累计频数第一次大于或等于 $\dfrac{\sum f}{2}$ 时,该累计频数所在组就是中位数所在组。

第三步,确定中位数。M_e 为中位数所在组对应的变量值。

③ 组距式数列

当掌握的资料是组距式数列时,则中位数的确定步骤如下：

第一步,计算 $\dfrac{\sum f}{2}$。

第二步,确定中位数所在组。当向上累计频数第一次大于或等于 $\dfrac{\sum f}{2}$ 时,该累计频数所在组就是中位数所在组。

第三步,确定中位数。

在组距式数列中,中位数所在组对应的不是一个具体的变量值,而是一个变量值范围,可以根据中位数所在组的上、下限来确定,其计算公式为:

$$下限公式(向上累计):M_e \approx L + \frac{\frac{\sum f}{2} - S_{m-1}}{f_m} \cdot i$$

$$上限公式(向下累计):M_e \approx U - \frac{\frac{\sum f}{2} - S_{m+1}}{f_m} \cdot i$$

其中:

$\sum f$——各组的频数之和;

L——中位数所在组的下限;

U——中位数所在组的上限;

i——中位数所在组的组距;

f_m——中位数所在组的频数;

S_{m-1}——到中位数所在组的前面一组为止的向上累计频数;

S_{m+1}——到中位数所在组的后面一组为止的向下累计频数。

例 3-15 根据某乡农民家庭有关资料(见表 3-8),计算该乡农民家庭年人均纯收入的中位数。

解: 由题可知,该乡农民家庭年人均纯收入的中位数 M_e 所在组为 $[1400, 1600]$,标志值的个数 $\sum f = 3000$,下限 $L = 1400$,上限 $U = 1600$,$S_{m-1} = 240 + 480 = 720$,$S_{m+1} = 30 + 120 + 210 + 270 + 600 = 1230$,组距 $i = 1600 - 1400 = 200$,则:

$$M_e \approx L + \frac{\frac{\sum f}{2} - S_{m-1}}{f_m} \cdot i = 1400 + \frac{1500 - 720}{1050} \times 200 \approx 1548.57(元)$$

或

$$M_e \approx U - \frac{\frac{\sum f}{2} - S_{m+1}}{f_m} \cdot i = 1600 - \frac{1500 - 1230}{1050} \times 200 \approx 1548.57(元)$$

3. 四分位数

中位数是从中间点将全部数据分为两部分。与中位数类似的还有四分位数。

(1)四分位数的概念

一组数据排序后处于 25% 和 75% 位置上的数值,称为四分位数(quartile),也叫四分位点。四分位数是通过三个点将全部数据等分为四部分,其中每部分包含 25%

的数据。很显然,中间的四分位数就是中位数,因此,通常所说的四分位数是指处在 25％位置上的数值(下四分位数 Q_L)和处在 75％位置上的数值(上四分位数 Q_U)。

(2) 四分位数的确定

四分位数的计算方法与中位数类似,分三种情况展开。

① 未分组资料

针对未分组资料计算四分位数的步骤如下:

第一步,对数据由小到大进行排序。

第二步,确定四分位数所在的位置。

$$Q_L \text{ 的位置} = \frac{N+1}{4} \qquad Q_U \text{ 的位置} = \frac{3(N+1)}{4}$$

第三步,确定 Q_L, Q_U。当四分位数的位置不在某一个位置上时,可根据四分位数的位置,按比例分摊四分位数两侧的差值。

例 3-16　有一组数列 24,34,20,56,32,44,38,46,50,51,试计算四分位数。

解:第一步,排序。排序结果是 20,24,32,34,38,44,46,50,51,56。

第二步,确定 Q_L, Q_U 的位置。Q_L 的位置 $= \frac{N+1}{4} = \frac{10+1}{4} = 2.75$,说明 Q_L 位于第 2 个和第 3 个位置的标志值之间,即位于标志值 24 和 32 之间。Q_U 的位置 $= \frac{3(N+1)}{4} = \frac{3 \times (10+1)}{4} = 8.25$,说明 Q_U 位于第 8 个位置和第 9 个位置的标志值之间,即位于标志值 50 和 51 之间。

第三步,确定 Q_L, Q_U。

$$Q_L = 24 + (32-24) \times 0.75 = 30$$
$$Q_U = 50 + (51-50) \times 0.25 = 50.25$$

② 单项式数列

当掌握的资料是单项式数列时,四分位数的计算步骤如下:

第一步,计算 $\frac{\sum f}{4}$ 和 $\frac{3\sum f}{4}$。

第二步,确定 Q_L, Q_U 所在组。当向上累计频数第一次大于或等于 $\frac{\sum f}{4}$ 时,该累计频数所在组就是 Q_L 所在组,当向上累计频数第一次大于或等于 $\frac{3\sum f}{4}$ 时,该累计频数所在组就是 Q_U 所在组。

第三步,确定 Q_L, Q_U。这里 Q_L 所在组对应的标志值即为 Q_L,Q_U 所在组对应的标志值即为 Q_U。

例 3-17 某校 40 名学生的年龄资料如表 3-9 所示，试计算四分位数。

表 3-9 某校 40 名学生的年龄

年龄/岁	频数/人	向上累计频数/人
18	6	6
19	8	14
20	8	22
21	12	34
22	6	40

解：第一步，计算 $\dfrac{\sum f}{4}$ 和 $\dfrac{3\sum f}{4}$。$\dfrac{\sum f}{4} = \dfrac{40}{4} = 10$，$\dfrac{3\sum f}{4} = 30$。

第二步，确定 Q_L，Q_U 所在组。在向上累计频数栏中，"14"第一次超过 10，则 Q_L 所在组即为向上累计频数为 14 所对应的组。同理，Q_U 所在组即为向上累计频数为 34 所对应的组。

第三步，确定 Q_L，Q_U。这里 Q_L 所在组对应的标志值 19 即为 Q_L，同理，$Q_U = 21$。

③ 组距式数列

当掌握的资料是组距式数列时，四分位数的计算步骤如下：

第一步，计算 $\dfrac{\sum f}{4}$ 和 $\dfrac{3\sum f}{4}$。

第二步，确定 Q_L，Q_U 所在组。当向上累计频数第一次大于或等于 $\dfrac{\sum f}{4}$ 时，该累计频数所在组就是 Q_L 所在组，当向上累计频数第一次大于或等于 $\dfrac{3\sum f}{4}$ 时，该累计频数所在组就是 Q_U 所在组。

第三步，确定 Q_L，Q_U。这里 Q_L，Q_U 所在组对应的是一个变量值范围，可以根据四分位数所在组的上、下限来确定。

下四分位数 Q_L 的计算公式为：

下限公式（向上累计）：$$Q_L \approx L + \frac{\dfrac{\sum f}{4} - S_{m-1}}{f_m} \cdot i$$

上限公式（向下累计）：$$Q_L \approx U - \frac{\dfrac{3\sum f}{4} - S_{m+1}}{f_m} \cdot i$$

其中：

$\sum f$——各组的频数之和；

L——下四分位数所在组的下限；

U——下四分位数所在组的上限；

i——下四分位数所在组的组距；

f_m——下四分位数所在组的频数；

S_{m-1}——到下四分位数所在组的前面一组为止的向上累计频数；

S_{m+1}——到下四分位数所在组的后面一组为止的向下累计频数。

上四分位数 Q_U 的计算公式为：

$$下限公式（向上累计）：Q_U \approx L + \frac{\frac{3\sum f}{4} - S_{m-1}}{f_m} \cdot i$$

$$上限公式（向下累计）：Q_U \approx U - \frac{\frac{\sum f}{4} - S_{m+1}}{f_m} \cdot i$$

其中：

$\sum f$——各组的频数之和；

L——上四分位数所在组的下限；

U——上四分位数所在组的上限；

i——上四分位数所在组的组距；

f_m——上四分位数所在组的频数；

S_{m-1}——到上四分位数所在组的前面一组为止的向上累计频数；

S_{m+1}——到上四分位数所在组的后面一组为止的向下累计频数。

例 3-18　某高校 50 名学生的统计学成绩资料如表 3-10 所示，计算四分位差。

表 3-10　某高校 50 名学生的统计学成绩

统计学成绩/分	频数/人	向上累计频数/人
50～60	4	4
60～70	12	16
70～90	20	36
90～100	14	50

解：由题可知，该乡农民家庭年人均纯收入的四分位数 Q_L 所在组为 $[60,70]$，Q_U 所在组为 $[90,100]$，标志值的个数 $N=50$，则用下限公式的求解过程如下：

$$Q_L \approx L + \frac{\frac{N}{4} - S_{m-1}}{f_m} \cdot i = 60 + \frac{12.5 - 4}{12} \times 10 \approx 67.08（元）$$

$$Q_U \approx L + \frac{\frac{3N}{4} - S_{m-1}}{f_m} \cdot i = 90 + \frac{37.5 - 36}{14} \times 10 \approx 91.07(元)$$

用上限公式求 Q_L, Q_U 的过程,留给读者自己思考。

中位数与众数的计算方法分别是什么?

3.3.3 数值平均数

定距数据、定比数据是最高层次的统计数据,其集中趋势的测量除了用众数、中位数、四分位数这种位置平均数外,还可以用数值平均数。

1. 算术平均数

(1) 算术平均数的概念和计算条件

① 算术平均数的概念

算术平均数(arithmetic average)是总体中各总体单位标志值的总和除以总体单位总量,常用 $\bar{x}$ 表示。算术平均数是计算平均指标的最常用方法,其计算公式为:

$$\bar{x} = \frac{总体标志总量}{总体单位总量}$$

例 3-19 有 5 名工人的工资额分别为 460 元、520 元、600 元、700 元和 850 元,试计算工人的平均工资。

解:

$$工人的平均工资 = \frac{总体工资总额(总体标志总量)}{总体工人总数(总体单位总量)}$$

$$= \frac{460 + 520 + 600 + 700 + 850}{5} = \frac{3130}{5} = 626(元 / 人)$$

② 算术平均数的计算条件

算术平均数的分子(总体标志总量)与分母(总体单位总量)必须来自同一总体,并且分子与分母在数量上存在着直接的一一对应关系,即其分子(总体标志总量)数值会随着分母(总体单位总量)数值的变动而变动。算术平均数的这一计算要求也是平均指标与强度相对指标的主要区别之一。

平均指标与强度相对指标虽然都是两个总量指标对比以及双重计量单位,并且有的强度相对指标还带有平均的含义,但两者仍有明显区别。具体区别如表 3-11 所示。

表 3-11　平均指标与强度相对指标的区别

指标类型	含　义	计 算 方 法	特　　点
平均指标	代表总体某一数量标志的一般水平	总体标志总量/总体单位总量	分子、分母来自同一总体，并且存在一一对应关系
强度相对指标	说明现象之间的强度、密度	某一总体的总量指标数值/另一总体另一总量指标数值	分子、分母来自不同总体，并且不存在一一对应关系

　　　　强度相对指标与算术平均数有什么区别？

　　(2) 算术平均数的计算方法

　　在实际工作中，由于掌握资料的不同，算术平均数有两种计算方法：简单算术平均数(simple arithmetic average)和加权算术平均数(weighted arithmetic average)。

　　① 简单算术平均数

　　如果已知各单位的标志值，并且没有编织成变量分配数列时，则采用简单算术平均法计算算术平均数，即简单算术平均数适用于未分组资料。假设在未分组资料中，各单位的标志值值分别为 $x_1, x_2, \cdots, x_N$，则其计算公式为：

$$\bar{x} = \frac{x_1 + x_2 + \cdots + x_N}{N} = \frac{\sum x_i}{N}$$

其中，x_i——各单位标志值；N——标志值的个数。

　　② 加权算术平均数

　　如果掌握的资料是经过分组整理编成的分组资料，则采用加权算术平均法计算算术平均数。可见，加权算术平均法适合分组资料。因分组变量数列根据每一个组标志值的表现形式分为单项式数列和组距式数列。若是单项式数列，计算公式中的 x 表示各组的标志值；若是组距式数列，应先计算各组的组中值，然后以各组的组中值作为变量 x_i，即计算公式中的 x_i 表示各组的组中值。

　　此外，在分组资料中，有的已知权数(频数)，有的已知权重(频率)。因此，已知资料不同，计算方式也会有一定的差异。

　　若已知权数(频数)。假设分组资料中，各组的标志值或组中值分别为 $x_1, x_2, \cdots, x_n$，各组的频数分别为 $f_1, f_2, \cdots, f_n$，则加权算术平均数 $\bar{x}$ 的计算公式为：

$$\bar{x} = \frac{x_1 f_1 + x_2 f_2 + \cdots + x_n f_n}{f_1 + f_2 + \cdots + f_n} = \frac{\sum x_i f_i}{\sum f_i}$$

　　例 3-20　某厂工人各级别工资额和相应工人数资料如表 3-12 所示。

表 3-12　某厂工资统计表

工资额/元	工人数/人
460	5
520	15
600	18
700	10
850	2
合计	50

试计算工人平均工资。

解：工人的平均工资计算过程如表 3-13 所示。

表 3-13　某厂工人平均工资计算过程表

工资额 x_i/元	工人数 f_i/人	工资总额 $x_i f_i$/元
460	5	2300
520	15	7800
600	18	10800
700	10	7000
850	2	1700
合计	50	29600

则工人的平均工资为：

$$\bar{x} = \frac{\sum x_i f_i}{\sum f_i} = \frac{460 \times 5 + 520 \times 15 + 600 \times 18 + 700 \times 10 + 850 \times 2}{5 + 15 + 18 + 10 + 2} = 592(元/人)$$

若已知权重（频率）。此时，加权算术平均数 $\bar{x}$ 的计算公式为：

$$\bar{x} = \sum \left[x_i \cdot \frac{f_i}{\sum f_i} \right]$$

例 3-21　某公司有 6 个下属企业，按生产某产品平均单位成本高低分组，其各组产量占该公司总产量的比重资料如表 3-14 所示。

表 3-14　某公司的生产成本表

按平均单位成本分组/(元/件)	企业数/个	各组产量占总产量比重/%
10~12	1	17
12~14	2	33
14~18	3	50
合计	6	100

试计算该公司所属企业的平均单位成本。

解：该公司所属企业的平均单位成本计算过程如表 3-15 所示。

表 3-15 某公司所属企业生平均单位成本计算过程表

按平均单位成本分组/(元/件)	企业数 f_i/个	组中值 x_i	各组产量占总产量比重 $f_i/\sum f_i$/%
10～12	1	11	17
12～14	2	13	33
14～18	3	16	50
合计	6	—	100

则平均单位成本为：

$$\bar{x} \approx \sum \left[x_i \cdot \frac{f_i}{\sum f_i} \right] = 11 \times 0.17 + 13 \times 0.33 + 16 \times 0.5 = 14.16(\text{元}/\text{件})$$

当掌握的资料是组距式数列时，假设各组内的标志值是均匀分布的，用组中值代表各组平均数，即加权算术平均数的计算公式中用组中值代表各组的标志值。但是在现实中，各组内的标志值不是均匀分布的，使得计算结果会有偏差。因此，组距式数列的算术平均数是一个近似值。

（3）在计算加权算术平均数时应注意的问题

① 影响加权算术平均数的因素

第一，由加权算术平均数的计算公式可见：加权算术平均数的大小受两个因素的影响，其一是受各组标志值 x_i 大小的影响；其二是受各组权数。其中，权数对算术平均数大小的影响程度，并不取决于权数本身数值 f_i 的大小，而是取决于作为权数的各组单位数占总体单位数比重的大小，即频率 $\frac{f_i}{\sum f_i}$ 的大小。

第二，当各组标志值已确定时，若哪一组标志值分配的单位数越多，则该组标志值对平均数的影响越大。反之，影响越小。因为在一个数列中，当标志值较大的单位数居多时，平均数就会趋近标志值大的一方；当标志值较小的单位数居多时，平均数就趋近标志值小的一方；当标志值较大的单位数与标志值较小的单位数基本平分时，平均数居中。

② 标志值为绝对数时，计算加权算术平均数的方法

例 3-22 甲、乙两个企业各级别工资额、相应的工人数及工人数比重资料如表 3-16 所示。

表 3-16　甲、乙两个企业各级别工资额、相应的工人数及工人数比重资料表

平均工资/元	工人数/人		工人数比重/%	
	甲企业 $f_{i甲}$	乙企业 $f_{i乙}$	甲企业 $\dfrac{f_{i甲}}{\sum f_{i甲}}$	乙企业 $\dfrac{f_{i乙}}{\sum f_{i乙}}$
460	5	20	10	10
520	15	60	30	30
600	18	72	36	36
700	10	40	20	20
850	2	8	4	4
合计	50	200	100	100

试计算甲、乙两个企业工人的平均工资,并观察计算结果。

解:由题可知:

$$\bar{x}_{甲} = \sum \left(x_i \cdot \frac{f_{i甲}}{\sum f_{i甲}} \right)$$

$$= 460 \times 10\% + 520 \times 30\% + 600 \times 36\% + 700 \times 20\% + 850 \times 4\%$$

$$= 592(元 / 人)$$

$$\bar{x}_{乙} = \sum \left(x_i \cdot \frac{f_{i乙}}{\sum f_{i乙}} \right)$$

$$= 460 \times 10\% + 520 \times 30\% + 600 \times 36\% + 700 \times 20\% + 850 \times 4\%$$

$$= 592(元 / 人)$$

③ 标志值为相对数时,计算加权算术平均数的方法

例 3-23　某工业局所属企业产值计划完成程度、企业数和计划产值资料如表 3-17 所示。

表 3-17　某工业局所属企业产值计划完成情况表

产值计划完成程度/%	企业数/个	计划产值/万元
90～100	5	100
100～110	8	800
110～120	2	100
合计	—	1000

试计算该工业局所属企业的平均产值计划完成程度。

分析:本例被平均的标志值 x(各组产值计划完成程度)是相对数。本例以企业数(频数)为权数,不符合权数选择原则。因为各组产值计划完成程度(x_i)×企业数(f_i)=各组标志总量($x_i f_i$),即:$95\% \times 5 = 475\%$(无意义)。本例正确的权数(f_i)应

为各组计划产值,它符合权数选择的原则。即:

$$各组产值计划完成程度(x_i) = \frac{各组实际产值(x_i f_i)}{各组计划产值(f_i)}$$

各组产值计划完成程度(x_i)×各组计划产值 f_i=各组实际产值$(x_i f_i)$,即:$95\% \times 100(万元) = 95(万元)$(等式有意义)。

解:平均产值计划完成程度计算过程如表 3-18 所示。

表 3-18 平均产值计划完成程度计算过程表

产值计划完成程度/%	企业数/个	组中值 x_i/%	计划产值 f_i/万元	实际产值 $x_i f_i$/万元
90～100	5	95	100	95
100～110	8	105	800	840
110～120	2	115	100	115
合计	—	—	1000	1050

则平均产值计划完成程度为:

$$\bar{x} = \sum \left(x_i \cdot \frac{f_i}{\sum f_i} \right) = \frac{0.95 \times 100 + 1.05 \times 800 + 1.15 \times 100}{100 + 800 + 100} = \frac{1050}{1000} = 105\%$$

④ 当各组频数(频率)相等时,加权算术平均数相当于简单算术平均数。

在分组数列的条件下,当各组标志值的单位数或各组单位数所占比重均相等时,权数就失去了权衡轻重的作用,这时用加权算术平均数计算的结果与用简单算术平均数计算的结果相同。即:

$$\bar{x} = \frac{\sum x_i f_i}{\sum f_i} = \frac{f_i \cdot \sum x_i}{n f_i} = \frac{\sum x_i}{n}$$

各算术平均数计算公式的适用情形有哪些? 在加权算术平均法的计算公式中,$x_i f_i$ 表示什么含义?

2. 调和平均数

在实际工作中,经常会遇到只有各组变量值和各组标志总量而缺少总体单位数的情况,这时就要用调和平均法来计算数值平均数。

(1) 调和平均数的概念

调和平均数(harmonic average)是分布数列中各单位标志值的倒数的算术平均数的倒数,又称"倒数平均数"。

(2) 调和平均数的计算方法

根据所掌握资料的不同,调和平均数$\bar{x}_H$ 的计算可分为简单调和平均数(simple harmonic average)和加权调和平均数(weighted harmonic average)。

① 简单调和平均数

若掌握的资料是未分组资料,则采用简单调和平均数。假设各单位的标志值分别为 $x_1, x_2, \cdots, x_N$,其计算公式为:

$$\bar{x}_H = \cfrac{1}{\cfrac{\frac{1}{x_1} + \frac{1}{x_2} + \cdots + \frac{1}{x_N}}{N}} = \cfrac{N}{\frac{1}{x_1} + \frac{1}{x_2} + \cdots + \frac{1}{x_N}} = \cfrac{N}{\sum \frac{1}{x_i}}$$

其中,N——标志值的个数。

② 加权调和平均数

当掌握的资料是分组资料,则采用加权调和平均数。假设各组的标志值或组中值分别为 $x_1, x_2, \cdots, x_n$,各组的标志总量分别为 $m_1, m_2, \cdots, m_n$,其计算公式为:

$$\bar{x}_H = \cfrac{1}{\cfrac{\frac{m_1}{x_1} + \frac{m_2}{x_2} + \cdots + \frac{m_n}{x_n}}{m_1 + m_2 + \cdots + m_n}} = \cfrac{m_1 + m_2 + \cdots + m_n}{\frac{m_1}{x_1} + \frac{m_2}{x_2} + \cdots + \frac{m_n}{x_n}} = \cfrac{\sum m_i}{\sum \frac{m_i}{x_i}}$$

例 3-24 某种蔬菜早、中、晚的价格及购买金额资料如表 3-19 所示。

表 3-19 某种蔬菜早、午、晚的价格及购买金额表

时间	价格/(元/斤)	购买金额/元
早	0.25	5
中	0.20	6
晚	0.10	7
合计	—	18

试计算该种蔬菜的平均购买价格。

解:该种蔬菜平均购买价格计算过程见表 3-20。

表 3-20 该种蔬菜平均购买价格计算过程表

时间	价格 x_i/(元/斤)	购买金额 $m_i = x_i f_i$/元	购买量 $f_i = \frac{m_i}{x_i}$/斤
早	0.25	5	20
午	0.20	6	30
晚	0.10	7	70
合计	—	18	120

则蔬菜的平均价格为:

$$\bar{x}_H = \frac{\sum m_i}{\sum \frac{m_i}{x_i}} = \frac{5 + 6 + 7}{\frac{5}{0.25} + \frac{6}{0.2} + \frac{7}{0.1}} = \frac{18}{120} = 0.15(\text{元}/\text{斤})$$

例 3-25 某工业局所属企业的产值计划完成程度、企业数和实际产值资料如表 3-21 所示。

表 3-21 某工业局所属企业的产值计划完成程度、企业数和实际产值表

产值计划完成程度/%	企业数/个	实际产值/万元
90～100	5	95
100～110	8	840
110～120	2	115
合计	—	1050

试计算该工业局所属企业的平均产值计划完成程度。

解：该企业工人平均工资计算过程见表 3-22。

表 3-22 某工业局所属企业工人平均工资计算过程表

产值计划完成程度/%	企业数/个	组中值 x_i	实际产值 $m_i = x_i f_i$/万元	计划产值 $f_i = \dfrac{m_i}{x_i}$/万元
90～100	5	95	95	100
100～110	8	105	840	800
110～120	2	115	115	100
合计	—	—	1050	1000

平均产值计划完成程度为：

$$\bar{x}_H = \frac{\sum m_i}{\sum \dfrac{m_i}{x_i}} = \frac{95 + 840 + 115}{\dfrac{95}{0.95} + \dfrac{840}{1.05} + \dfrac{115}{1.15}} = \frac{1050}{1000} = 105\%$$

(3) 加权调和平均数与加权算术平均数的关系

加权调和平均法的平均数计算公式中，m_i 表示第 i 组的标志总量。而第 i 组的标志总量(m_i)＝第 i 组的标志值或组中值(x_i)×第 i 组的频数(f_i)，则 $f_i = \dfrac{m_i}{x_i}$。可见，加权调和平均数的分子 $\sum m_i$ 表示总体标志总量，分母 $\sum \dfrac{m_i}{x_i}$ 表示总体单位总量。因此，加权调和平均数是加权算术平均数的变形，并且各组的标志值不能为零。具体的变形关系公式为：

$$\bar{x}_H = \frac{m_1 + m_2 + \cdots + m_n}{\dfrac{m_1}{x_1} + \dfrac{m_2}{x_2} + \cdots + \dfrac{m_n}{x_n}} = \frac{\sum m_i}{\sum \dfrac{m_i}{x_i}}$$

$$= \frac{x_1 f_1 + x_2 f_2 + \cdots + x_n f_n}{f_1 + f_2 + \cdots + f_n} = \frac{\sum x_i f_i}{\sum f_i}$$

例 3-26 某企业工人各级别的工资额及相对应的工资总额资料如表 3-23 所示。

表 3-23 某企业工人各级别的工资额及相对应的工资总额表

工资额/元	工资总额/元
460	2300
520	7800
600	10800
700	7000
850	1700
合计	29600

试计算工人平均工资。

解：该企业工人平均工资计算过程见表 3-24。

表 3-24 该企业工人平均工资计算过程表

工资额 x_i/元	工资总额 $m_i = x_i f_i$/元	工人数 $f_i = \dfrac{m_i}{x_i}$/人
460	2300	5
520	7800	15
600	10800	18
700	7000	10
850	1700	2
合计	29600	50

则利用加权调和平均数算出的平均工资为：

$$\bar{x}_H = \frac{m_1 + m_2 + \cdots + m_n}{\dfrac{m_1}{x_1} + \dfrac{m_2}{x_2} + \cdots + \dfrac{m_n}{x_n}} = \frac{2300 + 7800 + 10800 + 7000 + 1700}{\dfrac{2300}{460} + \dfrac{7800}{520} + \dfrac{10800}{600} + \dfrac{7000}{700} + \dfrac{1700}{850}}$$

$$= \frac{2300 + 7800 + 10800 + 7000 + 1700}{5 + 15 + 18 + 10 + 2} = \frac{29600}{50} = 592(元 / 人)$$

利用加权算术平均数算出的平均工资为：

$$\bar{x} = \sum \left(x_i \cdot \frac{f_i}{\sum f_i} \right) = \frac{460 \times 5 + 520 \times 15 + 600 \times 18 + 700 \times 10 + 850 \times 2}{5 + 15 + 18 + 10 + 2}$$

$$= 592(元 / 人)$$

两者的计算结果完全相同。因此，加权调和平均数的分子和分母的经济内容与加权算术平均数的分子和分母的经济内容是一致的。当掌握的资料是算术平均数的分子，而分母未知时，用加权调和平均数计算；当掌握的资料是算术平均数的分母，而分子未知时，用加权算术平均数计算。

3. 几何平均数

（1）几何平均数的概念及适用范围

① 几何平均数的概念

几何平均数 $\bar{x}_G$（geometric average）是分布数列中 N 个单位标志值连乘积的 N 次方根。

② 适用范围

它适合于计算现象的平均比率或平均速度。当变量值的连乘积等于总比率或总速度时,采用几何平均法。

（2）几何平均数的计算方法

几何平均数根据所掌握资料不同,其计算方法分为简单几何平均数（simple geometric average）和加权几何平均数（weighted geometric average）两种。

① 简单几何平均数

当掌握的资料是未分组资料时,采用简单几何平均数。简单几何平均数就是 N 个单位标志值连乘积的 N 次方根。

简单几何平均数的计算公式为:

$$\bar{x}_G = \sqrt[N]{x_1 x_2 x_3 \cdots x_N} = \sqrt[N]{\prod x_i}$$

例 3-27 我国 2012—2017 年的钢产量如表 3-25 所示。

表 3-25 我国 2012—2017 年钢产量各年（环比）发展速度表

年份/年	2012	2013	2014	2015	2016	2017
钢产量/万吨	9400	10110	10757	11559	12426	12850
环比发展速度/%	—	107.55	106.40	107.46	107.50	103.41

试计算 2012—2017 年钢产量年平均发展速度。其中,

$$第\ i\ 年的环比发展速度 = \frac{第\ i\ 年的钢产量}{第\ i-1\ 年的钢产量}$$

解:钢产量年平均发展速度计算过程见表 3-26。

表 3-26 钢产量年平均发展速度计算过程表

年份/年	2012	2013	2014	2015	2016	2017
钢产量/万吨	9400 a_0	10110 a_1	10757 a_2	11559 a_3	12426 a_4	12850 a_5
环比发展速度/%	—	$x_1 = \dfrac{a_1}{a_0}$ 107.55	$x_2 = \dfrac{a_2}{a_1}$ 106.40	$x_3 = \dfrac{a_3}{a_2}$ 107.46	$x_4 = \dfrac{a_4}{a_3}$ 107.50	$x_5 = \dfrac{a_5}{a_4}$ 103.41

由此,钢产量的平均发展速度为:

$$\bar{x}_G = \sqrt[N]{x_1 \cdot x_2 \cdot x_3 \cdot \cdots \cdot x_N}$$
$$= \sqrt[5]{1.0755 \times 1.0640 \times 1.0746 \times 1.0750 \times 1.0341} \approx 106.45\%$$

② 加权几何平均数

计算分组数列的平均比率或速度时,每个变量值的频数 f_i 不完全相等,需要计算加权几何平均数。其计算公式为:

$$\bar{x}_G = \sqrt[\sum f_i]{\prod x_i{}^{f_i}}$$

例 3-28　某企业 2007—2017 年的产值如表 3-27 所示。

表 3-27　某企业 2007—2017 年产值发展速度表

环比发展速度/%	时期/年	次数/f_i
102	2007—2009	3
104	2010—2014	5
98	2015	1
103	2016—2017	2

试计算 2007—2017 年钢产量的年平均发展速度。

解:钢产量的平均速度计算过程如下:

$$\bar{x}_G = \sqrt[\sum f_i]{\prod x_i{}^{f_i}} = \sqrt[11]{1.02^3 \times 1.04^5 \times 0.98^1 \times 1.03^2} = 102.71\%$$

3.3.4　各种集中趋势指标的比较

1. 数值平均数与位置平均数的比较

① 数值平均数是根据一组数据的全部数值综合计算而得出,概括反映了所有变量值的平均水平,位置平均数则是以一组数据中全部数值的某些特殊位置上的个别数值为总体的代表性数值。

② 数值平均受一组数据中某些极端值的影响明显,位置平均数则几乎不受极端值的影响。

③ 数值平均数适合于定量数据,对数据的量化尺度要求高;位置平均数不仅适合于量化程度高的定量数据,也适合于量化程度较低的定性数据,其中众数适合于各种类型的数据,包括定类数据和定序数据,中位数和四分位数适合于定序数据和所有的定量数据。这表明位置平均数的用途更为广泛。

2. 几何平均数、算术平均数与调和平均数的比较

对同一资料用三种方法计算,其结果是算术平均数最大,几何平均数次之,调和平均数最小。只有当所有变量值都相同时,三者计算结果才相等。即:

算术平均数≥几何平均数≥调和平均数

3. 算术平均数与众数、中位数的比较

当频数分布图形不同时,算术平均数、众数、中位数之间的关系不一样。

① 钟型对称分布

当频数分布图形是对称钟形分布时,算术平均数＝众数＝中位数。其关系如图 3-4 所示。

② 钟型偏态分布

在非对称钟形分布中,算术平均数、众数、中位数之间存在差别。若存在非正常的极端值,则变量分配数列会发生偏斜。这些极端值对算术平均数、众数、中位数的影响不同:众数和中位数是位置平均数,不受极端值的影响;算术平均数是数值平均数,很容易受到极端值的影响。

若总体中出现了少数的极大值,此时频数分布的图形是钟形右偏分布(如图 3-5 所示)。此种情况下,算术平均数＞中位数＞众数。

若总体中出现了少数的极小值,此时频数分布的图形是钟形左偏分布(如图 3-6 所示)。此种情况下,众数＞中位数＞算术平均数。

均值=中位数=众数

对称分布

$\bar{X}=M_e=M_o$

图 3-4　钟型对称分布图

众数 中位数 均值

右偏分布

$\bar{X}>M_e>M_o$

图 3-5　钟形右偏分布图

均值 中位数 众数

左偏分布

$M_o>M_e>\bar{X}$

图 3-6　钟形左偏分布图

根据以上关系,只要知道算术平均数、众数、中位数中的任意两个,就可推断出第三个的位置。

如果偏斜适度,算术平均数、众数、中位数三者之间存在以下关系:

$$|M_o-M_e|\approx 2\,|M_e-\bar{x}|$$

3.3.5　集中趋势指标的计算和应用注意事项

1. 社会经济现象的同质性

集中趋势指标只能应用于同质总体,即各单位在被平均的标志上具有同类性。这是计算集中趋势指标的基本前提,也是应用集中趋势指标首先应遵循的原则。

2. 用组平均数和分配数列补充总体平均数

平均数是一个高度概括的数值,它抽象了总体中各个数据的差异。为使总体信息既有综合性又能保真,可以用分配数列和各组的平均数来说明总体具体情况,以显示被平均数抽象掉的各单位差异及其分布。

3.　集中趋势指标与离散程度指标相结合

用集中趋势指标反映总体分布的集中趋势,用离散程度指标说明总体分布的离散程度,以得出较全面的认识,同时评价平均指标的代表性高低。

4.　一般和个别相结合

平均数和典型事例相结合。

各种平均数之间的关系是什么?

3.4　离散程度指标

平均指标用来说明总体各单位某一数量标志的一般水平,即集中趋势。它将总体各单位标志值的差异抽象化,但不能反映总体各单位标志值的差异情况和离散程度,而离散程度指标恰好弥补其不足。

3.4.1　离散程度指标的概念

离散程度指标是反映总体中各单位标志值的变动范围或远离其中心值的程度,因此也称为离中趋势。它从另一个侧面说明了集中趋势指标的代表程度。

例 3-29　有 A,B 两个组的学生考分资料如表 3-28 所示。

表 3-28　A,B 两个组的学生考分表

学生序号	学生考分/分	
	A 组	B 组
甲	65	68
乙	70	70
丙	75	76
丁	80	80
戊	85	81
合计	375	375

试问 A,B 两组哪一组学生的平均考分更有代表性?

解:两组学生的考分用图 3-7 比较如下。

A 组学生的平均考分:$\bar{x}_A = 75$(分/人)

B 组学生的平均考分:$\bar{x}_B = 75$(分/人)

由图 3-7 可知,A 组学生的考分偏离平均分(75 分)的程度大,B 组学生的考分偏

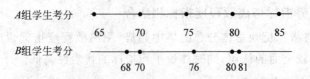

图 3-7　A,B 两组学生考分比较图

离平均分(75 分)的程度相对较小,所以 B 组学生平均考分的代表性高于 A 组。

3.4.2　离散程度指标的作用

离散程度指标不仅用于说明各单位标志值的离散程度,还可用于描述总体单位标志值的分布特征。其具体作用如下:

① 离散程度指标可以衡量集中趋势指标代表性的好坏。离散程度指标与集中趋势指标的代表性成反比,表明总体各单位标志值的分散程度。即离散程度指标数值越大,集中趋势指标的代表性越差;离散程度指标数值越小,集中趋势指标的代表性越好。

② 它可以反映社会经济活动过程的均衡性或稳定性程度。

③ 它还是抽样分析和相关分析的重要指标。

注意:离散程度指标的作用是在与集中趋势指标结合中产生的,离开了集中趋势指标,它就失去了意义。而它与集中趋势指标相结合,则可全面反映总体的特征,并对平均指标的代表性做出评价。

什么是离散程度指标? 它有什么作用?

3.4.3　离散程度指标的种类和计算方法

离散程度指标有很多,本节主要介绍常用的几种:异众比率、极差、四分位差、平均差、标准差、变异系数。

1. 异众比率

异众比率(variation ratio)是指非众数组的频数占总频数的比率,用 V_R 表示。

异众比率主要用于衡量众数对一组数据的代表程度。异众比率越大,说明非众数组的频数占总频数的比重越大,众数的代表性就越差;异众比率越小,说明非众数组的频数占总频数的比重越小,众数的代表性就越好。

异众比率主要用于衡量定类数据的离散程度,当然,定序数据和所有的定量数据也可以计算异众比率。

2. 极差

极差(range)是标志值数列(总体)中最大值与最小值之差,又称"全距"。极差用

R 表示,用于说明标志值的变动范围。极差的计算方法会因掌握的资料不同而有差异。

(1) 未分组资料和单项式数列

$$R = 最大标志值 - 最小标志值$$

(2) 组距式数列

$$极差 \approx 最高组的上限 - 最低组的下限$$

极差是测定标志变动度的一种简单、粗略的方法,可用于检查产品质量的稳定性和质量控制,对测定对称分布的数列具有特殊优势。但是,极差不考虑数据的分布,仅取决于两个极端数值,带有较大的偶然性,不能全面反映总体各单位标志值变异的程度,也不能用来评价集中趋势指标的代表性。

3. 四分位差

四分位差(quartile deviation)是极差的一种改进,它是从统计数据中剔除了一部分极端值后再确定的,反映了数据之间的差异情况,常用 Q_D 表示。四分位差是在数列中剔除最大和最小各四分之一的数据,是上四分位数 Q_U 与下四分位数 Q_L 的差,以此说明二分位数(中位数)代表性的好坏,其计算公式为:

$$Q_D = Q_U - Q_L$$

四分位差反映了中间 50% 数据的离散程度,其数值越小,说明中间的数据越集中;数值越大,说明中间的数据越分散。此外,四分位差的大小在一定程度上也说明了中位数对一组数据的代表程度。

四分位差主要用于衡量定序数据的离散程度。当然,对于所有的定量数据也可以计算四分位差,但不适合于定类数据。

4. 平均差

(1) 平均差的概念

平均差(average deviation)用 A. D. 表示,是总体各单位标志值与其算术平均数之间离差绝对值的平均数,即对所有的 $|x_i - \bar{x}|$ 求算术平均数。

(2) 平均差的计算方法

由于掌握的资料不同,平均差的计算可分为简单平均差和加权平均差两种形式。

① 未分组资料

当掌握的资料是未分组资料,则平均差的计算公式为:

$$A. D. = \frac{\sum |x_i - \bar{x}|}{N}$$

其中,$|x_i - \bar{x}|$——离差绝对值;N——标志值的个数。

② 单项式数列和组距式数列

当掌握的资料是单项式数列或组距式数列时,平均差的计算公式为:

$$A.D. = \frac{\sum |x_i - \bar{x}| f_i}{\sum f_i}$$

其中,x_i——第 i 组的标志值或组中值;f_i——第 i 组的频数。

例 3-30　结合例 3-29、表 3-28 的资料计算 A,B 两组学生考分的平均差。

解: 由例 3-29 可知,$\bar{x}_A = \bar{x}_B = 75$。计算分析过程见表 3-29。

表 3-29　学生考分平均差计算分析过程表

学生序号	考分/分		平均数离差	离差绝对值	平均数离差	离差绝对值
	x_{iA}	x_{iB}	$x_{iA} - \bar{x}_A$	$|x_{iA} - \bar{x}_A|$	$x_{iB} - \bar{x}_B$	$|x_{iB} - \bar{x}_B|$
甲	65	68	−10	10	−7	7
乙	70	70	−5	5	−5	5
丙	75	76	0	0	1	1
丁	80	80	5	5	5	5
戊	85	81	10	10	6	6
合计	375	375		30		24

$$A.D.(A) = \frac{\sum |x_{iA} - \bar{x}_A|}{N} = \frac{30}{5} = 6(分)$$

$$A.D.(B) = \frac{\sum |x_{iB} - \bar{x}_B|}{N} = \frac{24}{5} = 4.8(分)$$

很显然,$A.D.(A) > A.D.(B)$,所以 B 组学生的平均考分 $\bar{x}_B$ 比 A 组学生的平均考分 $\bar{x}_A$ 更有代表性。

平均差里全部变量值都参与了计算,较前两个指标(极差、四分位差)的代表性更大。在计算平均离差时,为保证正、负离差和不至于在计算中相互抵消为零,需取它们的绝对值。绝对值在数学处理上有困难,不符合代数方法演算,具有局限性。

5. 方差

(1) 方差和标准差的概念

方差是总体中各单位标志值对算数平均数离差平方的算数平均数,即对所有的 $(x_i - \bar{x})^2$ 求算术平均数,用 σ^2 表示。标准差是总体中各单位标志值与其算术平均数离差平方的算数平均数的平方根,即标准差是方差的平方根,用 σ 表示。

标准差是测定标志变动程度的最主要的指标。虽然标准差的实质与平均差基本相同,但是在数学处理方法上与平均差不同:平均差是用取绝对值的方法消除离差的正负号,然后用算术平均的方法求出平均离差;而标准差是用平方的方法消除离差的正负号,然后对离差的平方计算算术平均数,并开方求出标准差。

（2）方差、标准差的计算方法

由于掌握的资料不同，标准差的计算方法可分为简单平均形式和加权平均形式。

① 未分组资料

若掌握的资料是未分组资料，则方差、标准差的计算公式分别为：

$$\sigma^2 = \frac{\sum (x_i - \bar{x})^2}{N}; \quad \sigma = \sqrt{\frac{\sum (x_i - \bar{x})^2}{N}}$$

② 单项式数列或组距式数列

当掌握的资料是单项式数列或组距式数列时，方差的计算公式为：

$$\sigma^2 = \frac{\sum (x_i - \bar{x})^2 f_i}{\sum f_i}$$

其中，x_i——第 i 组的标志值或组中值；f_i——第 i 组的频数。

方差或标准差可以评价总体中各标志值之间的离散程度，方差或标准差的值越大，各标志值越分散；方差或标准差还可以评价平均水平的代表性好坏，当算术平均数相等时，方差或标准差越大，其算术平均数的代表性越差。

例 3-31 结合例 3-29、表 3-27 的资料计算 A，B 两组学生考分的标准差。

解： 由例 3-29 可知，$\bar{x}_A = \bar{x}_B = 75$。计算分析过程见表 3-30。

表 3-30　学生考分标准差计算分析过程表

学生序号	考分/分		平均数离差	离差平方	平均数离差	离差平方
	x_{iA}	x_{iB}	$x_{iA} - \bar{x}_A$	$(x_{iA} - \bar{x}_A)^2$	$x_{iB} - \bar{x}_B$	$(x_{iB} - \bar{x}_B)^2$
甲	65	68	-10	100	-7	49
乙	70	70	-5	25	-5	25
丙	75	76	0	0	1	1
丁	80	80	5	25	5	25
戊	85	81	10	100	6	36
合计	375	375	—	250	—	136

$$\sigma_A = \sqrt{\frac{\sum (x_{iA} - \bar{x}_A)^2}{N}} = \sqrt{\frac{250}{5}} = 7.07 (\text{分})$$

$$\sigma_B = \sqrt{\frac{\sum (x_{iB} - \bar{x}_B)^2}{N}} = \sqrt{\frac{136}{5}} = 5.2 (\text{分})$$

很显然，$\sigma_A > \sigma_B$，所以 B 组学生的平均考分 $\bar{x}_B$ 比 A 组学生的平均考分 $\bar{x}_A$ 更有代表性。

6. 离散系数

平均差、方差、标准差三个变异指标数值的大小不但取决于数列各单位标志值的差异程度,而且要受数列平均水平高低的影响,并且在反映标志值的差异程度时还带有计量单位。因此,如果两个数列平均水平不同,或两个数列标志值的计量单位不同时,要比较其数列的变动度(即比较其数列平均数的代表性大小),这时需要计算离散系数,以消除平均水平不同或计量单位不同的影响。

离散系数是反映一组数据相对差异程度的指标,是各离散程度指标与其算术平均数的比值。如将极差与其平均数对比,得到极差系数;将平均差与其平均数对比,得到平均差系数;将标准差与其平均数对比,得到标准差系数。

离散系数是一个无名数,可以用于比较不同数列的变动程度。离散系数通常用 V 表示,常用的离散系数是标准差系数,其计算公式为:

$$\nu_\sigma = \frac{\sigma}{\bar{x}}$$

例 3-32 有 A,C 两个组的学生考分资料,如表 3-31 所示。

表 3-31 A,C 两个组的学生考分表

学生序号	学生考分/分	
	A 组	C 组
甲	65	75
乙	70	85
丙	75	90
丁	80	95
戊	85	100
合计	375	445

试计算 A,C 两组学生考分的标准差系数。

解:由题可知,A 组学生的平均考分 $\bar{x}_A=75$ 分,C 组学生的平均考分 $\bar{x}_C=89$ 分。计算分析过程见表 3-32。

表 3-32 学生考分标准差系数计算分析过程表

学生序号	考分/分		平均数离差 $(x_{iA}-\bar{x}_A)$	离差平方 $(x_{iA}-\bar{x}_A)^2$	平均数离差 $x_{iC}-\bar{x}_C$	离差平方 $(x_{iC}-\bar{x}_C)^2$
	x_{iA}	x_{iC}				
甲	65	75	−10	100	−14	196
乙	70	85	−5	25	−4	16
丙	75	90	0	0	1	1
丁	80	95	5	25	6	36
戊	85	100	10	100	11	121
合计	375	445	—	250	—	370

标准差:

$$\sigma_A = \sqrt{\frac{\sum (x_{iA} - \bar{x}_A)^2}{N}} = \sqrt{\frac{250}{5}} = 7.07(\text{分})$$

$$\sigma_C = \sqrt{\frac{\sum (x_{iC} - \bar{x}_C)^2}{N}} = \sqrt{\frac{370}{5}} = 8.6(\text{分})$$

标准差系数:

$$V_{\sigma_A} = \frac{\sigma_A}{\bar{x}_A} = \frac{7.07}{5} = 0.0943$$

$$V_{\sigma_C} = \frac{\sigma_C}{\bar{x}_C} = \frac{8.6}{89} = 0.0966$$

很显然,$V_{\sigma_A} < V_{\sigma_C}$,所以 A 组学生的平均考分 $\bar{x}_A$ 比 C 组学生的平均考分 $\bar{x}_C$ 更有代表性。

 为什么是标准差系数而不是方差系数?

3.5 偏态和峰度

集中趋势和离散程度是数据分布的两个重要特征,但要全面了解数据分布的特点,还需要知道数据分布的形状是否对称、偏斜的程度以及分布的扁平程度等。偏态和峰度就是对这些分布特征的描述。

3.5.1 偏 态

偏态(skewness)是用于衡量分布的不对称程度或偏斜程度的指标。频数分布有对称的,也有不对称的,即偏态的。在偏态分布中,有左偏和右偏两种。利用众数、中位数、算术平均数三者之间的关系可以判断分布是左偏还是右偏,但要度量分布偏斜的程度,就需要计算偏态系数 α_3 了。偏态系数的计算公式为:

$$\alpha_3 = \frac{\sum (x_i - \bar{x})^3 f_i}{N\sigma^3}$$

当分布对称时,其偏斜系数 $\alpha_3 = 0$;当分布呈左偏分布(分布曲线左边拉长尾巴)时,偏斜系数 $\alpha_3 < 0$;当分布呈右偏分布(分布曲线右边拉长尾巴)时,偏斜系数 $\alpha_3 > 0$。由此,$|\alpha_3|$ 越大,偏斜程度就越大(如图 3-8 所示)。

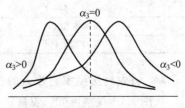

图 3-8 偏态分布图

3.5.2 峰度

峰度(kurtosis)是用于衡量分布的集中程度或分布曲线的尖峭程度的指标。其峰度系数 β_4 的计算公式如下:

$$\beta_4 = \frac{\sum (x_i - \bar{x})^4 f_i}{N\sigma^4}$$

当峰度系数 $\beta_4 > 0$ 时,表示分布比正态分布更集中在平均数周围,分布呈尖峰状态;时 $\beta_4 = 0$ 时,分布为正态分布;当 $\beta_4 < 0$ 时,表示分布比正态分布更分散,分布呈扁平状态(如图 3-9 所示)。

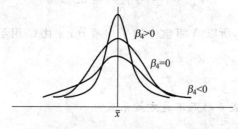

图 3-9 峰度分布图

例 3-33 2016 年我国农村居民家庭按纯收入分组的有关数据如表 3-33 所示。试计算偏度系数、峰度系数。

表 3-33 2016 年农村居民家庭纯收入数据表

按纯收入分组/元	户数比重/%
500 以下	2.28
500～1000	12.45
1000～1500	20.35
1500～2000	19.52
2000～2500	14.93
2500～3000	10.35
3000～3500	6.56
3500～4000	4.13
4000～4500	2.68
4500～5000	1.81
5000 以上	4.94

解:将农村居民家庭收入的数据用直方图展示,如图 3-10 所示。

从图 3-10 观察可知:农村居民家庭收入的分布为右偏分布,且峰度适中。偏态分布的系数以及峰度系数还需进一步计算。

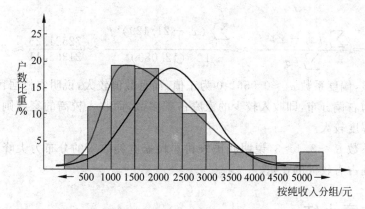

图 3-10　农村居民家庭收入数据直方图

偏态系数和峰度系数的计算如表 3-34 所示。

表 3-34　农村居民家庭纯收入数据偏态及峰度计算表

按纯收入分组/百元	组中值 $\overline{x}$	户数比重 f_i/%	$(x_i-\overline{x})^3 f_i$	$(x_i-\overline{x})^4 f_i$
5 以下	2.5	2.28	−154.64	2927.15
5～10	7.5	12.45	−336.46	4686.51
10～15	12.5	20.35	−144.87	1293.53
15～20	17.5	19.52	−11.84	46.52
20～25	22.5	14.93	0.18	0.20
25～30	27.5	10.35	23.16	140.60
30～35	32.5	6.56	89.02	985.49
35～40	37.5	4.13	171.43	2755.00
40～45	42.5	2.68	250.72	5282.94
45～50	47.5	1.81	320.74	8361.98
50 以上	52.5	4.94	1481.81	46041.33
合计	—	100	1689.25	72521.25

根据表 3-34 的数据计算得：

$$\overline{x} \approx \frac{\sum x_i f_i}{\sum f_i} \approx 21.429(百元)$$

$$\sigma \approx \sqrt{\frac{\sum (x_i-\overline{x})^2 f_i}{\sum f_i}} \approx 12.089(百元)$$

所以

$$\alpha_3 = \frac{\sum (x_i-\overline{x})^3 f_i}{\sum f_i \sigma^3} \approx \frac{\sum_{i=1}^{11} (x_i-21.429)^3 f_i}{1 \times (12.09)^3} \approx \frac{1689.25}{1766.7339} \approx 0.956$$

$$\beta_4 = \frac{\sum (x_i - \bar{x})^4 f_i}{\sum f_i \sigma^4} \approx \frac{\sum\limits_{i=1}^{11} (x_i - 21.429)^4 f_i}{1 \times (12.089)^4} \approx \frac{72521.25}{21365.11} \approx 3.4$$

很明显,偏度系数 $\alpha_3 \approx 0.956 > 0$ 为正值,而且数值较大,说明农村居民家庭纯收入的分布为右偏分布,即收入较少的家庭占据多数,而收入较高的家庭则占少数,而且偏斜的程度较大。

峰度系数 $\beta_4 \approx 3.4 > 3$,说明我国农村居民家庭纯收入的分布为尖峰分布,说明低收入家庭占有较大的比重。

3.6　本章小结

1. 总量指标主要有以下几种分类(如图 3-11 所示)

$$\text{按其反映总体内容不同} \begin{cases} \text{总体单位总量} \\ \text{总体标志总量} \end{cases}$$

$$\text{按其反映时间状况不同} \begin{cases} \text{时期指标} \\ \text{时点指标} \end{cases}$$

$$\text{按其采用计量单位不同} \begin{cases} \text{实物指标} \\ \text{价值指标} \\ \text{劳动量指标} \end{cases}$$

图 3-11　总量指标类型

2. 六种相对指标的区别如表 3-35 所示

表 3-35　六种相对指标的区别

相对指标的种类	反映的内容	分子、分母的来源	分子、分母是否可互换	研究的动态性
计划完成程度相对指标	计划完成的好坏程度、计划执行进度是否理想	同一总体、同类指标数值	否	静态
结构相对指标	总体内部构成特征	同一总体、同类指标数值	否	静态
比例相对指标	总体内部构成特征	同一总体、同类指标数值	是	静态
比较相对指标	同一时间的同类指标在不同空间下的差异程度	不同总体、同类指标数值	是	静态
动态相对指标	同一总体在不同时期的两个同类现象的对比,反应现象的发展快慢程度	同一总体、同类指标数值	否	动态

续表

相对指标的种类	反映的内容	分子、分母的来源	分子、分母是否可互换	研究的动态性
强度相对指标	现象之间的强度、密度、普遍程度	不同总体、不同类指标数值	部分可互换	静态

3. 集中趋势指标主要有以下几种（如图 3-12 所示）

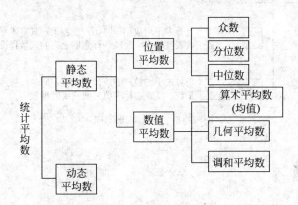

图 3-12　集中趋势指标

4. 位置平均数的计算如下（如图 3-13 所示）

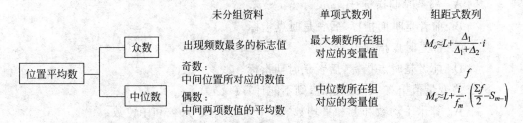

图 3-13　位置平均数的计算公式

$$M_o \approx L + \frac{\Delta_1}{\Delta_1 + \Delta_2} \cdot i$$

$$M_e \approx L + \frac{i}{f_m} \cdot \left(\frac{\Sigma f}{2} - S_{m-1} \right)$$

5. 数值平均数的计算如下（如图 3-14 所示）

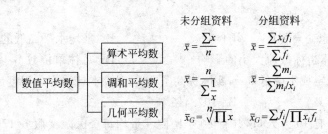

$$\bar{x} = \frac{\sum x}{n} \qquad \bar{x} = \frac{\sum x_i f_i}{\sum f_i}$$

$$\bar{x} = \frac{n}{\sum \frac{1}{x}} \qquad \bar{x} = \frac{\sum m_i}{\sum m_i / x_i}$$

$$\bar{x}_G = \sqrt[n]{\prod x} \qquad \bar{x}_G = \sum f_i \sqrt{\prod x_i^{f_i}}$$

图 3-14　数值平均数的计算公式

6. 离散程度指标主要有以下几种（如图 3-15 所示）：

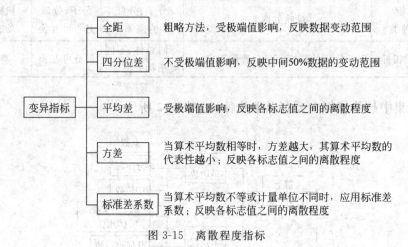

图 3-15 离散程度指标

3.7 练习题

一、单选题

1. 某企业商品销售额 200 万元，期末商品库存 50 万元，它们（   ）。
    A. 都是时期指标
    B. 前者是时期指标，后者是时点指标
    C. 都是时点指标
    D. 前者是时点指标，后者是时期指标

2. 当变量值中有一项为 0 时，则不能计算（   ）。
    A. 算术平均数和调和平均数   B. 众数和中位数
    C. 算术平均数   D. 调和平均数

3. 平均数为 20，变异系数为 0.4，则标准差为（   ）。
    A. 50   B. 8   C. 0.02   D. 4

4. 标准差系数抽象了（   ）。
    A. 标志变异程度的影响   B. 平均水平高低的影响
    C. 总体指标数值大小的影响   D. 总体单位数多少的影响

5. 计划规定成本降低 5%，实际提高了 2%，则成本计划完成程度为（   ）。
    A. 107%   B. 107.4%   C. 3.1%   D. 7.4%

6. 某地区有 10 万人口，共有 80 个医院。平均每个医院要服务 1250 人，这个指标是（   ）。

A. 平均指标   B. 强度相对指标

C. 总量指标   D. 发展水平指标

7. 加权调和平均数有时可以作为加权算术平均数的（   ）。

    A. 变形   B. 倒数   C. 平均数   D. 开平方

8. 有甲、乙两个数列，若甲的极差比乙的大，那么（   ）。

    A. 甲的标准差一定大于乙的标准差

    B. 甲的标准差一定小于乙的标准差

    C. 甲的标准差一定等于乙的标准差

    D. 极差与标准差之间不存在该关系

9. 权数对加权算术平均数的影响，决定于（   ）。

    A. 各组标志值的数值大小   B. 权数的绝对数的多少

    C. 各组单位数在总体单位数比重大小   D. 总体单位数的多少

10. 已知 4 个水果商店苹果的单价和销售额，要求计算 4 个商店苹果的平均单价，应该采用（   ）。

    A. 简单算术平均数   B. 加权算术平均数

    C. 加权调和平均数   D. 几何平均数

11. 如果分配数列把频数换成频率，那么方差（   ）。

    A. 不变   B. 增大

    C. 减小   D. 无法预期变化

12. 第一批产品废品率为 1%，第二批废品率为 1.5%，第三批废品率为 2%。第一批产品数量占总数的 35%，第二批占 40%。则平均废品率为（   ）%。

    A. 1.5   B. 1.45   C. 4.5   D. 0.94

13. 某商店在制定男式衬衫进货计划时，需了解已销售衬衫的平均尺寸，则计算（   ）。

    A. 算术平均数   B. 调和平均数

    C. 几何平均数   D. 众数

14. 现有一数列：3,9,27,81,243,729,2187，反映其平均水平最好用（   ）。

    A. 算术平均数   B. 调和平均数   C. 几何平均数   D. 中位数

15. 某企业 2016 年职工平均工资为 5200 元，标准差为 110 元，2017 年职工平均工资增长了 40%，标准差增大到 150 元。职工平均工资的相对变异（   ）。

    A. 增大   B. 减小

    C. 不变   D. 不能比较

二、判断题

（   ）1. 某企业计划利润提高 10%，实际提高了 5%，则该企业的利润计划完成程度为 95%。

（　　）2. 若两组数据的标准差相等,则其离散程度相同。

（　　）3. 由分组数据计算的算术平均数一定是算术平均数的近似值。

（　　）4. 若数据服从正态分布,则均值大小不受数据中的极端值影响。

（　　）5. 根据组距数列计算的算术平均数,只是一个近似值。

（　　）6. 结构相对指标的计算方法灵活,分子分母可以互换。

（　　）7. 用劳动单位表示的总量指标,称为劳动量指标,不能直接相加。

（　　）8. 平均差和标准差都是表示各标志值对算术平均数的平均离差。

（　　）9. 强度相对数的数值是用复名数来表示的,因此都可以计算它的正指标和逆指标。

（　　）10. 权数的绝对数越大,对算术平均数的影响也就越大。

（　　）11. 四分位数会受到极端值的影响。

（　　）12. 某校学生的平均身高是 156cm,某养牛场的平均体重是 278kg,则可以通过比较两者的标准差来判别各平均数的代表性大小。

（　　）13. 在采用加权算术平均数计算平均数时,若将原来的标志值都减少到原来的 1/2,同时将各组的频数也都减少到原来的 1/4,则所计算的算术平均数减少到原来的 1/8。

（　　）14. 对于不同平均水平的总体评价,其平均数代表性大小时,应用方差来比较。

（　　）15. 结构相对指标各部分的比重之和小于 1。

三、计算题

1. 某企业某月生产三批产品的合格率及各批产品产量资料如表 3-36。

表 3-36　企业生产的三批产品的合格率及产量

合格率/%	产量/件
90	1000
95	2000
98	3000

试计算产品平均合格率。

2. 某厂三个车间一季度生产情况如下:

第一车间实际产量为 190 件,完成计划 95%;第二车间实际产量 250 件,完成计划 100%;第三车间实际产量 609 件,完成计划 105%,三个车间产品产量的平均计划完成程度为: $\dfrac{95\%+100\%+105\%}{3}=100\%$。

另外,一车间产品单位成本 18 元/件,二车间产品单位成本 12 元/件,三车间产品单位成本 15 元/件,则三个车间平均单位成本为: $\frac{18+12+15}{3}=15$ 元/件。以上平均指标的计算是否正确?如不正确请说明理由并改正。

3. 某公司 2016 年产量计划完成程度为 121%,2015—2016 年产量动态相对指标是 110%,计算 2016 年产量计划增长的百分数。

4. 某企业 2016 年的销售量为 480 万件,2017 年销售量计划提高 10%,实际提高 15%,计算 2017 年计划销售量和销售量计划完成程度。

5. 计划规定某超市 2017 年的销售额是上年的 112%,2016—2017 年的销售额动态相对指标是 120%,计算 2017 年销售额计划完成程度。

6. 某建筑公司准备在 2017 年这 1 年内完成某房屋建设项目,如今该项目在 9 月完成了 72%,问该项目的进度是否合理?并说明理由。

7. 在某公司的 5 年计划中,5 年内计划销售额累计完成 520 万元,销售额的实际情况如表 3-37 所示。

表 3-37　销售额的实际情况　　　　　　　　　　单位:万元

第1年	第2年	第3年		第4年	
		上半年	下半年	第1季度	第2季度
58	62	37	42	29	33

第4年		第5年			
第3季度	第4季度	第1季度	第2季度	第3季度	第4季度
45	60	42	56	63	77

计算该公司销售额 5 年计划完成程度和提前完成的时间。

8. 某企业的 5 年计划中,计划第 5 年的产量应达到 130 万件,实际产量资料如表 3-38 所示。

表 3-38　实际产量资料　　　　　　　　　　单位:万件

第1年	第2年	第3年		第4年	
		上半年	下半年	第1季度	第2季度
60	72	35	51	20	29

第4年		第5年			
第3季度	第4季度	第1季度	第2季度	第3季度	第4季度
33	40	27	34	48	53

计算该公司销售额 5 年计划完成程度和提前完成的时间。

9. 某企业 200 名职工的工资资料如表 3-39 所示。

表 3-39 职工的工资资料

工资/元	人数/人
3000 以下	24
3000~3600	30
3600~4200	36
4200~4800	48
4800~5400	30
5400~6000	20
6000 以上	12
合计	200

分别计算工资的众数和中位数。

10. 某企业职工的工资资料如表 3-40 所示。

表 3-40 职工的工资资料

工资/元	人数/人
3000 以下	18
3000~3600	28
3600~4200	30
4200~4800	42
4800~5400	22
5400~6000	12
6000 以上	8
合计	160

计算工资的四分位差。

11. 某企业的职工资料如表 3-41 所示。

表 3-41 职工的工资资料

工资/元	人数/人	各组人数所占比重/%
2800 以下	18	9%
2800~3200	28	14%
3200~4000	50	25%
4000~4600	42	21%
4600~5000	36	18%

续表

工资/元	人数/人	各组人数所占比重/%
5000~5600	16	8%
5600 以上	10	5%
合 计	200	100

（1）以职工人数为权数计算职工的平均工资。

（2）以各组职工人数所占的比重为权数计算职工的平均工资。

12. 甲、乙两个企业各类产品的成本资料如表 3-42 所示。

表 3-42　甲乙两个企业各类产品的成本资料

产品类别	甲		乙	
	单位成本/(万元/件)	总成本/万元	单位成本/(万元/件)	产品数量/件
第一类	10	3000	8	320
第二类	15	5100	20	350
第三类	22	5940	16	280

分别计算甲、乙两个企业的平均单位成本,比较分析哪一个企业的成本管理工作做得好,并阐述理由。

13. 某年投资人投资的年利率是按复利计算的,6 年的年利率情况如表 3-43 所示。

表 3-43　某投资者 6 年的年利率

利率	4%	5%	6%
年数	2	1	3

计算平均年利率。

14. 某企业职工的工资资料如表 3-44 所示。

表 3-44　某企业职工的工资资料

工资/元	人数/人
3000 以下	20
3000~3400	28
3400~4000	54
4000~4600	42
4600~5000	36
5000 以上	20
合 计	200

计算该企业工资的平均差和标准差。

15. 甲、乙两个村的玉米产量资料如表 3-45 所示。

表 3-45 玉米产量资料

耕地自然	甲村		乙村	
条件类别	平均亩产/(千克/亩)	玉米总产量/千克	平均亩产/(千克/亩)	播种面积/亩
山区	120	31200	130	280
丘陵	240	96000	220	350
平原	400	96000	410	270

(1) 计算哪个村的平均亩产高?

(2) 计算哪个村的平均亩产更具有代表性?

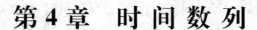

第4章 时间数列

 学习目标

1. 掌握时间数列的概念和种类；

2. 理解时间数列的编制原则；

3. 掌握时间数列的水平指标分析；

4. 掌握时间数列的速度指标分析；

5. 掌握时间数列的动态趋势分析：趋势分析和季节变动。

基本概念

时间数列　序时平均数　发展水平　发展速度　长期趋势　季节指数

案例导入：

2016 年 7 月—2017 年 5 月，重庆主城区房价持续走高。为了解重庆主城区房价上升因素，相关部门搜集了土地供求资料、房地产市场月度资料(表 4-1 和图 4-1)。试问：重庆主城区房价的未来发展趋势如何？

表 4-1　2011—2017 年一季度重庆主城区商住类土地供应情况

时间	供应宗数 /件	土地面积 /亩	成交宗数 /件	土地面积 /亩	可开发体量 /万 m³	楼面地价 /(元/m²)	溢价率 /%
2011 年	143	15687.9	132	14319.9	2277.46	2682	9.29
2012 年	204	26075.8	181	22322.8	3098.74	2291	6.13
2013 年	243	31001.8	228	30916.4	4777.771	2467	8.84
2014 年	167	22165.8	151	20687.6	3222.57	2519	2.28
2015 年	161	18382.4	153	17580	2891.15	2257	1.6
2016 年	118	19097.03	109	15405.7	2252.18	3148	27.39
2017 年 第一季度	34	4393.89	26	3426.91	449.62	3312	39.06

此外，有研究数据表明：重庆主城区商住类土地供应情况：重庆 2017 年第一季度土地供应面积环比下降 62%，同比上升 681%；2017 年第一季度成交面积环比下降 55%，同比上升 165%。

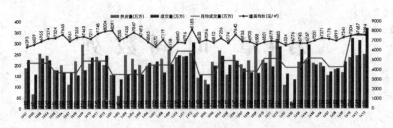

图 4-1　2013—2016 年重庆主城区房地产市场月度走势

三波市场行情促使重庆主城区房价在 2016 年 7—12 月持续上升:第一波,2015 年底,中央及地方提出去库存措施,货币宽松政策出台,刺激客户入市,2016 年 3—4 月成交逼近 300 万方;第二波,2016 年 9—10 月舆论引导,一二线城市房价暴涨,重庆外地投资客及涨价舆论带动客户大批量入市;第三波,2016 年 11—12 月,一级市场疯狂,重庆楼市价格持续上涨,引爆 2016 年底楼市。

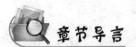 章节导言

人不能两次踏进同一条河流。——名言

客观事物是在永恒变化的,因此消费者、企业需要编制时间数列,研究相关问题的历史数据,掌握其发展规律,预测未来发展趋势,并作出相应决策。本章主要介绍时间数列的水平指标、速度指标、长期趋势和季节变动。

4.1　时间数列概述

时间数列是研究水平指标、速度指标、长期趋势和季节变动的基础。因此,首先要掌握时间数列的含义、构成要素、类型、编制原则,从而学会编制时间数列。

4.1.1　时间数列的含义与构成要素

1. 时间数列的含义

时间数列也称动态数列,是指将反映某一种现象的统计指标值按照时间的先后顺序进行排列而形成的数列。

例 4-1　某高校各年新生入学人数按照时间的先后顺序排列结果如表 4-2 所示。

表 4-2　某高校各年新生入学人数

年份/年	2010	2011	2012	2013	2014	2015	2016	2017
人数/人	3890	3992	4090	4188	4290	4389	4491	4591

2. 时间数列的构成要素

时间数列的含义表明时间数列的构成要素有两个：一是研究现象的所属时间，二是反映研究现象在所属时间上的指标数值。

根据时间数列的时间和数值，可以做以下几点分析和研究：一是通过计算水平指标，了解现象发展的过程与结果；二是通过计算速度指标，观察现象的变动快慢程度与方向；三是以历史数据为基础，通过建立数学模型对未来的发展趋势进行预测。

4.1.2 时间数列的类型

按照指标的表现形式不同，指标分为总量指标、相对指标、平均指标三类。而时间数列是将指标按照时间先后顺序进行排列而形成的数列。因此，根据统计指标的性质，时间数列分为三类：绝对数时间数列、相对数时间数列、平均数时间数列。其中绝对数时间数列是基本数列，分为时期数列和时点数列；相对数时间数列和平均数时间数列是派生数列（如图 4-2 所示）。

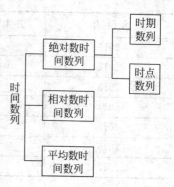

图 4-2　时间数列的类型

1. 绝对数时间数列

总量指标也称为绝对数指标，是以绝对数的形式表示，用以说明某一总体的总规模、总水平。因此，绝对数时间数列是指将说明某一现象的总量指标按照时间先后顺序排列而形成的数列。根据反映的时间状况，绝对数时间数列分为时期数列和时点数列。

2. 相对数时间数列

相对数时间数列是指将说明某一现象的相对数指标按照时间先后顺序排列而形成的数列。该数列反映现象之间数量对比关系的发展过程。如某企业女职工所占比重是相对数指标，将女职工所占比重按照时间先后顺序进行排序而形成的数列就是相对数时间数列。其中：

$$女职工所占比重 = \frac{女职工人数}{企业职工总人数} \times 100\%$$

在相对数时间数列中，相对数指标数值不能进行有意义地加减。此外，相对数的分子分母可以都是时期指标或时点指标，也可以不同，如分子是时期指标，分母是时点指标。

3. 平均数时间数列

平均数时间数列是指将说明某一现象的平均数指标按照时间先后顺序排列而形

成的数列。该数列反映现象的一般水平的发展趋势,其指标数值不能进行有意义地加减。如某企业员工的平均工资是平均数指标,因此将职工平均工资指标按照时间先后顺序进行排列而形成的数列就是平均数时间数列。其中职工平均工资的计算公式为:

$$职工平均工资 = \frac{职工总工资}{企业职工总人数} \times 100\%$$

例 4-2 某企业的基本情况如表 4-3 所示。其中,"年末职工人数"所在的数列是绝对数的时点数列;"产量"所在的数列是绝对数的时期数列;"平均工资"所在的数列是平均数时间数列。

表 4-3 某企业的基本情况

年份/年	年末职工人数/人	平均工资/(万元/人)	产量/t
2011	104	6.8	600
2012	140	6.9	765
2013	137	7.1	832
2014	169	7.3	826
2015	201	7.6	1450
2016	257	7.9	1535
2017	308	8.2	2023

绝对数时间数列反映了现象在一段时期的总规模、总水平;相对数时间数列反映了现象在一段时期变化的快慢程度与方向;平均数时间数列反映了现象在一段时期的一般水平。

4.1.3 时间数列的编制原则

为什么要编制时间数列?时间数列不仅可以反映现象的发展过程与结果,通过各种指标的计算来反映现象的发展规律、趋势,还可以对未来趋势进行预测。而这些活动要求时间数列的各指标值具有可比性。因此,编制时间数列时要注意以下内容:一是各指标值所属时间的长短应该一致;二是研究对象的总体范围一致;三是指标的经济含义一致;四是计算方法、计量单位应该统一。

如何区分时期数列与时点数列?

编制时间数列的目的是对现象的发展状况及其趋势进行动态分析。而时间数列动态分析最常用的方法有两种:一种是描述性分析法;另一种是构成因素分析法。时间数列的描述性分析是通过计算一系列动态分析指标,来揭示现象的发展状况和变化程度。时间数列的构成因素分析法认为：任何一个时间数列都可看作是由长期趋势、季节周期、循环周期和不规则变动四大类因素的全部或部分构成。通过对这些因素的分解，可揭示现象随时间演变的规律。

时间数列描述性分析的动态指标可分为水平指标和速度指标。其中，水平指标包括发展水平、平均发展水平、增长量和平均增长量；速度指标包括发展速度、平均发展速度、增长速度和平均增长速度。

4.2 时间数列的水平指标分析

4.2.1 发展水平

发展水平是指时间数列中各个时间所对应的指标数值。根据指标的表现形式，发展水平分为三类：绝对数发展水平、相对数发展水平、平均数发展水平。其中，绝对数发展水平是最基本的，相对数发展水平、平均数发展水平由绝对数发展水平派生而来。

时间数列中的指标数值是按照时间先后顺序排列的，所以绝对数发展水平有时间先后顺序，可以分为最初（期初）发展水平、中间发展水平、最末（期末）发展水平。其中，发展水平通常用 a 表示，用 $a_0, a_1, a_2, \cdots, a_{n-1}, a_n$ 依次表示所属不同时间的指标数值，具体如图 4-3 所示。

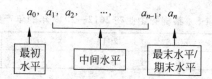

图 4-3　时间数列的各期发展水平

4.2.2 平均发展水平

平均发展水平也称序时平均数或动态平均数，是将时间数列不同时间上所属的发展水平加以平均而得到的平均数。

序时平均数与一般平均数（静态平均数）都是平均数，两者既有联系，又有区别（如表 4-4 所示）：

1. 序时平均数从动态上说明同一现象在不同时期发展水平的平均，根据时间数列计算；一般平均数是同质总体内各标志值的平均，从静态上说明其在具体历史条件下的一般水平，根据变量数列计算。

2. 序时平均数是对同一现象不同时间上的数值差异的抽象化；一般平均数是对同一时间总体某一数量标志值差异的抽象化。

表 4-4　算术平均数与序时平均数的异同

平均数种类	相 同 点	不 同 点	
		计算依据	含义
序时平均数	将现象的个别数量差异抽象化	时间数列	整个总体在纵截面内的一般水平
一般平均数	概括地反映现象的一般水平	变量数列	总体内部各单位横截面的一般水平

由于不同时间数列中指标值的表现形式不同,序时平均数的计算方法也不同。

1. 绝对数时间数列的序时平均数

绝对数时间数列序时平均数的计算方法是最基本的,是计算相对数时间数列或平均数时间数列序时平均数的基础。

(1) 时期数列的序时平均数

时期数列中的指标值具有可加性。因此,其序时平均数等于各时期所对应的指标值之和除以时期数,即采用简单算术平均法计算:

$$\bar{a} = \frac{a_1 + a_2 + a_3 + \cdots + a_{n-1} + a_n}{n} = \frac{\sum a_i}{n}$$

例 4-3　某棉花企业在 2012—2017 年的年产量如表 4-5 所示,试计算 2012—2017 年期间的年平均产量。

表 4-5　某棉花企业在 2012—2017 年的年产量

年份/年	2012	2013	2014	2015	2016	2017
产量/t	120	137	143	196	239	261

解:2012—2017 年期间的年平均产量

$$\bar{a} = \frac{a_1 + a_2 + a_3 + \cdots + a_{n-1} + a_n}{n}$$

$$= \frac{120 + 137 + 143 + 196 + 239 + 261}{6}t = 182.67t$$

(2) 时点数列的序时平均数

不同类型时点数列的序时平均数的计算方法不一样。因此,需要先搞清楚时点数列的分类(如图 4-4 所示),然后再根据分类寻求不同的序时平均数的计算方法。

时点数列一般都是不连续数列,但是,若是逐日记录且逐日排列形成的时点数列,可将其看成连续的时点数列。以此为标准,根据获取资料的方式,时点数列可以分为**连续时点数列**和**间断时点数列**。连续时点数列是指将每天登记取得的资料逐日登记、逐日排列而形成的数列。其中通过每天登记取得的资料称为日资料。因此,连续时点数列是日资料,时间总跨度通常不超过一个月。

间断时点数列是指将在月/季/年的期初或期末取得的资料按照时间先后顺序排列而形成的数列。其中在月/季/年的期初或期末取得的资料称为月初/月末资料、季初/季末资料、年初/年末资料。显然**期初数值等于上期期末数值**,如 4 月初的数值等于 3 月末的数值;1 月初的数值为本年初的数值,也等于上一年末的数值;12 月末的数值等于下一年初的数值。间断时点数列的时间总跨度较长,常超过一个月,各期的指标值不具有直接可加性。

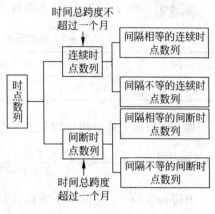

图 4-4 时点数列类型

根据各期的时间间隔是否相等,时点数列分为**间隔相等的时点数列**和**间隔不等的时点数列**。定期统计的指标值所形成的数列因各期的时间间隔相等而被称为间隔相等的时点数列。不定期统计的指标值形成的数列因各期的时间间隔不完全相等而被称为间隔不等的时点数列。

① 间隔相等的连续时点数列序时平均数

间隔相等的时点数列采用简单算术平均法来计算其序时平均数。计算公式如下:

$$\bar{a} = \frac{a_1 + a_2 + \cdots + a_{n-1} + a_n}{n} = \frac{\sum a_i}{n}$$

例 4-4 2017 年 6 月,琴美乐器公司员工变动情况如表 4-6 所示。

表 4-6 琴美乐器公司 2017 年 6 月员工资料

时间	6 月 1 日	6 月 7 日	6 月 13 日	6 月 19 日	6 月 25 日
人数/人	16	19	17	18	20

则该公司 6 月份的平均员工人数为:

$$\bar{a} = \frac{a_1 + a_2 + \cdots + a_{n-1} + a_n}{n}$$

$$= \frac{16 + 19 + 17 + 18 + 20}{5} 人 = 18 人$$

② 间隔不等的连续时点数列序时平均数

若被研究的现象每隔一段时间才登记一次,则可用每次变动持续的间隔长度为权数(f_i),对各时期水平(a_i)进行加权:

$$\bar{a} = \frac{\sum a_i f_i}{\sum f_i}$$

例 4-5 2017 年 7 月,琴美乐器公司员工变动情况如表 4-7 所示。

表 4-7　琴美乐器公司 2017 年 7 月员工资料

时间	7 月 1 日	7 月 4 日	7 月 11 日	7 月 21 日	7 月 28 日
人数/人	16	19	17	18	20

解:该公司 7 月份的平均员工人数为:

$$\bar{a} = \frac{\sum a_i f_i}{\sum f_i} = \frac{16 \times 3 + 19 \times 7 + 17 \times 10 + 18 \times 7 + 20 \times 4}{3 + 7 + 10 + 7 + 4} 人 = \frac{557}{31} 人 \approx 18 人$$

值得一提的是:在间隔不等的连续时点数列序时平均数的计算公式中,若各期的时间间隔相等,即转化为间隔相等的连续时点数列序时平均数的计算公式。

由间隔不等的连续时点数列序时平均数如何推算出间隔相等的连续时点数列序时平均数?

③ 间隔相等的间断时点数列序时平均数

对于间隔相等的间断时点数列资料,不可能天天都进行登记。实际计算时,总是**假定现象在相邻两个时点之间是均匀变动的**。因而,可将两个相邻时点的指标数值相加除以 2,先求得这两个时点的序时平均数(即期平均数),然后再根据简单算术平均法求得整个时间跨度内的序时平均数。简而言之,间隔相等的间断时点数列序时平均是期平均数的简单算术平均。其中,第 i 期的平均发展水平(期平均数)用 a_i' 来表示。计算公式如下:

$$\bar{a} = \frac{a_1' + a_2' + \cdots + a_n'}{n} = \frac{\dfrac{a_0 + a_1}{2} + \dfrac{a_1 + a_2}{2} + \cdots + \dfrac{a_{n-1} + a_n}{2}}{n}$$

$$= \frac{\dfrac{a_0}{2} + a_1 + a_2 + \cdots + a_{n-1} + \dfrac{a_n}{2}}{n}$$

该公式在形式上表现为首末两项数值折半,故被形象地称为**首尾折半法**。

例 4-6 某公司 5—10 月各月末职工人数资料如表 4-8 所示。

表 4-8　某公司 5—10 月各月末职工人数

月份	5 月	6 月	7 月	8 月	9 月	10 月
月末职工数/人	120	130	124	129	135	144

求该公司的月平均职工人数。

解：第一步,求该公司 6—10 月各月的平均职工人数：

$$6 \text{ 月平均职工人数} = \frac{120 + 130}{2} \text{人} = 125 \text{ 人}$$

$$7 \text{ 月平均职工人数} = \frac{130 + 124}{2} \text{人} = 127 \text{ 人}$$

$$8 \text{ 月平均职工人数} = \frac{124 + 129}{2} \text{人} = 126.5 \text{ 人}$$

$$9 \text{ 月平均职工人数} = \frac{129 + 135}{2} \text{人} = 132 \text{ 人}$$

$$10 \text{ 月平均职工人数} = \frac{135 + 144}{2} \text{人} = 139.5 \text{ 人}$$

第二步,求该公司的月平均职工人数：

$$\bar{a} = \frac{a_1' + a_2' + \cdots + a_n'}{n} = \frac{125 + 127 + 126.5 + 132 + 139.5}{5} \text{人} = 130 \text{ 人}$$

还可以用首尾折半法计算如下：

$$\bar{a} = \frac{\frac{a_0}{2} + a_1 + a_2 + \cdots + a_{n-1} + \frac{a_n}{2}}{n} = \frac{\frac{120}{2} + 130 + 124 + 129 + 135 + \frac{144}{2}}{5} \text{人}$$

$$= 130 \text{ 人}$$

④ 间隔不等的间断时点数列序时平均数

间隔不等的间断时点数列序时平均数采用期平均数的加权算术平均法。计算公式如下：

$$\bar{a} = \frac{\sum a_i' f_i}{\sum f_i}$$

由间隔不等的间断时点数列序时平均数如何推算出间隔相等的间断时点数列序时平均数？

例 4-7 某企业 3—12 月的职工人数资料如表 4-9 所示。

表 4-9　某企业 3—12 月的职工人数

日期	3 月 1 日	5 月 30 日	7 月 1 日	10 月 30 日	12 月 31 日
职工人数/人	324	320	328	338	330

求该企业的月平均职工人数。

解：第一步,求期平均：

$$3—5 \text{ 月的平均职工人数}：a_1' = \frac{324 + 320}{2} \text{人} = 322 \text{ 人}$$

6 月的平均职工人数：$a'_2 = \dfrac{320 + 328}{2}$ 人 $= 324$ 人

7—10 月的平均职工人数：$a'_3 = \dfrac{328 + 338}{2}$ 人 $= 333$ 人

11—12 月的平均职工人数：$a'_4 = \dfrac{338 + 330}{2}$ 人 $= 334$ 人

第二步，求该企业的月平均职工人数：

$$\bar{a} = \frac{\sum a'_i f_i}{\sum f_i} = \frac{322 \times 3 + 324 \times 1 + 333 \times 4 + 334 \times 2}{10} \text{人} = 329 \text{人}$$

注意： 对间隔相等和间隔不等的间断时点数列,在用"期平均的简单算术平均"和"期平均的加权算术平均"计算序时平均时都有一定的假设性,即假定两个相邻时点之间现象数量的变化是均匀的。因此,用这两种方法计算得到的序时平均数只是一个近似值。时点数列的间隔越长,这种假设性越大,其准确性就越差。时点数列序时平均数的计算如图 4-5 所示。

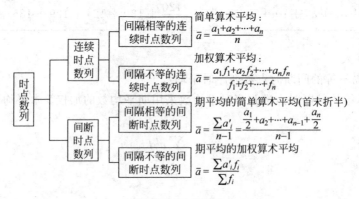

图 4-5 时点数列

2. 相对数时间数列和平均数时间数列的序时平均数

相对数时间数列和平均数时间数列中的各期发展水平是由两个有联系的总量指标值对比而得。在计算其序时平均数时,不能用其各指标值直接相加之后除以项数,而是先分别计算分子、分母两个绝对数数列各自的平均发展水平,然后将分子和分母的序时平均数对比而得。计算公式为：

$$\bar{c} = \frac{\bar{a}}{\bar{b}}$$

其中：$\bar{a}$——分子数列的序时平均数；

$\bar{b}$——分母数列的序时平均数；

$\bar{c}$——相对数时间数列或平均数时间数列的序时平均数。

相对数时间数列或平均数时间数列的分子分母对应的数列都是绝对数时间数列。在实际应用中,对比的分子、分母可能都是时期指标,也可能都是时点指标,也可能一个为时期指标另一个为时点指标,但其序时平均数都应根据绝对数时间数列序时平均数的相应公式计算。因此,可分为如下几种情况。

(1)分子、分母都为时期数列

分子、分母均为时期数列时,相对数时间数列的序时平均数计算公式为:

$$\bar{c} = \frac{\bar{a}}{\bar{b}} = \frac{\dfrac{\sum a}{n}}{\dfrac{\sum b}{n}} = \frac{\sum a}{\sum b}$$

例 4-8 某企业某年的计划产值与实际产值完成情况如表 4-10 所示。试求该企业的季平均计划完成程度。

表 4-10 某企业某年的计划产值与实际产值完成情况

季 度	第一季度	第二季度	第三季度	第四季度
计划完成产值/万元	340	344	347	350
实际完成产值/万元	356	364	368	372
计划完成程度/%	104.71	105.81	106.05	106.29

解:该企业平均计划完成程度为:

$$\bar{c} = \frac{\dfrac{\sum a}{n}}{\dfrac{\sum b}{n}} = \frac{\sum a}{\sum b} = \frac{356 + 364 + 368 + 372}{340 + 344 + 347 + 350} = 105.72\%$$

(2)分子、分母都是时点数列

例 4-9 某超市集团 2017 年部分时间的管理人员和职工总人数资料如表 4-11 所示。试计算第一季度管理人员的平均比重(保留 2 位小数)。

表 4-11 某超市集团 2017 年部分时间的管理人员和职工总人数资料 单位:人

月份	1 月初	2 月初	3 月初	4 月初
管理人员数	120	164	220	236
职工总数	2000	2460	2800	3340

解:该超市集团第一季度管理人员的平均比重:

$$\bar{c} = \frac{\bar{a}}{\bar{b}} = \frac{\dfrac{\dfrac{a_1}{2} + a_2 + a_3 + \cdots + \dfrac{a_n}{2}}{n-1}}{\dfrac{\dfrac{b_1}{2} + b_2 + b_3 + \cdots + \dfrac{b_n}{2}}{n-1}} = \frac{\dfrac{\dfrac{120}{2} + 164 + 220 + \dfrac{236}{2}}{4-1}}{\dfrac{\dfrac{2000}{2} + 2460 + 2800 + \dfrac{3340}{2}}{4-1}} = \frac{562}{7930} = 7.09\%$$

（3）分子为时期数列，分母为时点数列

例 4-10 为了测度某超市一线职员劳动强度，搜集了该超市 2017 年部分时间的营业额和一线职员人数资料，如表 4-12 所示（保留 2 位小数）。

表 4-12　某超市 2017 年部分时间的营业额和一线职员人数资料

月份	3 月	4 月	5 月	6 月
营业额/万元	1150	1170	1200	1370
月末职员人数/人	100	104	104	102

① 计算该超市第二季度每个月的平均劳动强度；

② 计算第二季度月平均劳动强度；

③ 计算第二季度（季平均）劳动强度。

解：① 该超市第二季度每个月的平均劳动强度：

$$4 \text{ 月份劳动强度} = \frac{4 \text{ 月份营业额}}{4 \text{ 月份一线职员平均数}} = \frac{1170 \text{ 万元}}{102 \text{ 人}} = 11.47 \text{ 万元 / 人}$$

$$5 \text{ 月份劳动强度} = \frac{5 \text{ 月份营业额}}{5 \text{ 月份一线职员平均数}} = \frac{1200 \text{ 万元}}{104 \text{ 人}} = 11.54 \text{ 万元 / 人}$$

$$6 \text{ 月份劳动强度} = \frac{6 \text{ 月份营业额}}{6 \text{ 月份一线职员平均数}} = \frac{1370 \text{ 万元}}{103 \text{ 人}} = 13.30 \text{ 万元 / 人}$$

② 第二季度月平均劳动强度：

$$\bar{c} = \frac{\bar{a}}{\bar{b}} = \frac{\text{月平均营业额}}{\text{二季度一线职员平均数}} = \frac{\text{月平均营业额}}{\dfrac{\text{二季度各月职员平均数之和}}{3}}$$

$$= \frac{\dfrac{1170 + 1200 + 1370}{3} \text{ 万元}}{\dfrac{102 + 104 + 103}{3} \text{ 人}} = \frac{1246.667}{103} \text{ 万元 / 人} = 12.10 \text{ 万元 / 人}$$

③ 第二季度（季平均）劳动强度：

$$\bar{c} = \frac{\bar{a}}{\bar{b}} = \frac{\text{第二季度营业额}}{\text{第二季度一线职员平均数}}$$

$$= \frac{(1170 + 1200 + 1370) \text{ 万元}}{103 \text{ 人}} = \frac{3470}{103} \text{ 万元 / 人} = 36.31 \text{ 万元 / 人}$$

值得一提的是，时期指标与时点指标对比形成的相对数或平均数，为了保持分子与分母时间跨度一致,**时点指标必须是期平均数**。如劳动生产率等于产值(产量)除以平均职工人数、资本利润率等于利润除以平均资本,人均 GDP 等于 GDP 除以平均人数等。

在计算过程中,如遇所需的分子或分母未知时,需要根据已知条件将未知的分子或分母求出来。当 b 或 a 未知时,可根据已知条件进行转换:

$$c = \frac{a}{b} \Leftrightarrow b = \frac{a}{c} \Leftrightarrow a = bc$$

$$\bar{c} = \frac{\sum bc}{\sum b} \quad \text{或} \quad \bar{c} = \frac{\sum a}{\sum \frac{a}{c}}$$

例 4-11　某企业某年 1—5 月的相关详细资料如表 4-13 所示,试计算该企业在 2—5 月的平均劳动生产率。

表 4-13　某企业某年 1—5 月的相关详细资料

月　　份	1 月	2 月	3 月	4 月	5 月
月末职工人数/人	81	93	89	102	99
劳动生产率/(件/人)	2340	2440	2566	2489	2453

解:第一步,计算 2—5 月各月的总产量。

$$各月的平均职工人数 = \frac{月初水平 + 月末水平}{2}$$

各月的总产量 = 各月的平均职工人数 × 各月的劳动生产率

各月的平均职工人数和各月产量如表 4-14 所示。

表 4-14　各月的平均职工人数和各月产量

时　　间	1 月	2 月	3 月	4 月	5 月
月末职工人数/人	81	93	89	102	99
劳动生产率/(件/人)	2340	2440	2566	2489	2453
月平均职工人数/人	—	87	91	95.5	100.5
总产量/件	—	212280	233506	237699.5	246526.5

注意:因为月末的职工人数仅仅代表月末这一时点的发展水平,不能代表整个月的发展水平,在计算各月的总产量时,必须用各月的平均职工人数乘以对应的劳动生产率,而不能用各月的月末职工人数乘以对应的劳动生产率。

第二步,计算月平均劳动生产率。

$$\bar{c} = \frac{\bar{a}}{\bar{b}} = \frac{\dfrac{212280 + 233506 + 237699.5 + 246526.5}{4} \text{件}}{\dfrac{87 + 91 + 95.5 + 100.5}{4} \text{人}} = 2486.66 \text{件 / 人}$$

什么是序时平均数？不同时间数列的序时平均数如何计算？

序时平均数是综合反映现象在不同时间数值的一般水平,不能反映属于不同时间的数值之间的差异水平与方向。于是产生了增长量和增长速度。增长量、增长速度分别以绝对数、相对数的形式反映不同时间上数值的差异水平、方向以及现象发展的快慢和发展方向。

4.2.3　增长量

增长量是说明社会经济现象在一定时期内所增长的绝对数量,是报告期水平与基期水平之差,反映报告期比基期增长的水平。增长量可以是正数也可以是负数,正数表示增加,负数表示减少。其计算公式为:

$$增长量 = 报告期发展水平 - 基期发展水平$$

例 4-12　某养殖场在 2017 年 1—6 月期间的鸡蛋产量情况如表 4-15 所示。

表 4-15　某养殖场 2017 年 1—6 月的鸡蛋产量

月份	1 月	2 月	3 月	4 月	5 月	6 月
鸡蛋产量/个	1500	1562	1543	1629	1684	1748
发展水平	最初水平	中间水平				最末水平

由表 4-15 可知,2017 年 5 月比 4 月多产 55 个鸡蛋,其报告期是 2017 年 5 月的鸡蛋产量,基期是 2017 年 4 月的鸡蛋产量;2017 年 6 月比 2 月多产 186 个鸡蛋,其报告期是 2017 年 6 月的鸡蛋产量,基期是 2017 年 2 月的鸡蛋产量。

由于基期的选择不同,增长量可分为逐期增长量和累计增长量。设时间数列的各期发展水平依次为 $a_0, a_1, a_2, \cdots, a_{n-1}, a_n$,$\Delta_i = a_i - a_{i-1}$ 为第 i 期的增长量。

1. 逐期增长量

逐期增长量是以报告期的前一期发展水平为基期,用报告期发展水平减去前一期发展水平,用以说明现象的报告期发展水平较前一期发展水平增减变动的绝对量。其计算公式为:

$$逐期增长量 = 报告期发展水平 - 前一期发展水平$$

用数学符号表示为:

$$\Delta_1 = a_1 - a_0, \Delta_2 = a_2 - a_1, \Delta_3 = a_3 - a_2, \cdots, \Delta_n = a_n - a_{n-1}$$

以上关系式表明:

$$逐期增长量的个数 = 时间数列项数 - 1$$

2. 累计增长量

累计增长量也称为定基增长量,是以某一固定时期为基期,用报告期发展水平减

去固定基期发展水平,用以说明现象在一段较长时期内的增减变动的绝对量。其计算公式为:

累计增长量 = 报告期发展水平 − 某一固定基期发展水平

用数学符号表示为:

$$a_1 - a_0, a_2 - a_0, a_3 - a_0, \cdots, a_n - a_0$$

3. 逐期增长量与累计增长量的关系

逐期增长量和累计增长量之间存在一定的数量关系。

(1)逐期增长量之和等于相应时期的累计增长量

$$a_n - a_0 = (a_1 - a_0) + (a_2 - a_1) + (a_3 - a_2) + (a_n - a_{n-1})$$

$$= \sum_{i=1}^{n}(a_i - a_{i-1}) = \sum_{i=1}^{n}\Delta_i$$

(2)每两个相邻的累计增长量之差等于相应时期的逐期增长量

$$(a_i - a_0) - (a_{i-1} - a_0) = a_i - a_{i-1}$$

例 4-13 某企业 2017 年的棉花加工量、逐期增长量、累计增长量如表 4-16 所示。

表 4-16 某企业 2017 年的棉花加工量、逐期增长量、累计增长量 单位:t

季 度	第一季度	第二季度	第三季度	第四季度
加工量	28	30	24	28
逐期增长量	—	2	−6	4
累计增长量	—	2	−4	0

逐期增长量等于报告期发展水平减去前一期发展水平,其基期在不断变化。因此,逐期增长量大小并不能说明现象的发展结果是好是坏。例 4-13 中,第四季度的逐期增长量是 4t,高于第二季度的逐期增长量 2t,但是第四季度的加工量明显低于第二季度的加工量。

累计增长量不能反映现象的中间发展结果。例 4-13 中第四季度的累计加工量为 0,但是第一季度到第四季度的加工量经历了增减变化。

此外,逐期增长量和累计增长量不能消除季节因素的影响,于是产生了年距增长量。

4. 年距增长量

年距增长量也称同期增长量,是报告期发展水平减去上年同期发展水平,用于消除季节因素的影响。其中,上年同期发展水平是指上年与报告期相同时期所属的指标值,报告期与基期的时间间隔长度为 1 年。如计算 2017 年 5 月房价的同期增长量,报告期是 2017 年 5 月的房价,上年同期发展水平是 2016 年 5 月的房价。年距增

长量计算公式为:

$$年距增长量 = 报告期发展水平 - 上年同期发展水平$$

 为什么要计算年距增长量?

4.2.4 平均增长量

平均增长量($\overline{\Delta}$)表示一段时间内发展水平增量变动的一般水平。平均增长量实际是逐期增长量的序时平均数。由于增长量是时期指标,所以平均增长量可以用简单算术平均法来计算。其计算公式如下:

$$平均增长量 = \frac{逐期增长量之和}{逐期增长量个数} = \frac{累计增长量}{时间数列项数 - 1}$$

用数学符号表示为:

$$\overline{\Delta} = \frac{\Delta_1 + \Delta_2 + \Delta_3 + \cdots + \Delta_n}{n} = \frac{\sum\limits_{i=1}^{n} \Delta_i}{n} = \frac{a_n - a_0}{n}$$

例 4-14 在例 4-13 中,某企业 2017 年棉花的平均增长量为:

$$\overline{\Delta} = \frac{\Delta_1 + \Delta_2 + \Delta_3 + \cdots + \Delta_n}{n} = \frac{2 + (-6) + 4}{3}t = 0$$

 逐期增长量、累计增长量与平均增长量之间有什么关系?

4.3 时间数列的速度指标分析

时间数列的速度指标是用来描述现象在某一时间上发展变化的快慢过程,包括发展速度、增长速度、平均发展速度、平均增长速度等。

4.3.1 发展速度

发展速度是用报告期水平除以基期水平,用以说明某种社会经济现象发展变化快慢程度的相对指标,常用百分比表示。发展速度大于 1,表示报告期的发展水平高于基期的发展水平;发展速度小于 1,表示报告期的发展水平低于基期的发展水平。其计算公式为:

$$发展速度 = \frac{报告期发展水平}{基期发展水平} \times 100\%$$

由于基期的发展水平可以是最初的期初发展水平,也可以是报告期的前一期发展水平,发展速度可分为环比发展速度和定基发展速度。

1. 环比发展速度

环比发展速度是报告期发展水平与前一期发展水平之比,用于说明现象逐期发展的变化程度。其计算公式为:

$$环比发展速度 = \frac{报告期发展水平}{前一期发展水平} \times 100\%$$

用数学符号表示为:

$$\frac{a_i}{a_{i-1}} \times 100\%, \quad i = 1, 2, \cdots, n$$

2. 定基发展速度

定基发展速度也称为总速度,是报告期发展水平与某一固定基期发展水平之比,用以说明现象在较长时间内的总发展变化程度。其计算公式为:

$$定基发展速度 = \frac{报告期发展水平}{某一固定时期发展水平} \times 100\%$$

用数学符号表示为:

$$\frac{a_i}{a_0} \times 100\%, \quad i = 1, 2, \cdots, n$$

例 4-15 某省外贸进出口额各年环比发展速度资料如表 4-17 所示。试计算 2016 年以 2011 年为基期的定基发展速度。

表 4-17 某省外贸进出口额各年环比发展速度资料

年份/年	2012	2013	2014	2015	2016
环比发展速度/%	104	101	95	102	108

解:假定 2011 年的基期发展水平记为 a_0,2012—2016 年各年的发展水平分别记为 a_1, a_2, a_3, a_4, a_5。则 2016 年的定基发展速度为:

$$\frac{a_5}{a_0} = \frac{a_1}{a_0} \cdot \frac{a_2}{a_1} \cdot \frac{a_3}{a_2} \cdot \frac{a_4}{a_3} \cdot \frac{a_5}{a_4} = 104\% \times 101\% \times 95\% \times 102\% \times 108\% \approx 109.93\%$$

3. 环比发展速度与定基发展速度的关系

环比发展速度与定基发展速度之间存在一定的数量关系。

(1)环比发展速度的连乘积等于相应时期的定基发展速度

$$\frac{a_1}{a_0} \cdot \frac{a_2}{a_1} \cdot \frac{a_3}{a_2} \cdot \cdots \cdot \frac{a_n}{a_{n-1}} = \prod_{i=1}^{n} \frac{a_i}{a_{i-1}} = \frac{a_n}{a_0}$$

(2)两个相邻时期的定基发展速度之商等于相应时期的环比发展速度

$$\frac{a_n}{a_0} \div \frac{a_{n-1}}{a_0} = \frac{a_n}{a_{n-1}}$$

例 4-16 某煤矿企业 2012—2017 年的产量、环比发展速度、定基发展速度资料如表 4-18 所示。

表 4-18 某煤矿企业 2012—2017 年的产量和速度指标资料

时间	2012 年	2013 年	2014 年	2015 年	2016 年	2017 年
产量/万 t	27	29	31	38	40	44
环比发展速度/%	—	107.41	106.90	122.58	105.26	110
定基发展速度/%	—	107.41	114.82	140.74	148.15	162.96

4. 同比发展速度

环比发展速度侧重反映某一指标逐期的发展方向和程度。定基发展速度用以反映某一指标在较长时期内总的发展方向和程度。

同比发展速度主要为了消除季节变动的影响,用以说明本期发展水平与上年同期发展水平对比而达到的相对发展程度。其计算公式为:

$$同比发展速度 = \frac{报告期发展水平}{上年同期发展水平} \times 100\%$$

 环比发展速度、定基发展速度与同比发展速度三者之间有什么关系?

4.3.2 增长速度

增长速度是报告期增长量与基期水平之比,用以反映现象增长快慢程度的动态相对指标,常用百分数表示。其计算公式为:

$$增长速度 = \frac{增长量}{基期发展水平} \times 100\% = \frac{报告期发展水平 - 基期发展水平}{基期发展水平} \times 100\%$$

$$= \frac{报告期发展水平}{基期发展水平} \times 100\% - 1 = 发展速度 - 1$$

类似地,根据基期是否固定,增长速度分为环比增长速度和定基增长速度。

1. 环比增长速度

环比增长速度是逐期增长量与前一期发展水平之比,用于说明现象逐期增长快慢的程度。其计算公式为:

$$环比增长速度 = 环比发展速度 - 1$$

用数学符号表示为:

$$\frac{a_1 - a_0}{a_0}, \frac{a_2 - a_1}{a_1}, \frac{a_3 - a_2}{a_2}, \cdots, \frac{a_n - a_{n-1}}{a_{n-1}}$$

2. 定基增长速度

定基增长速度是累计增长量与某一固定基期发展水平之比,用于说明现象在较长时期内总增长快慢的程度。其计算公式为：

$$定基增长速度 = 定基发展速度 - 1$$

用数学符号表示为：

$$\frac{a_1 - a_0}{a_0}, \frac{a_2 - a_0}{a_0}, \frac{a_3 - a_0}{a_0}, \cdots, \frac{a_n - a_0}{a_0}$$

 环比增长速度与定基增长速度之间有什么关系？

3. 同比增长速度

同比增长速度是年距增长量与上年同期发展水平之比。其计算公式为：

$$年距增长速度 = 年距发展速度 - 1$$

4. 增长 1% 的绝对值

增长速度是相对数，抽象了现象对比的绝对差异。所以，运用增长速度进行动态分析时，通常要与绝对增长量结合进行，计算增长 1% 的绝对值（逐期增长量与环比增长速度之比）。其计算公式为：

$$增长 1\% 的绝对值 = \frac{逐期增长量}{环比增长速度 \times 100}$$

$$= \frac{报告期发展水平 - 前一期发展水平}{\dfrac{报告期发展水平 - 前一期发展水平}{前一期发展水平} \times 100}$$

$$= \frac{前一期发展水平}{100}$$

例 4-17 某石油企业今年的产量环比增长速度、定基增长速度资料如表 4-19 所示。

表 4-19 某石油企业今年的产量环比增长速度、定基增长速度资料

时　间	第一季度	第二季度	第三季度	第四季度
产量/万桶	44	49	53	56
环比增长速度/%	—	11.36	8.16	5.66
定基增长速度/%	—	11.36	20.45	27.27
增长 1% 的绝对值/万桶		0.44	0.49	0.53

 为什么要研究增长速度指标？增长速度与发展速度有什么关系？

4.3.3 平均发展速度

为了说明现象在较长一段时期内发展变化的平均程度，需要计算平均速度指标。

平均速度指标有平均发展速度和平均增长速度。平均发展速度是各期环比发展速度的序时平均数,用以说明现象在较长时期内发展速度的一般水平。根据定义,平均发展速度的计算方法有几何平均法和方程法两种。

1. 几何平均法

几何平均法又称水平法,其实质是最初发展水平按平均发展速度发展以达到最末发展水平。

应用条件:关注最后一个时期所达到的发展水平。其计算公式为:

$$\bar{x} = \sqrt[n]{\frac{a_1}{a_0} \cdot \frac{a_2}{a_1} \cdot \frac{a_3}{a_2} \cdot \cdots \cdot \frac{a_n}{a_{n-1}}} = \sqrt[n]{\frac{a_n}{a_0}}$$

其中,$\bar{x}$——平均发展速度。

2. 方程法

方程法亦称累计法,其实质是:各期理论发展水平的累计数＝各年实际发展水平的累计数。

应用条件:关注时期现象在整个研究时期发展水平的累计数。其计算公式为:

$$a_0\,\bar{x} + a_0\,\bar{x}^2 + a_0\,\bar{x}^3 + \cdots + a_0\,\bar{x}^n = a_1 + a_2 + a_3 + \cdots + a_n$$

$$a_0(\bar{x} + \bar{x}^2 + \bar{x}^3 + \cdots + \bar{x}^n) = \sum_{i=1}^{n} a_i$$

平均发展速度$\bar{x}$就是该高次方程式的正根。但解高次方程式比较麻烦,在实际工作中可利用《查对表》查出平均发展速度$\bar{x}$。

几何法和方程法是两种不同特点的计算方法,用统一资料计算时,两种方法的结果是不同的。在实际工作中,对人口、产值、产量及一些经济效益指标,侧重于最后一期的发展水平,宜采用水平法计算平均发展速度。对于基本建设投资总额、居民住宅建设总面积等指标,侧重于全期里各期的发展水平之和,宜采用方程法计算平均发展速度。

4.3.4　平均增长速度

将平均发展速度减1即可得到平均增长速度。其计算公式为:

$$平均增长速度 = 平均发展速度 - 1$$

例 4-18　已知某企业 2012—2016 年产量增长速度资料如表 4-20 所示。

表 4-20　某企业 2012—2016 年产量增长速度资料

年　　份	2012 年	2013 年	2014 年	2015 年	2016 年
环比发展速度/%	20	**25**	25	20	**30**
定基增长速度/%	**20**	50	**87.5**	125	192.5

总平均增长速度监控的是总增长速度,掩盖了不同阶段的波动,但是在研究较长时期资料时,需要根据不同波动阶段来计算其对应时期的平均速度,可以用于说明现象波动的具体原因,对总平均发展速度进行补充。

速度指标种类有哪些?有什么作用?与水平指标有什么关系?

4.4 时间数列的趋势分析

在客观世界中,一切事物均按照其自身固有发展规律进行变化,而时间数列的趋势分析就是分解这些影响因素,测定其数量变化规律,并预测未来。正如李世民在《旧唐书·魏徵传》中所说:"以史为镜可以知兴替。"

4.2节和4.3节介绍了时间数列的水平指标和速度指标,这些指标只是对时间数列的初步分析,并没有深入寻求其发展变化的规律。因此,本节将从解析的角度来解释时间数列的各期发展水平随着时间推移而变化的数据规律。

4.4.1 时间数列的构成因素与分解

1. 时间数列的构成因素

事物的发展会受到各种各样因素的影响。这些因素有政治、经济、技术、文化、习惯等。理论上,为了研究这些现象的发展变化规律并预测未来,需要从现象中分解出这些因素,并对不同影响因素作用的结果分别进行测定。而这些因素错综复杂地交织在一起,难以分别确定各种因素的影响趋势和影响程度。根据时间数列统计处理的技术要求,可以把时间数列在形式上的变化分解成四种因素。四种因素的特点如表4-21所示。

(1)长期趋势(T)

长期趋势指现象在较长时期内,因为受到基本因素的影响而表现出一直上升或一直下降的发展变化趋势,如股价。长期趋势是由现象内部某种长期发挥根本性和决定性作用的因素引起的。

(2)季节变动(S)

季节变动指现象受到自然界的季节交替或社会条件影响,在一个周期内表现出有规律上升、下降的重复性变动。季节变动具有以下特点:

① 季节变动往往是由外部因素引起,并非仅指自然因素——四季,还指法定节假日、风俗习惯等社会条件。

② 季节变动的周期性明显。季节变动是在一年中的某个时期或一整年,但不会超过一年,并且变动具有固定规律。例如,羽绒服在冬天的销量上升,而在夏天的销

量下降。同理,季节性瓜果蔬菜也是在当季的产量上升,其他季节下降。

③ 季节变动规律性明显,易于掌握。

（3）循环变动（C）

循环变动指现象以若干年为一定周期,表现出高低起伏的周期性变动,常常是由现象的内部因素导致。现象变动周期的时间长度一般在 1 年以上,不同周期的时间长度不一致,变动没有固定规律,如经济周期、房地产周期等。

（4）不规则变动（I）

不规则变动指现象受到偶然的、意外的因素,如自然灾害、战争等因素的影响而表现出无规律的变动。不规则变动与时间不相关,无法测定。只是在分解其他三种基本形态时消除不规则变动。

表 4-21 时间数列的四种构成因素

变动形态	影响因素	特　　点
长期趋势	基本因素	对现象有主要的、长期的、全局的单向影响
季节变动	季节因素	周期时间长度一般是 1 年,由外部因素引起,有明显的变动周期和规律
循环变动	—	周期的时间长度一般是 1 年以上,由内部因素引起,无固定变动规律
不规则变动	偶然因素	对现象有次要的、短暂的、局部的、无规律的影响

2. 时间数列的分解模型

这四种因素相互交织,使得现象表现出不同的变化形态。它们之间的关系可以用加法模型和乘法模型来描述。

（1）加法模型

加法模型假设这四种因素相互独立,且均为绝对数形式。现象在各时期的发展水平是四种因素的总和,若要测定某种因素的影响趋势,可以用时间数列减去其他因素。其计算公式为:

$$Y = T + S + C + I$$

（2）乘法模型

乘法模型假设这四种因素相互影响,且除了长期变动 T 为绝对数形式,其他三个因素均为相对数形式。现象在各时期的发展水平是四种因素的乘积。其计算公式为:

$$Y = T \times S \times C \times I$$

各因素的分解是根据除法进行的。若要剔除长期趋势,可以用时间数列各时期发展水平除以该因素。其计算公式为:

$$\frac{Y}{T} = S \times C \times I$$

若要剔除长期趋势、季节变动,可用时间数列各时期发展水平除以这两种因素。其计算公式为:

$$\frac{Y}{T \times S} = C \times I$$

当消除长期趋势、季节变动后,若时间数列的数值近似于1,则可以忽略掉对时间数列影响不大的偶然因素和循环变动因素;反之,则需要继续测定循环变动因素。此外,并不是所有的时间数列均包含这四种基本因素,有的时间数列只包含其中的一种、两种或三种。

在实践工作中,需要根据研究对象的性质、掌握的资料、分解模型的方法等选择恰当的模型进行分析。

时间数列的构成因素有哪些? 加法模型和乘法模型是如何分解因素的?

4.4.2 长期趋势分析

长期趋势分析是时间数列中最主要的一项任务。长期趋势的分析不仅可以研究在较长时期内现象的发展变化过程,认识现象的变动规律,对未来进行预测,指导生产计划、经营管理,作正确决策,还可以消除其对时间数列的影响,进而测定季节变动和循环变动。测定长期趋势的常用方法有:时距扩大法、移动平均法和最小平方法。

1. 时距扩大法

时距扩大法是测定长期趋势的最简单、最原始的方法,是将原时间数列中各期指标数值加以合并,得出一个扩大了时距的新时间数列,然后观察新时间数列的发展趋势。常用的方法有时距扩大总数法和时距扩大平均法。

(1)时距扩大总数法

时距扩大总数法是将原时间数列中较小的时距予以扩大,并将扩大的时距内的数据相加,得到一个扩大时距后的新数值,然后将新数值按照时间先后顺序排列而形成一个新的时间数列。这消除了偶然因素对时间数列的影响,进而表现出长期趋势。

例 4-19 某企业 2014—2017 年各季度的产值如表 4-22 所示。

表 4-22 某企业 2014—2017 年各季度的产值   单位:万元

年份/年	第一季度	第二季度	第三季度	第四季度
2014	786	230	225	798
2015	804	241	237	810
2016	837	252	243	843
2017	851	269	250	862

表 4-22 的资料表明：同年不同季节的产值有高有低，并且每年的第一季度和第四季度是产值高峰，说明存在季节变动；不同年同一季节的产值呈现出明显的上升趋势，说明存在长期趋势，当然也存在不规则变动。为了使现象呈现出明显的长期趋势，需要剔除季节变动和偶然因素，于是将时距由季扩大到年。将扩大时距内的数据相加后形成的新时间数列用表 4-23 表示。

表 4-23 的新时间数列资料表明，升降变动消失了，该企业的产值呈现出逐年增加的明显趋势。

表 4-23 新时间数列

年份	2015	2016	2017	2018
产值/万元	786+230+225+798 2039	804+241+237+810 2092	837+252+243+843 2175	851+269+250+862 2232

（2）时距扩大平均法

时距扩大平均法是将原时间数列中较小的时距予以扩大，并计算出扩大时距内的**序时平均数**，然后将新数值按照时间先后顺序排列而形成一个新的时间数列。

例 4-20 某企业 2013—2017 年 4 个季度的季初库存资料如表 4-24 所示。

表 4-24 企业 2013—2017 年 4 个季度的季初库资料 　　　　单位：双

年份	第一季度	第二季度	第三季度	第四季度
2013	216	516	230	558
2014	226	525	245	564
2015	230	534	251	576
2016	238	540	262	592
2017	244	—	—	—

表 4-24 的资料表明：同年不同季节的季初库存在第二季度和第四季度是高峰，并且每年都有这样的规律，存在季节变动；不同年同季节的季初库存逐年增加，存在长期趋势。为了测定长期趋势，需要将季节变动、偶然因素剔除。而季初库存指标是一个间隔相等的间断时点数列，指标数值不能直接相加，需要先计算每年各季度的平均库存（期平均），然后计算扩大时距内的简单算术平均数。新的时间数列如表 4-25 所示。

表 4-25 新时间数列

年份	2013	2014	2015	2016
季度平均库存/双	$\dfrac{\frac{216}{2}+516+230+558+\frac{226}{2}}{4}$ 381.25	$\dfrac{\frac{226}{2}+525+245+564+\frac{230}{2}}{4}$ 390.5	$\dfrac{\frac{230}{2}+534+251+576+\frac{238}{2}}{4}$ 398.75	$\dfrac{\frac{238}{2}+540+262+592+\frac{244}{2}}{4}$ 408.75

表 4-25 的新时间数列资料表明,升降变动消失了,该企业的产值呈现出逐年增加的明显趋势。

(3) 时距扩大法应注意的问题

① 确定扩大时距

扩大的时距需要根据现象的发展情况而确定。若时间数列的发展水平明显地呈现出一定的周期变动,则扩大的时距等于周期的时间长度;若现象呈现出季节变动,则扩大的时距宜为 4 个季度或 12 个月;若发展水平没有呈现出一定的周期变动,则需要逐步扩大时距,一直到呈现出明显的长期趋势为止。

② 一致性

为了数据之间具有可比性,在同一时间数列中,扩大的时距必须前后相同。

③ 适用条件

时距扩大总数是将扩大的时距内的数据相加后形成一个新的时间数列,**只适用于时期数列**。时距扩大平均法是计算扩大的时距内的序时平均数而形成一个新的时间数列,适用范围变大,扩展到**时点数列、相对数时间数列和平均数时间数列**。

时距扩大法简单,易于掌握,计算量较小。但是扩大时距后的新时间数列比原时间数列的项数减少许多,丢失了原时间数列所包含的大量信息,不便于详细地反映现象的发展过程。而移动平均法可以弥补其不足。

2. 移动平均法

移动平均法是一种简单平滑预测技术。它的基本思想是:根据时间数列资料、逐项推移,依次计算包含一定项数的序时平均数,以反映长期趋势的方法。因此,当时间数列的数值由于受周期变动和随机波动的影响,起伏较大,不易显示出事件的发展趋势时,使用移动平均法可以消除这些因素的影响,显示出事件的发展方向与趋势(即趋势线),然后依趋势线分析预测数列的长期趋势。

假设原时间数列的发展水平依次为 $a_1, a_2, a_3, a_4, a_5, a_6, a_7, \cdots, a_n$。若被平均的发展水平的项数为 K,则称为 K 项移动平均。当 K 为奇数时,称为奇数项移动平均;当 K 为偶数时,称为偶数项移动平均。新数列中每一数值应有与之相对应的时间。移动平均后得到的时间数列值又称趋势值。

(1) 奇数项移动平均

对于奇数项移动平均,计算的序时平均数应放在中间时期所对应的位置上,边移动边平均,每一项序时平均数都有与之对应的时间。以 3 项移动平均(图 4-6)和 5 项移动平均(图 4-7)为例,来阐述移动平均的过程。

(2) 偶数项移动平均

对于偶数项移动平均,序时平均数同样也应放在中间时期所对应的位置上,但由于时间间隔为偶数,序时平均数所对应的时期应介于两个时间之间,不能构成时间数列。因此,需要进行两次移动平均:首先进行偶数项移动平均,然后再对偶数项移动

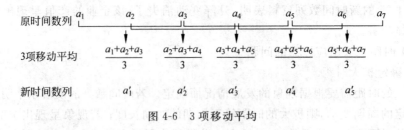

图 4-6　3 项移动平均

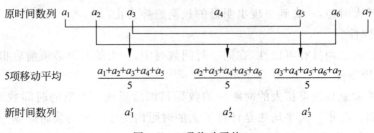

图 4-7　5 项移动平均

平均结果再进行一次两项移动平均。以 4 项移动平均(图 4-8)为例,移动平均的过程如下:

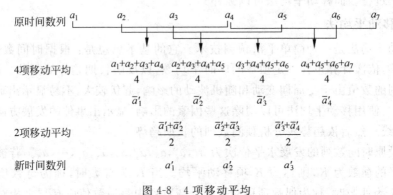

图 4-8　4 项移动平均

　　时间间隔的选取应根据现象的特点和资料的情况来决定。一般而言,如果现象发展的资料呈现出一定的周期性,应以周期的时间长度作为移动间隔的长度;如果是季节资料,应采用 4 项移动平均;如果是月份资料,应采用 12 项移动平均,进而削弱周期或季节的影响;若没有明显的周期或季节变动,则逐步扩大时距,直至时间数列呈现明显的长期趋势为止(如图 4-9 所示)。

　　例 4-21　某石油企业 1 年的石油销售量如表 4-26 所示。分别计算 3 项移动平均、4 项移动平均和 5 项移动平均,计算结果如表 4-26 所示。

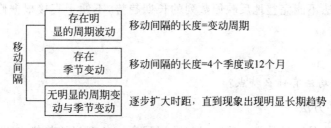

图 4-9　移动间隔的选取

表 4-26　石油销售量的 3 项移动平均、4 项移动平均和 5 项移动平均

单位：万桶

月份	销售量	3 项移动平均	4 项移动平均		5 项移动平均
1	286	—		—	—
2	299	288	281.5		—
3	279	280	282.5	282	283.2
4	262	277	285.75	284.125	288.4
5	290	288	292	288.875	289.4
6	312	302	307.25	299.625	298.2
7	304	313	314.25	310.75	309.4
8	323	315	317.5	315.875	316.4
9	318	322	323.75	320.625	319.8
10	325	324	327	325.375	326.2
11	329	330		—	—
12	336	—		—	—

　　以上的例子表明，3 项移动平均后，新数列的项数比原时间数列少 2 项，销售量的上升趋势还不明显；4 项移动平均后，新数列的项数比原时间数列少 4 项，销售量表现出明显的上升趋势。5 项移动平均后，新数列的项数比原时间数列少 4 项，销售量的上升趋势更加明显。可见，由移动平均数形成的趋势值数列，较原数列的项数少。而且，移动平均对数列具有平滑修匀作用，移动项数越多，平滑修匀作用越强，丢失的数据也越多（如图 4-10 所示）。可见，移动平均法的修匀效果与剩余的信息量互相矛盾。在选择移动平均项数时，只要能准确地测定长期趋势即可。

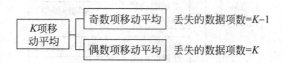

图 4-10　新时间数列丢失的数据项数

移动平均法不能完整地反映原数列的长期趋势,不便于直接根据修匀后的数列进行预测。

移动平均法有什么特点?

3. 最小平方法

最小平方法是通过数学方法对时间数列配合一条理想的趋势方程,使其与原数列曲线达到最优拟合,即原时间数列各时期的发展水平与各趋势值的离差平方总和达到最小。该数学模型可以是直线模型,也可以是曲线模型。这时需要根据时间数列发展水平的特点来确定数学模型。

（1）绘制散点图法

以时间为横坐标、发展水平为纵坐标,在平面坐标图上将时间数列绘制出来。若原时间数列的散点图呈现明显的直线趋势,则建立直线模型;若表现出明显的曲线变动,则建立曲线模型(如图 4-11 所示)。

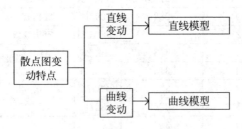

图 4-11   绘制散点图法

（2）计算

若原时间数列的逐期增长量(一级增长量)近似相同,则建立直线模型;若原时间数列的二级增长量(二级增长量以一级增长量为基础,计算逐期增长量)近似相同,则建立抛物线模型;若原时间数列的各期环比发展速度近似相同,则建立指数增长模型(如图 4-12 所示)。

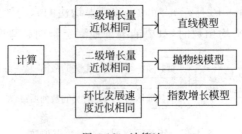

图 4-12   计算法

本书只介绍直线模型。

当时间数列的逐期增长量大致相同时,建立直线模型,然后据此直线方程对未来进行预测。假设直线方程为:

$$y_c = a + bt$$

其中:y_c——趋势值;

t——时间数列的时间;

a——y_c 的截距,即 $t=0$ 时的 y_c 值;

b——趋势线的斜率,或 t 每变化一个单位导致的 t 变化量。

要使直线方程与原时间数列达到最优拟合,原时间数列各时期的发展水平与各趋势值的离差平方总和必须最小,即:

$$\sum (y - y_c)^2 = \min_{(a,b)} \sum (y - a - bt)^2 = 最小值$$

其中,y——时间数列的实际发展水平。

令 $F = \sum (y - a - bt)^2$,根据高等数学中的**二元函数最值定理**,建立如下方程组:

$$\frac{\partial F}{\partial a} = 2 \sum (y - a - bt)(-1) = 0 \longrightarrow \sum y = na + b \sum t$$

$$\frac{\partial F}{\partial b} = 2 \sum (y - a - bt)(-t) = 0 \longrightarrow \sum yt = a \sum t + b \sum t^2$$

其中,n 表示时间数列的项数,即指标数值的总个数。

联立方程组求得:

$$a = \frac{\sum y}{n} - b \cdot \frac{\sum t}{n} = \bar{y} - b\bar{t}$$

$$b = \frac{n \sum yt - \sum t \cdot \sum y}{n \sum t^2 - \left(\sum t\right)^2}$$

此方法的计算量比较大,计算复杂。

因为时间 t 是人为设定的,且为等差数列,可以考虑对时间 t 进行重新设定。重新设定的 t 只要是等差数列,且满足 $\sum t = 0$,就可以得到简化公式:

$$a = \frac{\sum y}{n}, \quad b = \frac{\sum ty}{\sum t^2}$$

这里 t 的取法不唯一,往往会考虑最方便计算的取值:

时间数列为奇数项,设时间数列的中间项为 0,t 值分别为

$$\cdots, -4, -3, -2, -1, 0, 1, 2, 3, 4, \cdots$$

时间数列为偶数项,设时间数列的中间两项为 $-1, 1$,t 值分别为

$$\cdots, -7, -5, -3, -1, 1, 3, 5, 7, \cdots$$

例 4-22 某服装企业 2011—2016 年的产量资料如表 4-27 所示,试用最小平方法确定其长期趋势。

表 4-27 产量资料与直线趋势方程计算表

年份/年	产量 y/万件	时间 t	t^2	ty	y_c/万件
2011	78	-5	25	-390	77.3
2012	80	-3	9	-240	80.38
2013	83	-1	1	-83	83.46
2014	86	1	1	86	86.54
2015	90	3	9	270	89.62
2016	93	5	25	465	92.7
合计	510	0	70	108	—

将表 4-28 的相关结果代入公式,得:

$$b = \frac{\sum ty}{\sum t^2} = \frac{108}{70} = 1.54$$

$$a = \frac{\sum y}{n} = \frac{510}{6} = 85$$

将 a,b 值代入直线方程,得 $y_c = 85 + 1.54t$。

把各年的 t 值代入上述方程,即可得各年的趋势值 y_c,如表 4-28 的最后一列所示。很明显,y_c 和 y 的数值非常接近。

如果将趋势直线向外延伸,可测得该服装企业 2019 年的产量。

即当 $t=11$ 时,

$$y_c = 85 + 1.54t = (85 + 1.54 \times 11) 万件 = 101.94 万件$$

最小平方法的直线模型的适用条件是什么?如何对 t 进行赋值?三种长期趋势测定方法各自的优劣是什么?

最小平方法是利用数学中的某一种曲线形式对时间数列的长期趋势进行拟合。因为数学方程不包含不规则运动,故最小平方法只适用于分解包含长期趋势和规则变动的时间数列。

4.5 时间数列的季节变动分析

研究季节变动的目的就是要掌握季节变动的规律性。测定季节变动的方法是计算季节指数 S.I.(seasonal index),指数高的是"旺季",指数低的是"淡季"。季节变动具有三个明显的特点：有规律变动；按一定的周期重复进行；每个周期变化大体相同。由于季节变动的周期最大为 1 年，所以以年为单位的时间数列中不可能有季节变动。测定季节变动的方法很多，本书主要介绍常用的同期平均法和移动平均剔除法。

4.5.1 同期平均法

同期平均法不考虑长期趋势的影响，直接根据时间数列的各期发展水平来计算。同期平均包括两种：同月平均或同季平均。其中月资料是指时间以月为单位的时间数列，按月平均，得同月平均；季资料是指时间以季为单位的时间数列，按季平均，得同季平均。具体而言，同期平均法又分为直接平均法和比率平均法。

1. 直接平均法

直接平均法的季节指数就是同期平均数除以全期平均数。计算步骤如下：

（1）将各年同月（或同季）的发展水平直接加总，求各年同月（或同季）的平均数；

（2）将全时期所有月（或季）的发展水平相加，求总的月（或季）平均数；

（3）将各年同月（或同季）平均数与总的月（或季）平均数对比，即得季节指数。

$$\text{S. I.} = \frac{\text{同期平均数}}{\text{全期总平均数}} \times 100\%$$

一般地，所有季节指数之和等于 400%（按季）或 1200%（按月），即：

$$\sum \text{S. I.} = 1200\%（按月），\quad \sum \text{S. I.} = 400\%（按季）$$

若季节指数（季节比率）之和不等于 400%（按季）或 1200%（按月），则需要进行校正。先求出校正系数，然后用校正系数去乘季节比率。校正系数计算公式如下：

$$\text{校正系数} = \frac{1200\%}{12 \text{个月季节比率之和}}（按月）$$

$$\text{校正系数} = \frac{400\%}{4 \text{个季度季节比率之和}}（按季）$$

$$\text{校正后的 S. I.} = \text{校正系数} \times \text{原某月（季）的 S. I.}$$

例 4-23 某牛奶生产企业的产量资料如表 4-28 所示，试用直接平均法求季节指数。

解：季节指数的计算过程如表 4-28 所示。

表 4-28 某牛奶生产企业的产量资料和季节指数计算表

年份/年	产量/万桶					
	第一季度	第二季度	第三季度	第四季度	合计	各年的季平均
2011	211	239	455	323	1228	307
2012	220	248	463	330	1261	315.25

续表

年份/年	产量/万桶					
	第一季度	第二季度	第三季度	第四季度	合计	各年的季平均
2013	234	252	472	345	1303	325.75
2014	243	263	486	351	1343	335.75
2015	257	275	494	358	1384	346
2016	268	280	501	364	1413	353.25
2017	275	284	517	372	1448	362
合计	1708	1841	3388	2443	**9380**	**2345**
同季平均	244	263	484	349	—	**335**
S. I. /%	$\frac{244}{335}\approx72.83$	$\frac{263}{335}\approx78.51$	$\frac{484}{335}\approx144.48$	$\frac{349}{335}\approx104.18$	**400**	—
全期平均	335				—	—

表 4-28 的季节指数结果表明：第一季度和第二季度的季节指数均小于 1，是产量的淡季；第三季度和第四季度的季节指数大于 1，是产量的旺季。

表 4-28 的季节指数之和为 400%（按季），所以不需要校正。

直接平均法简单，易掌握，但是该方法的使用前提是原时间数列不存在长期趋势。当原时间数列存在长期趋势时，近期发展水平比远期发展水平起的作用大，即近期值比远期值对同期平均数的影响大。这样季节指数就无法真实地反映季节变动的一般规律。比率平均法可以弥补这一缺陷。

2. 比率平均法

比率平均法就是先计算各年各月（或各季）的季节比率，然后对各年同期的季节比率求简单算术平均数。其计算步骤为：

（1）计算各年的月或季平均数

（2）计算各年各月（或各季）的季节比率

$$各年各月（或各季）的季节比率 = \frac{各年各月（或各季）的发展水平}{各年的月（或季）平均} \times 100\%$$

（3）计算季节指数 S. I.

$$S. I. = \frac{\sum 月（或季）季节比率}{月数或季数} \times 100\%$$

若是月资料，$\sum S. I. = 1200\%$；若是季资料，$\sum S. I. = 400\%$。若季节指数之和不等于 400%（按季）或 1200%（按月），则同样需要校正。

例 4-24 继续例 4-23，季节比率和季节指数的计算结果如表 4-29 所示。

表 4-29　季节比率和季节指数的计算表　　　　单位：%

年份	第一季度	第二季度	第三季度	第四季度	合计
2011	68.73	77.85	148.21	105.21	400.00
2012	69.79	78.67	146.87	104.68	400.00
2013	71.83	77.36	144.90	105.91	400.00
2014	72.38	78.33	144.75	104.54	400.00
2015	74.28	79.48	142.77	103.47	400.00
2016	75.87	79.26	141.83	103.04	400.00
2017	75.97	78.45	142.82	102.76	400.00
合计	508.84	549.41	1012.14	729.62	2800.00
季节指数	72.69	78.49	144.59	104.23	400.00

3. 季节指数的应用

季节指数除了用于判别淡季、旺季、平季以外，还可以用于对未来各月或各季度的水平进行预测。

例 4-25　续例 4-23，根据市场供需情况预测：该企业需要在 2019 年达到 1600 万桶牛奶才能满足市场需求，试根据季节指数对 2019 年各季度牛奶产量进行预测。

解：第一季度的预测值＝1600/4×72.83%万桶＝291.32 万桶

第二季度的预测值＝1600/4×78.51%万桶＝314.04 万桶

第三季度的预测值＝1600/4×144.48%万桶＝577.92 万桶

第四季度的预测值＝1600/4×104.18%万桶＝416.72 万桶

例 4-26　续例 4-23，根据市场供需情况预测：该企业需要在 2019 年第一季度完成的牛奶产量为 300 万桶，则根据季节指数对 2019 年第三季度的牛奶产量进行预测。

解：第三季度的牛奶产量＝300/72.83%×144.48%万桶＝595.14 万桶

什么是直接平均法？什么是比率平均法？二者有什么联系？季节指数的作用是什么？

4.5.2　移动平均趋势剔除法

当原时间数列具有明显的长期趋势时，为了测定季节变动，必须先将长期趋势变动因素加以剔除。同期平均法中的比率平均法，对于具有明显长期趋势的时间数列来说，剔除长期趋势的效果并不理想，应该考虑移动平均趋势剔除法。即先剔除长期趋势，然后再测定季节变动。在采用该方法之前，首先要确定时间数列的分解模型是加法模型还是乘法模型。本书假定四种因素对时间数列的影响可以用乘法模型 $Y = T \times S \times C \times I$ 来反映，则用移动平均趋势剔除法测定季节变动的步骤如下：

1．根据原时间数列按季（或按月）的实际资料，用 4 项（或 12 项）移动平均法求长期趋势值 T。

常用的长期趋势值计算方法有移动平均法和最小平方法两种。在最小平方法中，与原时间数列拟合的数学模型一般是一元直线方程，通过确定的直线方程求出长期趋势值 T。在确定长期趋势值的方法中，移动平均法比较简单，计算量小，是常用方法；最小平方法的计算量大，不易掌握，应用较少。

2．将原时间数列实际发展水平 Y 除以趋势值 T，即 Y/T，以此作为计算季节指数的原始数据。

3．将第 2 步的数据按季（或月）排列，再按照同期平均法的步骤计算季节指数。

4．加总各季（或月）的平均季节指数，其总和应为 400% 或 1200%。如果大于或小于此数，就需进一步调整。

例 4-27 某石油企业 6 年产量资料如表 4-30 所示。试用移动平均趋势剔除法分析季节变动。

解：长期趋势值、Y/T 的计算结果如表 4-30 所示。

表 4-30 某石油企业的产量资料和剔除长期趋势计算表

年份	季度	产量 Y/万桶	4 项移动平均	长期趋势值 T	Y/T/%
第一年	第一季度	18	—	—	—
	第二季度	26	23.25	—	—
	第三季度	30	24.25	23.75	123.71
	第四季度	19	25.5	24.875	74.51
第二年	第一季度	22	27.5	26.5	80
	第二季度	31	28.5	28	108.77
	第三季度	38	29.25	28.875	129.91
	第四季度	23	30.5	29.875	75.41
第三年	第一季度	25	32	31.25	78.13
	第二季度	36	32.75	32.375	109.92
	第三季度	44	33.75	33.25	130.37
	第四季度	26	35.25	34.5	73.76
第四年	第一季度	29	37.25	36.25	77.85
	第二季度	42	39.25	38.25	107.01
	第三季度	52	40	39.625	130
	第四季度	34	41.5	40.75	81.93
第五年	第一季度	32	43	42.25	74.42
	第二季度	44	44.5	43.75	107.87
	第三季度	58	45.5	45	127.47
	第四季度	40	44.5	45	89.89

续表

年份	季度	产量 Y/万桶	4 项移动平均	长期趋势值 T	Y/T/%
第六年	第一季度	36	46.5	45.5	77.42
	第二季度	44	45	45.75	97.78
	第三季度	66	—	—	—
	第四季度	34	—	—	—

将长期趋势剔除后,再将 Y/T 的值按照时间先后顺序排列形成新的时间数列。在新时间数列基础上应用直接平均法计算季节指数。

全时期的季平均为 97.81%,季节指数之和为 400%,不需要对季节指数进行调整。具体计算过程和结果如表 4-31 所示。

表 4-31　季节指数的计算过程　　　　　　　　　单位:%

时　　间	第一季度	第二季度	第三季度	第四季度	合计
第一年	—	—	123.71	74.51	198.22
第二年	80	108.77	129.91	75.41	394.09
第三年	78.13	109.92	130.37	73.76	392.18
第四年	77.85	107.01	130	81.93	396.79
第五年	74.42	107.87	127.47	89.89	399.65
第六年	77.42	97.78	—	—	175.2
合计	387.82	531.35	641.46	395.5	1956.13
同季平均	77.564	106.27	128.292	79.1	—
季节指数	79.31	108.65	131.17	80.87	400

　　若是加法模型,该如何用移动平均趋势剔除法测定季节变动? 同期平均法与移动平均剔除法有什么联系与区别?

4.6　本章小结

1. 序时平均数(平均发展水平)的计算

时间数列根据指标类型分为三类:绝对数时间数列、相对数时间数列、平均数时间数列。不同类型的时间数列在计算序时平均数时所使用的方法不一样。计算方法的总结如图 4-13 所示。

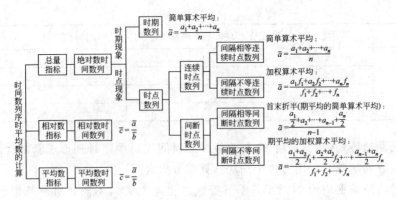

图 4-13　时间数列序时平均数的计算

2. 增长量

增长量等于报告期水平减去基期水平。根据基期是否固定,增长量分为逐期增长量和累计增长量。

3. 速度指标

发展速度等于报告期发展水平除以基期发展水平,是用以衡量现象发展变化快慢程度的相对指标。根据基期是否固定,发展速度分为环比发展速度和定基发展速度。发展速度指标之间的关系如图 4-14 所示。

图 4-14　环比增长速度与定基增长速度之间的换算

4. 趋势分析与季节变动

本章介绍了三种长期趋势测定法和两种季节变动测定法。

在长期趋势测定法中,最小平方法测定结果是三种长期趋势测定方法中最精确的。最小平方法是在原始数据基础上建立数学模型进行预测,但是时距扩大法和移动平均法不是建立在原始数据基础上进行预测的。时距扩大法所形成的新时间数列丢失了大量原始数据,无法进行深入研究。改良版的时距扩大法——移动平均法所形成的新时间数列还是会丢失数据,并且对原始数据进行了修匀,使得数据不能真正代表原始数据。

在季节变动测定法中,现象不存在长期趋势时使用直接平均法,若存在长期趋势时使用移动平均剔除法。各种方法的内容如图 4-15 所示。

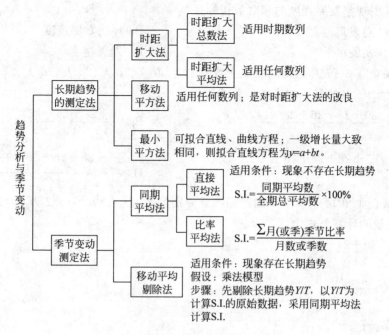

图 4-15　长期趋势与季节变动的测定法

4.7　练习题

一、单选题

1. 某企业的职工人数按时间先后顺序排列所形成的时间数列类型是(　　)。

    A. 相对数时间数列　　　　　　　　B. 平均数时间数列

    C. 时期数列　　　　　　　　　　　D. 时点数列

2. 若时间数列是月资料,并且没有季节变化,则季节指数之和(　　)。

    A. 大于 12　　　　　B. 等于 12　　　　　C. 大于 4　　　　　D. 等于 4

3. 平均发展速度是(　　)。

    A. 环比发展速度的算术平均数　　　B. 定基发展速度的算术平均数

    C. 环比发展速度的序时平均数　　　D. 定基发展速度的序时平均数

4. 定基发展速度与环比发展速度之间的换算关系是(　　)。

    A. 环比发展速度连乘之积等于相应时期的定基发展速度

    B. 环比发展速度连加之和等于相应时期的定基发展速度

    C. 环比发展速度连除之商等于相应时期的定基发展速度

    D. 环比发展速度连减之差等于相应时期的定基发展速度

5. 说明现象发展程度的相对数指标是( )。

    A. 总发展速度   B. 环比发展速度

    C. 发展水平   D. 发展速度

6. 某企业 3—7 月月初的职工人数分别为 30 人、28 人、26 人、28 人、24 人,则计算该企业 3—6 月的月平均人数的公式为( )。

    A. $\dfrac{30+28+26+28+24}{5}$ B. $\dfrac{30+28+26+28}{4}$

    C. $\dfrac{\frac{30}{2}+28+26+28+\frac{24}{2}}{5}$ D. $\dfrac{\frac{30}{2}+28+26+28+\frac{24}{2}}{4}$

7. 某企业 2014—2017 年的产品产量分别为 24 万 t、30 万 t、32 万 t、40 万 t,则平均增长量的计算公式为( )。

    A. $\dfrac{40-24}{4}$

    B. $\dfrac{40-24}{3}$

    C. $\dfrac{32-24}{3}$

    D. $\dfrac{(30-24)+(32-30)+(40-32)}{4}$

8. 某企业 3—7 月总产值的环比增长速度分别为 5%,10%,12%,16%,20%,则企业以 5 月总产值为基期,7 月总产值的定基增长速度是( )。

    A. $16\% \times 20\%$

    B. $(1+16\%) \times (1+20\%)-1$

    C. $5\% \times 10\% \times 12\% \times 16\% \times 20\%$

    D. $(1+5\%) \times (1+10\%) \times (1+12\%) \times (1+16\%) \times (1+20\%)-1$

9. 时间数列的构成要素是( )。

    A. 时间和变量   B. 时间和频数

    C. 时间和指标值   D. 指标值和变量

10. 时距扩大加总法适合的时间数列是( )。

    A. 时期数列   B. 相对数时间数列

    C. 时点数列   D. 平均数时间数列

11. 间断时点数列的假设是研究现象在相邻两个时点之间的变动是( )。

    A. 连续的   B. 均匀的   C. 间断的   D. 平稳的

12. 各年的逐期增长量相同,则各年的环比增长速度( )。

    A. 逐年减少   B. 逐年增加   C. 保持不变   D. 不确定

13. 以下有关时点数列特征的描述错误的是( )。

A. 指标数值的大小与时间长短不相关

B. 各期的指标数值能进行有意义的相加

C. 各期的指标数值会进行重复统计

D. 各期的指标值是通过连续登记取得

14. 以下描述正确的是(　　)。

A. 两相邻的定基增长速度之商等于相应时期的环比增长速度

B. 两相邻的环比增长速度之积等于相应时期的定基增长速度

C. 两相邻的定基发展速度之商等于相应时期的环比发展速度

D. 两相邻的环比发展速度之积等于相应时期的定基增长速度

15. 逐期增长量与累计增长量之间的关系是(　　)。

A. 两相邻时期的累计增长量之和等于相应时期的逐期增长量

B. 两相邻时期的累计增长量之积等于相应时期的逐期增长量

C. 两相邻时期的逐期增长量之和等于相应时期的累计增长量

D. 两相邻时期的逐期增长量之差等于相应时期的累计增长量

16. 某时间数列采用4项移动平均后所形成的新时间数列比原时间数列缺少的项数是(　　)。

A. 4　　　　　B. 3　　　　　C. 2　　　　　D. 1

17. 有关移动平均法的描述错误的是(　　)。

A. 同一时间数列扩大的时距前后相等

B. 移动平均法适用任何时间数列

C. 若采用6项移动平均,则还需要进行一次两项移正平均

D. 若采用5项移动平均,则新时间数列比原时间数列缺少5项

18. 以下描述错误的是(　　)。

A. 序时平均数是算术平均数

B. 序时平均数是将现象在不同时间上的数量差异抽象化

C. 序时平均数是从动态上反映数量的一般水平

D. 任何时间数列都可以计算其序时平均数

19. 各年的环比增长速度为10%,则各年的逐期增长量(　　)。

A. 逐年减少　　　B. 逐年增加　　　C. 保持不变　　　D. 不确定

20. 相较于原时间数列,8项移动平均所得的新时间数列首尾各丢失(　　)项数据。

A. 8　　　　　B. 4　　　　　C. 6　　　　　D. 7

二、多项选择题

1. 以下数列是时期数列的有(　　)。

A. 由储蓄卡余额所形成的时间数列

B. 由某企业产值所形成的时间数列

C. 由某学校学生人数所形成的时间数列

D. 由某企业的产量所形成的时间数列

E. 由某商场的销售额所形成的时间数列

2. 已知各时期的定基增长速度,可以计算出( )。

A. 定基发展速度　　B. 环比发展速度　　C. 环比增长速度

D. 平均发展速度　　E. 平均增长量

3. 有关时点数列表述错误的是( )。

A. 数列中的各指标值可以相加

B. 数列中的各指标值的大小与时间的长短不相关

C. 数列中的各指标值是通过一次性登记取得的

D. 数列中的各指标值会发生重复性统计

E. 数列中的各指标值是通过连续性登记取得的

4. 下列表述正确的是( )。

A. 时距扩大总数法适用任何时间数列

B. 最小平方法的中心思想是原时间数列的各发展水平与各趋势值的离差平方和最小

C. 移动平均法是时距扩大平均法的改良

D. 通过同期平均法计算的季节指数需要调整

E. 季节比率等于各发展水平除以当年的(月/季)序时平均数

5. 下列时间数列的指标值可以直接相加的有( )。

A. 平均数时间数列　　B. 相对数时间数列　　C. 时期数列

D. 连续时点数列　　　E. 间断时点数列

三、判断题

( ) 1. 时间数列中的指标只能是绝对数。

( ) 2. 将2014—2017年的库存量按照时间的先后顺序排列所形成的数列是时期数列。

( ) 3. 在最小平方法中,当时间数列的项数是偶数时,各项 t 值分别为…,$-3,-2,-1,0,1,2,3,…$。

( ) 4. 已知各期的累计增长量,则可计算逐期增长量和平均增长量。

( ) 5. 环比增长速度加1后连乘等于相应时期的定基发展速度。

( ) 6. 若无季节变动,则季节指数之和等于4或12。

( ) 7. 同期平均可以将代表某一时点上的、不可加的数值转换成代表某一时期的、可加的数值。

（　）8．若季节指数为1,则没有季节变动。

（　）9．首尾折半法适用于间隔相等的间断时点数列。

（　）10．时距扩大平均法适合时期数列,时距扩大加总法适合时点数列。

（　）11．序时平均数是将现象在不同时间点上的数量差异抽象化。

（　）12．定基发展速度是总速度,可以通过相应时期的环比发展速度连乘计算出来。

（　）13．若各时期的环比发展速度一样,则逐期增长量相同。

（　）14．季节变动是指现象受到自然界季节影响,变动周期为1年。

（　）15．连续时点数列是逐日登记、逐日排列的,时间跨度可以超过3个月。

四、计算题

1．已知某企业各季度的销售额(单位:万元)分别为117、124、145、170,计算逐期增长量、累计增长量、全年季平均增长量、季平均销售额。

2．已知某车库的库存量资料如表4-32所示。

表4-32　某车库的库存量资料

日期	5月31日	7月1日	9月30日	11月30日	12月30日
库存量/辆	122	136	120	134	144

计算该企业6—12月的平均库存量。

3．已知某超市的职工数量资料如表4-33所示。

表4-33　某超市的职工数量资料

日期	6月1日	6月7日	6月12日	6月24日
职工数/人	31	24	27	30

计算该超市6月平均职工人数。

4．2013—2017年某企业的生产人员和职工人数如表4-34所示。

表4-34　某企业的生产人员和职工人数

年　份	2013	2014	2015	2016	2017
年末职工人数/人	200	210	216	200	220
年末生产人员数量/人	100	116	120	120	130

计算2014—2017年的生产人员占全部职工人数的平均比重。

5．某企业产品的产量和职工人数资料如表4-35所示。

表 4-35 某企业产品的产量和职工人数资料

时 间	3 月	4 月	5 月	6 月
产品产量/件	500	528	540	594
月末职工人数/人	24	24	30	36

要求：

（1）计算该企业每个月的劳动生产率。

（2）计算该企业第二季度月平均劳动生产率。

（3）计算该企业第二季度劳动生产率。

6. 某超市的库存额和商品流转次数的资料如表 4-36 所示。

表 4-36 某超市的库存额和商品流转次数的资料

时 间	6 月	7 月	8 月	9 月
商品流转次数/次	31	34	37	35
月末库存额/万元	25	25	29	27

计算该超市第三季度商品流转次数和第三季度月平均商品流转次数。

（提示：商品流转次数＝销售额/平均库存额）

7. 某企业产品销售量 2011—2013 年三年间平均每年递增 10％，2014—2015 年两年间平均每年递增 8％，2016—2017 年两年间平均每年递增 5％。

（1）计算该企业产品销售量在 7 年内总增长是多少？

（2）计算该企业产品销售量 7 年间平均增长速度是多少？

8. 某企业的产值资料如表 4-37 所示。

表 4-37 某企业的产值资料

月 份	1 月	2 月	3 月	4 月	5 月	6 月
产值/万元	420					684
逐期增长量/万元	—	35				
累计增长量/万元	—			110		
环比发展速度/%	—		1.2			
定基增长速度/%	—				0.6	

要求：

（1）在表格空格中填写计算结果。

（2）计算该企业 1—6 月的月平均增长量、月平均发展速度。

9. 某企业销售额 2 月比 1 月增长 12％，3 月比 1 月增长 30％，4 月的环比发展速度为 110％，5 月的环比发展速度为 113％，6 月比 1 月增长 100％，7 月比 3 月增长

50%,8月是2月的220%。根据以上资料编制1—7月的环比发展速度和定基增长速度数列。

10. 某企业在 2016—2017 年各季度产值如表 4-38 所示。

表 4-38　某企业在 2016—2017 年各季度产值

时间	2016 年				2017 年			
	第一季度	第二季度	第三季度	第四季度	第一季度	第二季度	第三季度	第四季度
产值/万元	100	109	120	130	138	148	158	167

用最小平方法给出直线趋势方程,并预测 2018 年第三季度的产值。

11. 已知某企业某年的产量资料如表 4-39 所示。

表 4-39　某企业某年的产量资料

月份	1 月	2 月	3 月	4 月	5 月	6 月	7 月	8 月	9 月	10 月	11 月	12 月
产量/kg	114	126	132	138	144	150	156	168	177	189	198	216

计算 3 项移动平均和 4 项移动平均结果。

12. 某养殖场的鸡蛋产量资料如表 4-40 所示。

表 4-40　某养殖场鸡蛋产量　　　　单位:kg

年份	2014	2015	2016	2017
第一季度	11	14	17	20
第二季度	18	19	22	27
第三季度	22	24	27	31
第四季度	9	11	14	18

用直接平均法计算该养殖场鸡蛋产量的季节指数。

第 5 章　统 计 指 数

 学习目标

1. 理解统计指数的概念、种类和作用；
2. 掌握综合指数的编制方法；
3. 掌握平均数指数的编制方法；
4. 掌握指数体系及因素分析；
5. 了解几种常用的经济指数。

基本概念

个体指数　总指数　同度量因素　数量总指数　质量总指数　指数体系　因素分析

案例导入：股市何去何从？

中国股市在经历了 2015 年的逆转后，2017 年更让人琢磨不透：4—5 月短短两个多月的时间里，上证指数累计最大跌幅接近 10%，如图 5-1 所示。股市是高风险市场，波动在所难免，但如此剧烈的波动却让很多投资者手足无措。如何解读当前市场，股民们该何去何从？上证指数是什么？如何通过上证指数判断股票交易情况和市场行情？

图 5-1　2017 年 4—5 月上证指数

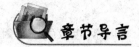章节导言

一切推理都必须从观察与实验得来。——名言

　　统计指数简称指数，**与数学中指数的概念不同**，是一种用于**研究社会现象总体变量变动分析的统计指标**。统计指数来源于物价指数，其产生的历史可追溯到 18 世纪的欧洲：随着殖民主义的扩展，大量金银涌入欧洲，导致欧洲物价波动。为了有效研究物价变动，防止社会动荡，统计指数的概念应运而生。最初的指数仅限于单个商品的价格变动指数（物价指数），即把当期的商品价格与前期同类商品的价格作比较得到动态相对数。如今，统计指数已成为统计方法中的重要内容之一，其应用范围不断扩大，被广泛应用于经济、社会、生活等不同领域的各个方面。其含义和内容也不断地发生变化：由单纯反映一种现象的相对变动，到反映多种现象的综合变动；由单纯的不同时间的对比分析，到不同空间的比较分析等。

　　本章主要阐述统计指数的概念及种类，并**基于统计指数的狭义概念**探讨指数的作用、综合指数和平均数指数的编制方法、指数体系与因素分析。

5.1　统计指数概述

5.1.1　统计指数的概念

　　统计指数，简称指数，是一种对比性的分析指标，其概念有广义和狭义之分。

　　狭义的指数是指反映复杂现象动态变化的相对数，如总指数。所谓复杂现象是指不能够直接加总，由若干个简单现象所构成的现象。

　　广义的指数是指表示各种数量对比关系的相对数。它既包括反映一个简单现象的变动程度，如个体指数，也包括由若干个不能直接加总的简单现象所构成的复杂现象的综合变动程度，如总指数。

　　本章主要讨论的是狭义的统计指数。

　　广义指数与狭义指数的区别是什么？

5.1.2　统计指数的作用

　　统计指数是一种重要的统计方法，在经济分析中有着广泛的应用，其作用具体如下：

1. 统计指数可以测定一个复杂现象的总变动程度；

2. 统计指数可以测定一个总量指标在变动中所受的影响因素，以及每一个因素的变动对总量指标的影响程度和影响的方向；

3. 统计指数可以用来测定一个总平均指标在变动中所受的影响因素，以及每一个因素的变动对总平均指标的影响程度和影响的方向；

4. 统计指数可以研究现象在较长时期内的变动趋势，探索现象发展变化的规律。

5.1.3 统计指数的分类

1. 按说明现象的范围不同，统计指数分为个体指数和总指数

个体指数是反映单个现象变动程度的相对数，如某种商品的产量指数、单位成本指数等。

总指数是反映不能直接加总的多个现象综合变动程度的相对数，如某地区零售物价指数、工业总产值指数等。

总指数又分为综合指数和平均数指数。综合指数是总指数的基本形式，编制综合指数必须依赖同度量因素，对资料条件的要求很高，因此在实际应用中受到诸多限制。平均数指数是对综合指数的代数变形，对资料条件的要求较低，应用更为广泛。

2. 按反映现象的特征不同，统计指数分为数量指标指数和质量指标指数

数量指标指数是反映数量指标变动程度的相对数，如产量指数、商品销售量指数、职工人数指数等，一般用 q 表示。

质量指标指数是反映质量指标变动程度的相对数，如价格指数、单位成本指数、生产率指数等，一般用 p 表示。

3. 按现象所属的时间不同，统计指数分为动态指数和静态指数。

统计指数按其本来的含义，是指动态指数，如物价指数、上证指数、产量指数等，但在实际运用过程中，其含义渐渐推广到了两个同类现象在同一时间条件下的对比，因而产生了静态指数。

所谓静态指数是指在同一时间条件下不同单位、不同地区间同一事物数量进行对比所形成的指数，即比较指数；或同一单位、同一地区计划指标与实际指标进行对比所形成的指数，即计划完成情况指数。这与第 3 章里的"相对指标"不完全一样：相对指标更多地是个体指数，本章的静态指数侧重于总指数。

4. 按在指数数列中所采用的基期不同,统计指数分为定基指数和环比指数

定基指数是指在数列中以某一固定时期的水平作对比基准的指数;环比指数则是以其前一时期的发展水平作为对比基准的指数。

某商品 2016 年的销量与 2015 年的销量之比为 101%,该指数属于什么指数?

5.2　统计指数的编制

按说明现象的范围不同,统计指数分为个体指数和总指数。

5.2.1　个体指数的编制

个体指数的编制较为简单,主要反映单一现象的单个项目变动程度的相对数,即该项目报告期发展水平与基期发展水平的对比,这与第 3 章里的"动态相对数"、第 4 章里的"发展速度"吻合。个体指数根据其反映的现象特征,可分为数量指标的个体指数(k_q)和质量指标的个体指数(k_p)。

个体指数的计算公式为:

$$k = \frac{\text{报告期发展水平}}{\text{基期发展水平}} \times 100\%$$

即

$$k_q = \frac{q_1}{q_0} \times 100\%, \quad k_p = \frac{p_1}{p_0} \times 100\%$$

例 5-1　某企业两种产品的生产情况如表 5-1 所示。

表 5-1　两种产品的生产情况

产品名称	计量单位	单位成本/元		产量	
		基期	报告期	基期	报告期
A	个	200	250	100	90
B	台	600	500	150	180

要求:计算这两种产品的个体单位成本指数和个体产量指数。

解:单位成本指标个体指数 $k_p = \dfrac{\text{报告期单位成本}}{\text{基期单位成本}} \times 100\%$:

$$k_p(A) = \frac{250}{200} \times 100\% = 125\%$$

$$k_p(B) = \frac{500}{600} \times 100\% \approx 83.33\%$$

产量指标个体指数 $k_q = \dfrac{\text{报告期产量}}{\text{基期产量}} \times 100\%$：

$$k_q(A) = \frac{90}{100} \times 100\% = 90\%$$

$$k_q(B) = \frac{180}{150} \times 100\% = 120\%$$

5.2.2 总指数（综合指数、平均数指数）的编制

计算总指数的任务是综合测定由不同度量单位的许多产品或商品所组成的复杂现象总体的动态。根据反映现象的特征,可分为质量指标总指数($\overline{K}_p$)和数量指标总指数($\overline{K}_q$)。

例 5-2 某企业两种产品生产资料如表 5-2 所示。

表 5-2 两种产品的生产情况

产品名称	计量单位	单位成本/元		产量	
		基期	报告期	基期	报告期
A	个	400	600	80	60
B	台	500	600	120	180

要求：计算企业产量总指数 $\overline{K}_q$。

在计算产量总指数时,不能对各产量个体指数进行简单平均,因为个体指数是相对数,不能直接求和进行平均。同样,也不能以 A,B 两种产品报告期产量之和与基期产量之和作对比,因为两种产品的单位不统一,不能直接相加。

因此,计算的关键就是要解决不能够直接加总的产品如何进行综合测定的问题,即总指数的任务。**按计算形式的不同,总指数分为综合指数和平均数指数,下面分别从两种不同的计算形式对总指数展开讨论。**

1. 综合指数

综合指数属于总指数的基本形式。

综合指数的编制首先要解决不同度量单位的问题,使不能直接加总的指标变成可加的指标。根据马克思论述的商品两重性原理可知,任何商品都具有使用价值和价值。从使用价值的角度来讲,不同商品的使用价值是不同的;从价值的角度来讲,任何商品的价值都是可以直接加总的,因为价值是商品的共同属性。因此,虽然其产量不能直接加总,但可以引入一个同度量因素,将不可加的产量指标转换成可加的价值量。所谓**同度量因素**是指把不能直接加总的指标转换为可以直接加总的价值量指

标。如例 5-2 中，有：

$$\frac{600 \times 60 + 600 \times 180}{400 \times 80 + 500 \times 120} \times 100\% = 156.5\%$$

单位成本×产量＝总成本，可见，计算结果 156.5% 是总成本总指数 $\overline{K}$，而不是产量总指数 $\overline{K}_q$。为了剔除单位成本对其的影响，需要将单位成本固定，即报告期和基期的价格一致，把单位成本称为同度量因素，进而研究产量的综合变动程度。

同度量因素可以选择基期的单位成本水平，也可以选择报告期的单位成本水平。如例 5-2 中，有：

（1）以报告期的单位成本为同度量因素来计算产量总指数：

$$\overline{K}_q = \frac{600 \times 60 + 600 \times 180}{600 \times 80 + 600 \times 120} \times 100\% = 120\%$$

（2）以基期的单位成本为同度量因素来计算产量总指数：

$$\overline{K}_q = \frac{400 \times 60 + 500 \times 180}{400 \times 80 + 500 \times 120} \times 100\% \approx 123.9\%$$

按统计指数所反映的现象特征不同，统计指数可分为数量指标指数和质量指标指数，如例 5-2 所求的就是数量指标指数。

例 5-3 以例 5-2 的资料为例，要求计算企业单位成本总指数 $\overline{K}_p$，这个属于质量指标指数。

（1）以报告期的产量为同度量因素来计算单位成本总指数 $\overline{K}_p$：

$$\overline{K}_p = \frac{600 \times 60 + 600 \times 180}{400 \times 60 + 500 \times 180} \times 100\% \approx 126.3\%$$

（2）以基期的产量为同度量因素来计算单位成本总指数 $\overline{K}_p$：

$$\overline{K}_p = \frac{600 \times 80 + 600 \times 120}{400 \times 80 + 500 \times 120} \times 100\% \approx 130.4\%$$

从以上的计算过程可以看到，综合指数的编制是从两个时期现象总量指标的对比中进行分析的。对现象总体所包括的两个变动因素，要把其中的一个因素固定下来（即同度量因素），以测定另一个因素的变动情况。那么同度量因素以及所属时期的选择，就显得尤为重要。

（1）同度量因素的选择

各种商品都是社会劳动的产物，都具有一定的价值，含有一定的成本和劳动消耗，而与产品数量相乘，就可以将商品的使用价值转换为总价值形态，从而可以直接用来加总。而产品数量属于数量指标；单价、单位成本、单耗等属于质量指标。计算数量指标总指数时，应选择相应的质量指标作为同度量因素；计算质量指标总指数时，应选择相应的数量指标作为同度量因素。能够充当同度量因素的往往不止一个。因此，同度量因素需要根据其研究的经济内容或者目的来决定。如计算产量总指数时,如果是分析生产成本问题,可选择单位产品成本作为同度量因素;如果分析总产值问题,可选择产品单价作为同度量因素。

(2)同度量因素所属时期的选择

从原则上来讲,所选择的同度量因素固定在基期和报告期均可,但是在计算的过程中发现:对于数量指标指数的计算,若将选择的同度量因素固定在报告期,数量指标的变动同时会影响同度量因素质量指标数值的变动,与仅研究数量指标变动程度的目的不吻合。因此,在计算数量指标总指数时,将同度量因素固定在基期。对于质量指标指数的计算,若将选择的同度量因素固定在基期,$\sum q_0 p_1 - \sum q_0 p_0$ 并没有实际的经济意义。因此,在计算质量指标总指数时,把同度量因素固定在报告期。

综上所述,**编制综合指数一般方法如下:**

(1)质量指标综合指数的编制,应把作为同度量因素的数量指标固定在报告期。

$$\overline{K}_p = \frac{\sum q_1 p_1}{\sum q_1 p_0} \times 100\%$$

(2)数量指标综合指数的编制,应把作为同度量因素的质量指标固定在基期。

$$\overline{K}_q = \frac{\sum q_1 p_0}{\sum q_0 p_0} \times 100\%$$

一般地,同度量因素固定在基期的综合指数,称为拉斯贝尔指数;同度量因素固定在报告期的综合指数,称为派许指数。

综上所述,**编制综合指数的基本步骤如下:**

(1)根据经济含义,找出数量间的经济关系式;

(2)确定同度量因素,并固定同度量因素的时期;

(3)根据综合指数公式编制相应指数。

2. 平均数指数

综合指数是总指数的基本形式,是从复杂现象总体总量出发,固定同度量因素,以观察指数化因素的变动情况。在编制时,对资料条件的要求很高,既要求掌握全面的资料,又要求数量指标与质量指标一一对应,在现实生活中往往不具备这样的条件。因此,综合指数在应用中受到很大程度的限制。而平均数指数是个体指数的平均数,是从个体指数出发来编制总指数的,先算出个体指数,然后进行加权平均计算以测定复杂现象的总变动程度。

平均数指数也是总指数的一种重要计算形式,其特点是先个体对比,后加权平均。常用的形式包括加权算术平均数指数和加权调和平均数指数。

(1)加权算术平均数指数

加权算术平均数指数,通常用来编制数量指标总指数。编制步骤如下:

第一步，计算个体指数，即 $k_q = \dfrac{q_1}{q_0} \times 100\%$；

第二步，取得基期总水平 $q_0 p_0$ 的资料；

第三步，以个体指数为变量，基期总水平为权数，进行加权平均，求得总指数，即：

$$\overline{K}_q = \frac{\sum q_1 p_0}{\sum q_0 p_0} \times 100\% = \frac{\sum \dfrac{q_1}{q_0} \cdot q_0 p_0}{\sum q_0 p_0} \times 100\% = \frac{\sum k_q q_0 p_0}{\sum q_0 p_0} \times 100\%$$

在计算数量指标总指数时，以数量指标的个体指数为变量，以基期的总量指标为权数，进行加权平均。

例 5-4 某商场两种商品的有关资料如表 5-3 所示。

表 5-3 某商场两种商品的销售情况

商品名称	个体销售量指数 $k_q = \dfrac{q_1}{q_0}$/%	基期总销售额 $q_0 p_0$/万元
A	98	15
B	105	50

要求：计算两种商品的销售量总指数。

解：根据加权算术平均数指数的计算公式

$$\overline{K}_q = \frac{\sum k_q q_0 p_0}{\sum q_0 p_0} \times 100\% = \frac{105\% \times 50 + 98\% \times 15}{15 + 50} \times 100\% = \frac{67.2}{65} \approx 103.38\%$$

计算结果表明：两种商品销售量在报告期比基期综合提高了 3.38%，从而使销售额增加了 $67.2 - 65 = 2.2$ 万元。

(2) 加权调和平均数指数

加权调和平均数指数，通常用来编制质量指标总指数。编制步骤如下：

第一步，计算个体指数，即 $k_p = \dfrac{p_1}{p_0} \times 100\%$；

第二步，取得报告期总水平 $q_1 p_1$ 的资料；

第三步，以个体指数的倒数为变量，报告期总水平为权数，进行加权平均，求得总指数，即：

$$\overline{K}_p = \frac{\sum q_1 p_1}{\sum q_1 p_0} \times 100\% = \frac{\sum q_1 p_1}{\sum \dfrac{p_0}{p_1} \cdot q_1 p_1} \times 100\% = \frac{\sum q_1 p_1}{\sum \dfrac{1}{k_p} q_1 p_1} \times 100\%$$

在计算质量指标总指数时，以质量指标的个体指数为变量，以报告期的总量指标为权数，进行加权平均。

例 5-5 某商场两种商品的有关资料如表 5-4 所示。

表 5-4 某商场两种商品的销售情况

商品名称	个体价格指数 $k_p = \dfrac{p_1}{p_0}$ /%	报告期总销售额 $q_1 p_1$ /万元
A	102	25
B	120	100

要求：计算两种商品的价格总指数。

解：根据加权调和平均数指数的计算公式：

$$\overline{K}_p = \frac{\sum q_1 p_1}{\sum \dfrac{1}{k_p} q_1 p_1} \times 100\% = \frac{25 + 100}{\dfrac{25}{102\%} + \dfrac{100}{120\%}} \times 100\% = \frac{125}{107.84} \approx 115.91\%$$

计算结果表明两种商品价格在报告期比基期综合提高了 15.91%，从而使销售额增加了 $(125 - 107.84)$ 万元 = 17.16 万元。

综合指数与平均数指数的区别如表 5-5 所示。

表 5-5 平均数指数和综合指数的区别

名称	特点	资料要求	权重	计算公式		同度量因素
综合指数	先综合，后计算	全面资料	实际资料作为权数	数量指标指数	$\overline{K}_q = \dfrac{\sum q_1 p_0}{\sum q_0 p_0} \times 100\%$ （拉氏公式）	固定在基期
				质量指标指数	$\overline{K}_p = \dfrac{\sum q_1 p_1}{\sum q_1 p_0} \times 100\%$ （派氏公式）	固定在报告期
平均数指数	先计算，后综合	全面或非全面资料	实际资料为权数或固定比重作为权重	数量指标指数	$\overline{K}_q = \dfrac{\sum k_q q_0 p_0}{\sum q_0 p_0} \times 100\%$	—
				质量指标指数	$\overline{K}_p = \dfrac{\sum q_1 p_1}{\sum \dfrac{1}{k_p} q_1 p_1} \times 100\%$	—

编制平均数指数时应注意的问题：上述两种平均数指数虽然是从综合指数推导而来的，但这并不能片面地认为平均数指数只是综合指数的变形。平均数指数是计算总指数的一种独立形式。把它与综合指数作比较，综合指数主要适用于对全面资料的编制，而平均数指数除了可以根据全面资料编制外，对于非全面资料的编制，更具有广泛的应用价值。

平均数指数与综合指数的区别是什么？

5.3 指数体系与因素分析

5.3.1 指数体系

指数体系是指经济上相互联系，数值上具有一定对等关系的三个或三个以上的指数所构成的整体。例如：销售额指数＝销售量指数×价格指数，则销售额指数体系由销售额指数、销售量指数和价格指数构成。

建立指数体系，必须以经济内容为依据，不能随意把若干个毫不相干的指数拼凑在一起。每个指数体系中，一个指数称为总变动指数，其余的指数称为因素指数。总变动指数反映现象总量变动的指数，如销售额指数；因素指数综合反映制约和影响总量指标变动的因素，如销售量指数、价格指数。

指标体系的主要作用有以下两点：

（1）因素分析

指数体系是因素分析的依据，即分析各种因素指数对总变动指数影响的方向和程度。如通过分析销售量指数和价格指数的变动来获得它们对总变动指数的影响。

（2）指数推算

可以由已知的指数推算未知指数。如可通过销售额指数和销售量指数，推算出价格指数，即价格指数＝销售额指数/销售量指数。

5.3.2 因素分析

这里介绍的因素分析是指总指数因素分析，是指利用指数体系中各个总指数之间的数量关系，对现象总变动的各个影响因素进行分解，分析各因素变动对总体总变动的影响程度和绝对效果。

因素分析包括相对数分析和绝对数分析。相对数分析是分析总变动中各个因素变动影响的相对程度；绝对数分析是分析总变动中各个因素变动程度的绝对值。

因素分析按影响因素的多少不同，可分为两因素分析和多因素分析；按分析指标的表现形式不同，可分为总量指标变动因素分析和平均指标变动因素分析。

1. 总量指标因素分析

（1）两因素分析

当一个总量指标分解为两个影响因素时，可进行两因素分析。

例 5-6　某商场两种商品的销售资料如表 5-6 所示。

表 5-6　某商场两种商品的相关资料

商品名称	计量单位	销售单价/元		销售量	
		基期	报告期	基期	报告期
A	个	200	250	24	20
B	台	500	450	50	80

要求：对销售额的变动及其影响因素作出分析。

解：

① 销售额变动分析

相对数分析：

$$销售额指数\ \overline{K} = \frac{\sum q_1 p_1}{\sum q_0 p_0} \times 100\% = \frac{250 \times 20 + 450 \times 80}{200 \times 24 + 500 \times 50} \times 100\% \approx 137.58\%$$

绝对数分析：

$$\Delta = \sum q_1 p_1 - \sum q_0 p_0 = 41000\ 元 - 29800\ 元 = 11200\ 元$$

说明销售额在报告期比基期增长了 37.58%，增加的具体销售额数值为 11200 元。

② 销售单价变动分析

相对数分析：

$$销售单价指数\ \overline{K}_p = \frac{\sum q_1 p_1}{\sum q_1 p_0} \times 100\% = \frac{250 \times 20 + 450 \times 80}{200 \times 20 + 500 \times 80} \times 100\% \approx 93.18\%$$

绝对数分析：

$$\Delta_p = \sum q_1 p_1 - \sum q_1 p_0 = 41000\ 元 - 44000\ 元 = -3000\ 元$$

说明在销售量不变(同度量因素，固定在报告期)的情况下，销售单价在报告期比基期降低了 6.82%，导致销售额数值降低了 3000 元。

③ 销售量变动分析

相对数分析：

$$销售量指数\ \overline{K}_q = \frac{\sum q_1 p_0}{\sum q_0 p_0} \times 100\% = \frac{200 \times 20 + 500 \times 80}{200 \times 24 + 500 \times 50} \times 100\% \approx 147.65\%$$

绝对数分析：

$$\Delta_q = \sum q_1 p_0 - \sum q_0 p_0 = 44000\ 元 - 29800\ 元 = 14200\ 元$$

说明在销售单价不变(同度量因素，固定在基期)的情况下，销售量在报告期比基期增长了 47.65%，导致销售额数值增加了 14200 元。

④ 指数体系分析

相对数分析：

销售额指数 $\bar{K}$ = 销售量指数 $\bar{K}_q$ × 价格指数 $\bar{K}_p$

$$\bar{K} = \bar{K}_q \times \bar{K}_p \Leftrightarrow \frac{\sum q_1 p_1}{\sum q_0 p_0} = \frac{\sum q_1 p_1}{\sum q_1 p_0} \cdot \frac{\sum q_1 p_0}{\sum q_0 p_0} \Leftrightarrow 137.58\% \approx 93.18\% \times 147.65\%$$

绝对数分析：

$$\Delta = \Delta_p + \Delta_q \Leftrightarrow \sum q_1 p_1 - \sum q_0 p_0 = \left(\sum q_1 p_1 - \sum q_1 p_0 \right) + \left(\sum q_1 p_0 - \sum q_0 p_0 \right)$$
$$\Leftrightarrow 11200 = -3000 + 14200$$

这说明：由于销售单价降低了 6.82%，实际数值降低了 3000 元，销售量增长了 47.65%，具体数值增长了 14200 元，它们共同作用的情况下，导致销售额报告期比基期增长了 37.58%，具体数值增加了 11200 元。

（2）多因素分析

当一个总量指标分为三个或三个以上影响因素时，可进行多因素分析。

多因素分析时，需注意：

① 各因素排列顺序。对总量指标进行分解时，需考虑各因素的排列顺序，使之符合经济内容和经济逻辑。一般遵循数量指标在前、质量指标在后的原则，并且需要保证相邻两个指标的乘积有实际经济意义。

② 同度量因素时期的固定。多因素分析和两因素分析的原理相同，当对其中一个因素进行分析时，需将其他因素作为同度量因素，并分别固定在不同时期。分析的顺序要与经济关系式中的顺序一致。

对于同度量因素的固定问题，需遵循：将各因素排列好顺序后，位于分析因素之前的同度量因素固定在报告期，位于分析因素之后的同度量因素固定在基期。其中，**分析因素**是指正在分析的那个因素。（分析第一个因素的影响时，没有分析的因素作为同度量因素固定在基期；分析第二个因素时，已经分析过的因素固定在报告期，没有分析过的因素固定在基期，依次类推。）

例 5-7　某企业两种产品材料消耗情况如表 5-7 所示。

表 5-7　某企业两种产品相关资料

产品名称	计量单位	产量		原材料单耗		原材料单价/元	
		基期 q_0	报告期 q_1	基期 m_0	报告期 m_1	基期 p_0	报告期 p_1
A	件	150	200	10	9	100	120
B	个	300	500	5	6	50	40

要求：对原材料消耗总额的变动及其影响因素作出分析。

① 原材料消耗总额变动分析

相对数分析：

$$原材料消耗总额指数 \ \overline{K} = \frac{\sum q_1 m_1 p_1}{\sum q_0 m_0 p_0} \times 100\%$$

$$= \frac{200 \times 9 \times 120 + 500 \times 6 \times 40}{150 \times 10 \times 100 + 300 \times 5 \times 50} \times 100\%$$

$$= \frac{336000}{225000} \times 100\% \approx 149.33\%$$

绝对数分析：

$$\Delta = \sum q_1 m_1 p_1 - \sum q_0 m_0 p_0 = 336000 \ 元 - 225000 \ 元 = 111000 \ 元$$

说明原材料消耗额在报告期比基期增长了 49.33%，增加的具体消耗额数值为 111000 元。

② 产量变动分析

相对数分析：

$$产量指数 \ \overline{K}_q = \frac{\sum q_1 m_0 p_0}{\sum q_0 m_0 p_0} \times 100\% = \frac{200 \times 10 \times 100 + 500 \times 5 \times 50}{150 \times 10 \times 100 + 300 \times 5 \times 50} \times 100\% = $$

$$\frac{325000}{225000} \times 100\% \approx 144.44\%$$

绝对数分析：

$$\Delta_q = \sum q_1 m_0 p_0 - \sum q_0 m_0 p_0 = 325000 \ 元 - 225000 \ 元 = 100000 \ 元$$

说明在原材料单耗和原材料单价不变（同度量因素，固定在基期）的情况下，产量报告期比基期提高了 44.44%，导致销售额数值增加了 100000 元。

③ 原材料单耗变动分析

相对数分析：

$$原材料单耗指数 \ \overline{K}_m = \frac{\sum q_1 m_1 p_0}{\sum q_1 m_0 p_0} \times 100\%$$

$$= \frac{200 \times 9 \times 100 + 500 \times 6 \times 50}{200 \times 10 \times 100 + 500 \times 5 \times 50} = \frac{330000}{325000} \approx 101.54\%$$

绝对数分析：

$$\Delta_m = \sum q_1 m_1 p_0 - \sum q_1 m_0 p_0 = 330000 \ 元 - 325000 \ 元 = 5000 \ 元$$

说明在产量不变（同度量因素，固定在报告期）和原材料单价不变（同度量因素，固定在基期）的情况下，原材料单耗报告期比基期提高了 1.54%，导致销售额数值增加了 5000 元。

④ 原材料单价变动分析

相对数分析：

$$原材料单价指数 \bar{K}_p = \frac{\sum q_1 m_1 p_1}{\sum q_1 m_1 p_0} \times 100\%$$

$$= \frac{200 \times 9 \times 120 + 500 \times 6 \times 40}{200 \times 9 \times 100 + 500 \times 6 \times 50} \times 100\%$$

$$= \frac{336000}{330000} \times 100\% \approx 101.82\%$$

绝对数分析:

$$\Delta_p = \sum q_1 m_1 p_1 - \sum q_1 m_1 p_0 = 336000 元 - 330000 元 = 6000 元$$

说明在产量不变(同度量因素,固定在报告期)和原材料单耗不变(同度量因素,固定在报告期)的情况下,原材料单价报告期比基期提高了 1.82%,导致销售额数值增加了 6000 元。

⑤ 指数体系分析

相对数分析:

原材料消耗总额指数 $\bar{K}$ = 产量指数 $\bar{K}_q$ × 原材料单耗指数 $\bar{K}_m$ × 原材料单价指数 $\bar{K}_p$

$$\bar{K} = \bar{K}_q \times \bar{K}_m \times \bar{K}_p \Leftrightarrow \frac{\sum q_1 m_1 p_1}{\sum q_0 m_0 p_0} = \frac{\sum q_1 m_0 p_0}{\sum q_0 m_0 p_0} \times \frac{\sum q_1 m_1 p_0}{\sum q_1 m_0 p_0} \times \frac{\sum q_1 m_1 p_1}{\sum q_1 m_1 p_0}$$

$$\Leftrightarrow 149.33\% \approx 144.44\% \times 101.54\% \times 101.82\%$$

绝对数分析:

$$\Delta = \Delta_q + \Delta_m + \Delta_p \Leftrightarrow \sum q_1 m_1 p_1 - \sum q_0 m_0 p_0$$

$$= \left(\sum q_1 m_0 p_0 - \sum q_0 m_0 p_0 \right) + \left(\sum q_1 m_1 p_0 - \sum q_1 m_0 p_0 \right) +$$

$$\left(\sum q_1 m_1 p_1 - \sum q_1 m_1 p_0 \right)$$

$$\Leftrightarrow 111000 = 100000 + 5000 + 6000$$

这说明:由于产量提高了 44.44%,实际数值增加了 100000 元,原材料单耗提高了 1.54%,具体数值增加了 5000 元,原材料单价提高了 1.82%,具体数值增加了 6000 元,它们共同作用的情况下,导致原材料消耗总额报告期比基期增长了 49.33%,具体数值增加了 111000 元。

2. 平均指标因素分析

平均指标是反映社会经济现象总体一般水平的指标。总体一般水平取决于两个因素:总体内部各部分的水平和各部分在总体中所占的比重。平均指标的变动是这两个因素变动的综合结果。对平均指标变动进行因素分析时,需要从数量上分析其对总体平均指标变动的影响。因此,将各部分所占的比重视为数量指标,总体内部各部分的水平视为质量指标。故相应地编制两个平均指标指数:固定构成指数和结构影响指数。

平均指标变动分析中所用的指数体系如下：

$$可变构成指数 = 结构影响指数 \times 固定构成指数$$

（1）可变构成指数——反映总体平均水平的综合变动状况。

$$可变构成指数 = \frac{\bar{x}_1}{\bar{x}_0} \times 100\% = \frac{\dfrac{\sum x_1 f_1}{\sum f_1}}{\dfrac{\sum x_0 f_0}{\sum f_0}} \times 100\%$$

（2）固定构成指数——反映总体各部分水平的变动，对总体平均水平的影响。

$$固定构成指数 = \frac{\dfrac{\sum x_1 f_1}{\sum f_1}}{\dfrac{\sum x_0 f_1}{\sum f_1}} \times 100\%$$

（3）结构影响指数——反映总体结构的变动，对总体平均水平的影响。

$$结构影响指数 = \frac{\dfrac{\sum x_0 f_1}{\sum f_1}}{\dfrac{\sum x_0 f_0}{\sum f_0}} \times 100\%$$

相对数分析：

$$可变构成指数 = 结构影响指数 \times 固定构成指数$$

绝对数分析：

$$\bar{x}_1 - \bar{x}_0 = (\bar{x}_1 - \bar{x}_n) + (\bar{x}_n - \bar{x}_0)$$

式中：

$\bar{x}_1$——报告期总平均指标；

$\bar{x}_0$——基期总平均指标；

$\bar{x}_n$——假定总平均指标；

x_1——报告期各部分平均指标；

x_0——基期各部分平均指标；

f_1——报告期各部分单位数；

f_0——基期各部分单位数。

例 5-8 某企业员工资料如表 5-8 所示。

表 5-8 某企业员工相关资料

员工类型	平均工资/(元/月)		人数/个	
	基期 x_0	报告期 x_1	基期 f_0	报告期 f_1
A	2500	3500	20	15
B	1500	2500	120	100

要求：从相对数和绝对数两方面对该企业全体员工的平均工资进行分析。

① 总体平均工资的分析

$$可变构成指数 = \frac{\bar{x}_1}{\bar{x}_0} \times 100\% = \frac{\dfrac{\sum x_1 f_1}{\sum f_1}}{\dfrac{\sum x_0 f_0}{\sum f_0}} \times 100\%$$

$$= \frac{\dfrac{3500 \times 15 + 2500 \times 100}{15 + 100}}{\dfrac{2500 \times 20 + 1500 \times 120}{20 + 120}} \times 100\%$$

$$= \frac{2630.43}{1642.86} \times 100\% \approx 160.11\%$$

$$(2630.43 - 1642.86)元/月 = 987.57元/月$$

表明该企业全部员工的平均工资报告期比基期增长了 60.11%，总体平均工资增加了 987.57 元。

② 各类员工的平均工资的分析

$$固定构成指数 = \frac{\dfrac{\sum x_1 f_1}{\sum f_1}}{\dfrac{\sum x_0 f_1}{\sum f_1}} \times 100\% = \frac{\dfrac{3500 \times 15 + 2500 \times 100}{15 + 100}}{\dfrac{2500 \times 15 + 1500 \times 100}{15 + 100}} \times 100\%$$

$$= \frac{2630.43}{1630.43} \times 100\% \approx 161.33\%$$

$$(2630.43 - 1630.43)元/月 = 1000元/月$$

表明该企业各类员工的平均工资报告期比基期增长了 61.33%，从而使总体平均工资上升了 1000 元。

③ 各类员工的人数分析

$$结构影响指数 = \frac{\dfrac{\sum x_0 f_1}{\sum f_1}}{\dfrac{\sum x_0 f_0}{\sum f_0}} \times 100\% = \frac{\dfrac{2500 \times 15 + 1500 \times 100}{15 + 100}}{\dfrac{2500 \times 20 + 1500 \times 120}{20 + 120}} \times 100\%$$

$$= \frac{1630.43}{1642.86} \times 100\% \approx 99.24\%$$

$$(1630.43 - 1642.86) \text{元} / \text{月} = -12.43 \text{元} / \text{月}$$

表明该企业员工人数报告期比基期减少了 0.76%,从而使总体平均工资减少了 12.43 元。

④ 指数体系分析

相对数分析:161.33% × 99.24% ≈ 160.11%

绝对数分析:(1000 - 12.43)元 / 月 = 987.57 元/月

这说明:由于各类员工的平均工资增长了 61.33%,使总体平均工资每人每月增加了 1000 元,又由于员工人数减少了 0.76%,使总体的平均工资每人每月减少了 12.43 元,受到两者共同影响,该企业全体员工的平均工资增长了 60.11%,从而全部员工的平均工资每人每月增加了 987.57 元。

5.4　几种常用的经济指数

5.4.1　工业生产指数

工业生产指数是反映一个地区和国家各种工业产品产量的综合变动程度的统计指数。

采用加权算术平均法编制,公式为:

$$I = \frac{\sum \frac{q_1}{q_0} \cdot q_0 p_0}{\sum q_0 p_0} \times 100\%$$

5.4.2　居民消费价格指数

居民消费价格指数是反映一定时期内城乡居民所购买的生活消费品价格和服务项目价格变动趋势和变动程度的相对数,是对城市居民消费价格指数和农村居民消费价格指数进行综合汇总计算的结果。利用居民消费价格指数,可以观察和分析消费品的零售价格和服务价格变动对城乡居民实际生活费用支出的影响程度。

居民消费价格指数是采用加权算术平均指数方法来编制。具体编制方法如下:

1. 商品分类

将各种居民消费划分为食品类、衣着类、家庭用品类、医疗品类、交通及通信类、文教娱乐类、居住类和服务项目类等。

2. 代表品选择

各地根据国家规定的《商品目录》结合当地实际情况酌情确定,确定时应选择那些价格变动能反映该商品大类价格变动趋势的商品为代表商品。

3. 价格采集

采集各代表商品不同时期的价格,分别计算它们的价格指数。

4. 权数确定

以各商品基期的销售额作为权数进行加权平均计算居民消费价格指数。

计算公式如下:

$$I = \frac{\sum \frac{p_1}{p_0} \cdot q_0 p_0}{\sum q_0 p_0} \times 100\%$$

5.4.3 货币购买力指数

货币购买力,是指单位货币所能购买商品和服务的数量;货币购买力大小同商品和服务价格的变动成反比;货币购买力指数是用以反映货币购买力变化的指数。其计算公式为:

$$货币购买力指数 = \frac{1}{居民消费价格指数}$$

注:实际收入指数＝货币收入指数×货币购买力指数;

实际工资指数＝货币工资指数×货币购买力指数。

5.4.4 股票价格指数

股票价格指数是用来反映整个市场各种股票价格的总体水平及其变动情况的指数。

编制股票价格指数,通常以某年某月为基础,以这个基期的股票价格作为 100,用以后各时期的股票价格和基期价格作比较,计算出升降的百分比,就是该时期的股票指数。投资者根据指数的升降,可以判断出股票价格的变动趋势。

计算股票指数的步骤如下:

(1) 抽样——在众多股票中抽取少数具有代表性的股票;

(2) 加权——按单价或总值加权平均,或不加权平均;

(3) 计算。

下面介绍一种典型的股票指数——上证指数。

上证指数,全称"上海证券交易所综合股价指数",是反映上海股市总体走势的统计指标。

上证指数是以报告期发行股数为权数的加权综合股价指数,计算公式如下:

$$上证指数 = \frac{报告期采样股的市价总值}{基期采样股的市价总值} \times 100$$

注:市场总值 ＝ $\sum$(市价×发行股数)。

5.5 本章小结

1. 统计指数分为广义的指数和狭义的指数。狭义的指数是指不能直接加总的简单现象所构成的复杂现象动态变化的相对数,如总指数。广义的指数是指表示各种数量对比关系的相对数。统计指数既包括反映一个简单现象的变动程度,如个体指数,也包括由若干个不能直接加总的简单现象所构成的复杂现象的综合变动程度,如总指数。

2. 统计指数按照所反映的现象特征,分为数量指标指数和质量指标指数;按照所包括范围的不同,可分为个体指数和总指数。

3. 综合指数是总指数的基本形式。其编制方法为:

(1) 质量指标综合指数的编制,应把作为同度量因素的数量指标固定在报告期。

$$\overline{K}_p = \frac{\sum q_1 p_1}{\sum q_1 p_0} \times 100\%$$

(2) 数量指标综合指数的编制,应把作为同度量因素的质量指标固定在基期。

$$\overline{K}_q = \frac{\sum q_1 p_0}{\sum q_0 p_0} \times 100\%$$

4. 平均数指数是总指数的另一种形式,是综合指数的变形。其编制方法为:

(1) 质量指标综合指数的编制,采用加权调和平均数指数。以质量指标的个体指数为变量,以报告期的总量指标为权数,进行加权平均。

$$\overline{K}_p = \frac{\sum q_1 p_1}{\sum q_1 p_0} \times 100\% = \frac{\sum q_1 p_1}{\sum \frac{p_0}{p_1} \cdot q_1 p_1} \times 100\% = \frac{\sum q_1 p_1}{\sum \frac{1}{k_p} q_1 p_1} \times 100\%$$

(2) 数量指标综合指数的编制,采用加权算术平均数指数。以数量指标的个体指数为变量,以基期的总量指标为权数,进行加权平均。

$$\overline{K}_q = \frac{\sum q_1 p_0}{\sum q_0 p_0} \times 100\% = \frac{\sum \frac{q_1}{q_0} \cdot q_0 p_0}{\sum q_0 p_0} \times 100\% = \frac{\sum k_q q_0 p_0}{\sum q_0 p_0} \times 100\%$$

5. 因素分析是利用指数体系中各个指数之间的数量关系,将对现象总变动产生影响的各个因素进行分解,分析各因素的变动对现象总体总变动的影响程度和绝对效果。

5.6 练习题

一、单项选择题

1. 能够反映一切社会经济现象的综合变动的相对数是指( )。

    A. 个体指数   B. 广义的指数

    C. 总指数   D. 狭义的指数

2. 编制综合指数时对资料的要求是必须掌握( )。

    A. 总体的全面调查资料   B. 总体的非全面调查资料

    C. 代表产品的资料   D. 同度量因素的资料

3. 指数按其所表明的经济指标性质不同,分为( )。

    A. 个体指数和总指数

    B. 数量指标指数和质量指标指数

    C. 定基指数和环比指数

    D. 平均指数和总指数

4. 设 p 表示商品的价格, q 表示商品的销售量, $\dfrac{\sum p_1 q_1}{\sum p_0 q_1}$ 说明了( )。

    A. 在报告期销售量条件下,价格综合变动的程度

    B. 在基期销售量条件下,价格综合变动的程度

    C. 在报告期价格水平下,销售量综合变动的程度

    D. 在基期价格水平下,销售量综合变动的程度

5. 编制数量指标指数时一般应以( )。

    A. 报告期的质量指标作为同度量因素

    B. 基期的质量指标作为同度量因素

    C. 报告期的数量指标作为同度量因素

    D. 基期的数量指标作为同度量因素

6. 编制单位成本指数时,同度量因素一般应采用( )。

    A. 报告期销售量   B. 基期销售量

    C. 基期销售价格   D. 报告期销售价格

7. 指数按对象范围不同,可分为( )。

    A. 个体指数和总指数

    B. 数量指标指数和质量指标指数

    C. 定基指数和环比指数

    D. 平均指数和综合指数

8. $\sum q_1 p_0 - \sum q_0 p_0$ 表示（　　）。

   A. 由于价格变动引起的产值增减数

   B. 由于价格变动引起的产量增减数

   C. 由于产量变动引起的价格增减数

   D. 由于产量变动引起的产值增减数

9. 某企业销售额增长了 5%，销售价格下降了 3%，则销售量（　　）。

   A. 增长 8%　　　　　　　　　　　B. 增长 1.94%

   C. 增长 8.25%　　　　　　　　　　D. 增长 1.85%

10. 按影响因素的数量不同，指数因素分析法可分为（　　）。

   A. 简单现象因素分析和复杂现象因素分析

   B. 总量指标变动的因素分析、相对指标变动的因素分析、平均指标变动的因素分析

   C. 两因素分析和多因素分析

   D. 综合指数分析和平均指数分析

11. 编制质量指标指数时，一般应以（　　）。

   A. 报告期的质量指标作为同度量因素

   B. 基期的质量指标作为同度量因素

   C. 报告期的数量指标作为同度量因素

   D. 基期的数量指标作为同度量因素

12. 平均指数是计算总指数的另一形式，计算的基础是（　　）。

   A. 数量指数　　　　　　　　　　　B. 质量指数

   C. 综合指数　　　　　　　　　　　D. 个体指数

13. 数量指标综合指数 $\left[\dfrac{\sum q_1 p_0}{\sum q_0 p_0}\right]$ 变形为加权算术平均指数时的权数是（　　）。

   A. $p_1 q_1$　　　　B. $p_0 q_0$　　　　C. $p_1 q_0$　　　　D. $p_0 q_1$

14. 与质量指标综合指数 $\left[\dfrac{\sum p_1 q_1}{\sum p_0 q_1}\right]$ 对应的平均数指数形式是（　　）。

   A. $\dfrac{\sum k_p p_0 q_0}{\sum p_0 q_0}$　　　　　　　　B. $\dfrac{\sum k_q p_0 q_0}{\sum p_0 q_0}$

   C. $\dfrac{\sum p_0 q_0}{\sum \frac{1}{k_q} p_0 q_0}$　　　　　　　　D. $\dfrac{\sum p_1 q_1}{\sum \frac{1}{k_p} p_1 q_1}$

15. 平均指标指数中的平均指标通常是（　　）。

  A. 简单算术平均数   B. 加权算术平均数

  C. 简单调和平均数   D. 加权调和平均数

16. 平均指标指数是由两个（　　）对比所形成的指数。

  A. 个体指数   B. 平均数指数

  C. 总量指标   D. 平均指标

17. 在由三个指数所组成的指数体系中,两个因素指数的同度量因素通常（　　）。

  A. 都固定在基期   B. 都固定在报告期

  C. 一个固定在基期,一个固定在报告期 D. 采用基期和报告期的平均

18. 某地区居民以同样多的人民币,2006 年比 2005 年少购买 5% 的商品,则该地区的物价（　　）。

  A. 上涨 5%   B. 下降 5%

  C. 上涨 5.3%   D. 下降 5.3%

19. 某工业企业 2005 年的现价总产值为 1000 万元,2006 年的现价总产值为 1400 万元,若已知产品价格指数为 106%,则该企业的产品产量增长了（　　）。

  A. 7.9%   B. 32.1%   C. 40%   D. 48.4%

20. 若劳动生产率可变构成指数为 134.5%,职工人数结构影响指数为 96.3%,则劳动生产率固定构成指数为（　　）。

  A. 39.67%   B. 139.67%

  C. 71.60%   D. 129.52%

21. 在我国实际工作中,居民消费价格指数的编制方法是采用（　　）。

  A. 加权综合指数法

  B. 固定权数加权算术指数法

  C. 加权调和平均指数法

  D. 变形权数加权算术指数法

二、多项选择题

1. 下列属于指数范畴的有（　　）。

  A. 动态相对数   B. 比较相对数   C. 计划完成相对数

  D. 离散系数   E. 季节比率

2. 按影响因素的多少不同,指数因素分析法可分为（　　）。

  A. 简单现象因素分析   B. 复杂现象因素分析

  C. 两因素分析   D. 多因素分析

  E. 总量指标变动的因素分析

3. 下列属于质量指标指数的有（　　）。

  A. 工资总额指数 B. 产量指数 C. 单位成本指数

C. 劳动生产率指数   F. 原材料单耗指数

4. 下列属于数量指标指数的有(　　　)。

A. 销售额指数　　　　B. 总成本指数　　　　C. 职工人数指数

C. 价格指数　　　　　E. 利润指数

5. 某企业报告期销售收入为 120 万元,比基期增长 9%,又知 $\sum k_q p_0 q_0$ 为 150 万元,则(　　　)。

A. 销售量增长 36.25%　　　　　　　　B. 销售价格下降 20%

C. 销售量下降 36.25%　　　　　　　　D. 销售价格上涨 20%

E. 因销售量的变动,使得销售收入减少 30 万元

6. 下列命题正确的是(　　　)。

A. 编制数量指标指数时,一般应采用报告期的质量指标作为同度量因素

B. 编制数量指标指数时,一般应采用基期的质量指标作为同度量因素

C. 编制质量指标指数时,一般应采用基期的数量指标作为同度量因素

D. 编制质量指标指数时,一般应采用报告期的数量指标作为同度量因素

E. 编制质量指标指数时,一般应采用基期的质量指标作为同度量因素

7. 编制综合指数时,下列哪些说法是对的:(　　　)。

A. 若同度量因素是数量指标,则一般应固定在报告期

B. 若同度量因素是数量指标,则一般应固定在基期

C. 若同度量因素是质量指标,则一般应固定在基期

D. 若同度量因素是质量指标,则一般应固定在报告期

E. 若同度量因素是平均指标,则一般应固定在基期

8. 某产品的销售价格是去年的 98%,则该指数是(　　　)。

A. 总指数　　　　　B. 个体指数　　　　C. 数量指标指数

D. 质量指标指数　　E. 环比指数

9. 下列哪些指数是按其所表明的经济指标性质划分的:(　　　)。

A. 总指数　　　　　B. 数量指标指数　　　C. 质量指标指数

D. 定基指数　　　　E. 个体指数

10. 以下属于平均指标变动分析指数体系的项目有(　　　)。

A. 个体价格指数　　B. 可变构成指数　　　C. 结构影响指数

D. 固定构成指数　　E. 个体数量指数

三、判断题

(　　　)1. 总指数是反映复杂现象综合变动的相对数。

(　　　)2. 综合指数是计算总指数的基本形式。

(　　　)3. 若某企业的产量指数和单位成本指数都没有变,则该企业的总成本指数也没有发生变化。

（　　）4. 已知销售量指数是 100％,销售额指数是 108％,则价格指数是 8％。

（　　）5. 指数体系包括相对数形式和绝对数形式两种。

（　　）6. 指数体系中,因素指数的同度量因素必须全部固定在基期。

（　　）7. 由于受到资料条件限制,往往采用综合指数形式来计算总指数。

（　　）8. 如果物价上涨 30％,用同样多的人民币现在只能购买 70％的商品。

（　　）9. 加权算术平均数指数是一种平均指标指数。

（　　）10. 某商场 2016 年五种商品的实际销售额为计划销售额的 95％,这个指数为总指数。

四、思考题

1. 什么是统计指数? 其主要作用是什么?

2. 什么是综合指数和平均数指数? 其联系和区别是什么?

3. 编制数量指数和质量指数时有什么不同要求? 为什么?

4. 指数体系和因素分析的作用是什么? 其局限性有哪些?

五、计算题

1. 据调查,某四种产品的价格指数分别为 110％、95％、100％、101％,各类产品的固定权数分别为 10、30、40、20,试求这四类产品的价格总指数。

2. 某企业 2016 年的职工平均工资水平提高了 10％,职工人数增加了 2％,试求该企业工资总额增加了多少?

3. 某企业 2016 年产品产量比上一年增长了 12％,总成本增长了 13％,该企业单位成本增长了多少?

4. 某超市"五一"促销活动中,促销前后资料统计如表 5-9 所示。要求:

(1) 该超市平板电视的促销力度有多大(降价了多少)? 对营业额有怎样的影响?

(2) 该超市平板电视销售量增长多少? 对营业额有怎样的影响?

表 5-9　某超市"五一"促销前后资料

平板电视尺寸	未促销		促销	
	价格/(元/台)	销售量/台	价格/(元/台)	销售量/台
32 寸	4600	2	4400	6
37 寸	6400	5	6100	6
42 寸	8000	6	7500	16
46 寸	9000	4	8200	7
50 寸	11000	1	9500	1

5. 某超市促销,搜集了部分促销资料如表 5-10 所示(假设同类同规格商品无差别,保留 1 位小数)。要求:

(1) 计算销售量指数和对销售额的绝对影响;

（2）计算价格指数和对销售额的绝对影响；

（3）对销售额进行因素分析。

表 5-10　某超市促销资料

商　品	未促销		促销	
	平均单价/元	日均销售量	平均单价/元	日均销售量
5W 节能灯/只	18	20	14	30
12 寸扳手/把	12	7	10	8
家用梯/个	220	3	120	4
电手钻/台	300	1	290	1

6. 已知三种商品的销售额及价格指数资料如表 5-11 所示。

表 5-11　三种商品的销售额及价格指数资料

商品种类	基期销售额/万元	报告期销售额/万元	个体物价指数/%
写字台/张	126	146	115
椅子/把	68	94	120
书柜/个	87	106	110
合计	279	346	—

要求：从相对数和绝对数两方面分析计算三种商品销售额的变动，并说明销售额变动的主要原因是什么。

7. 某企业三种产品成本资料如表 5-12 所示。

表 5-12　某企业三种产品成本资料

产品	总成本/万元		单位产品成本变化/%
	基期	报告期	
A	100	150	10
B	200	210	5
C	300	200	−20
合计	600	560	—

要求：（1）用平均数指数计算单位成本指数。

（2）分析总成本受产量和单位产品成本的影响。

第6章 抽样分布与参数估计

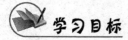

1. 理解与抽样有关的基本概念以及不同的抽样方法；
2. 理解样本统计量与总体参数的关系；
3. 熟悉样本均值与样本成数的抽样平均误差计算公式；
4. 理解点估计和区间估计；
5. 掌握总体均值及总体成数的区间估计方法。

基本概念

总体参数　样本统计量　重复抽样　非重复抽样　抽样平均误差　点估计　区间估计　样本容量

案例导入

在日常生活中，做菜时想要知道咸淡如何、烧得烂不烂，只需取一勺尝尝就知道了，并不需要把整锅菜都吃完。这实际上就是抽样，用部分来代表总体。不过有一个前提，在品尝之前要将菜搅拌均匀。否则如果盐没有完全融化，这一勺菜就没有代表性了；而且品尝时，还要将锅里的肉、菜叶等都挑些尝尝，这样一小勺菜就可以代表一大锅菜了。

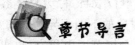

你不必吃完整头牛，才知道肉是老的。——谚语

统计学的基本思想是通过部分来推断总体。因此，它包括以下两个方面的内容：一是如何收集数据（如试验的设计、抽样方法的研究等）；二是如何对已获得的数据资料进行整理、分析，做出科学的推断（如参数估计、假设检验、方差分析、回归分析等）。

实际上，很多时候并不知道总体的全部单位，只能依据有限的总体单位数据和信息来推断总体特征，并由此作出决策。尽管样本中的信息并不完全，来自样本的结果一般不等于总体的真实值,但还是经常采用样本数据。之所以用样本代替总体进行研究,原因在于通常情况下对总体进行全面调查不可行,或者对总体进行调查过于费时,费用过高,又或者对于总体的检验具有破坏性。

本章首先介绍抽样调查的一些基本概念,而后着重讨论样本均值和样本成数的抽样分布,最后介绍总体均值和总体成数的区间估计方法。在抽样调查的实际应用中,究竟要检查多少件产品才能够确信一批产品的质量达到了某个水平呢?一个公司到底需要了解多少位顾客的意见才能准确了解顾客的满意度呢?这就是本章最后涉及的必要样本量的确定。

6.1 抽样调查概述

教育趋势看留学,留学成效看海归。为了更好地研究我国留学归国人员方面的问题,新东方海威时代联合中国与全球化智库(CCG)开展调研,发布了《2016 年中国海归就业调查报告》。这项调研从 2016 年 4 月开始,主要面向已完成海外学习、回国发展的海归人员,历时一个月,共收到 1020 份问卷。受访者男女比例约 3∶7,其中超过九成人员的年龄在 35 周岁以下,且取得的最高学历为海外硕士的研究生。问卷涉及的问题主要包括从事行业分布、薪酬情况、回国原因以及职业规划等,以求全方位地获得原始数据,从而能更有针对性地、更好地为其在国内的职业发展提出建议、指明方向。此时,显然对满足条件的所有中国海归逐个调查不现实也没有必要。这就是所谓的抽样调查问题。它涉及以下几个概念:

6.1.1 抽样调查的相关概念

(1) 总体、总体单位与样本

统计学中,研究对象的全体称为总体(population),组成总体的每一个元素称为总体单位(population unit)。总体是所要认识的研究对象的全体,是具有某种共同性质或特征的许多总体单位的集合体。总体所包含的总体单位数目,称为总体容量(population size),通常用 N 来表示。总体容量随着研究对象的不同而异。例如,国内生产总值(GDP)可以在一个地区范围内研究,也可以在全国范围内研究,也可以在世界范围内研究。在第一种情况下总体由一个地区的生产总值构成,在第二种情况下总体是由国家所有地区的生产总值构成,在第三种情况下总体由世界上所有国家的生产总值构成。

总体按其总体单位呈现的标志性质不同分为属性总体(attribute population)和变量总体(variable population)两类。

用品质标志描述属性的总体称为属性总体。例如:反应性能好坏的产品总体,只能通过"好"和"坏"等文字作为品质标志来描述该总体性能好坏的属性特征。

用变量标志描述数量的总体称为变量总体。例如：反应职工月薪水平的总体，每个职工的月薪就是数量标志，该总体为变量总体。

当一个总体是由有限个总体单位构成时，这个总体就称为有限总体（finite population）；当它是由无限个总体单位构成时，称为无限总体（infinite population）。

抽样总体简称样本（sample），是总体的一部分。它是从总体中随机抽取出来、代表总体的那部分总体单位的集合体。样本里所含的总体单位数目称为样本容量（sample size），通常用 n 表示。例如，把某灯泡厂生产灯泡的全体视为一个总体，则每一个灯泡就是总体单位，从中任意抽 10 个，就构成容量 $n=10$ 的样本。

一般来说，样本容量大于或者等于 30，称为大样本；小于 30，称为小样本。

在实际问题中，常关心的是研究对象的某一个数量指标，如灯泡的使用寿命 x，是一个随机变量。可以把这个指标 x 的所有可能取值的全体看成总体，其中每一总体单位就是一个实数值，且若设分布函数为 $F(x)$，则称这一总体为具有分布函数 $F(x)$ 的总体。

由此，为了研究某厂所产灯泡的使用寿命 X，则该厂生产的灯泡寿命的全体就是一个总体，其中每一个灯泡的寿命就是一总体单位，从中随机抽取 n 个灯泡的寿命 $X_1,X_2,\cdots,X_n$ 就是一个容量为 n 的样本。在一次抽样后，观察到 $(X_1,X_2,\cdots,X_n)$ 的一组确定的值 $(x_1,x_2,\cdots,x_n)$ 称为一组容量为 n 的样本观察值。

2. 抽样调查

抽样调查就是从所研究对象的全体（总体）中抽取一部分（样本）进行调查，并用获取的样本资料（数据）对总体的情况做出推断。

抽样调查一般分为**概率抽样**（probability sampling）和**非概率抽样**（non-probability sampling）两大类。

概率抽样也称随机抽样，就是在抽取样本时排除人为的或主观的因素，使每个总体单位都有一定机会被抽中。概率抽样按照给定的概率来抽取样本，其最大的优点就是可以计算和控制抽样误差。根据被抽到的总体单位是否被放回到总体去，概率抽样可分为重复抽样与非重复抽样。另外，概率抽样也可分为等概率抽样与不等概率抽样。

常用的概率抽样方法有简单随机抽样、等距抽样、分层抽样、整群抽样等。

非概率抽样没有严格的定义，样本的抽取或是根据主观判断有目的、有意识地进行，或是根据方便、自愿来进行，不包括任何随机抽取的因素，不能从概率意义上计算抽样误差，更不能控制抽样误差，不能保证推断的精度。在抽样时，由于时间等因素的限制无法进行严格的概率抽样或是由于样本本身难以严格按一定概率进行抽样时，就只能使用非概率抽样。例如，对某高校工商管理系 2016 级的学生进行体重调查时，对肥胖人群没有一个明确的界定，此时研究者可能自己设定一体重标准作为衡量肥胖人群的标准,例如将 $\dfrac{体重}{身高^2}>40$ 作为界定肥胖人群的标志。此时的抽样已不再是概率抽样。

常见的非概率抽样有典型调查、重点调查、定额抽样、随意抽样等。

既然目的是通过抽取的样本来推断总体,自然希望抽取的样本尽可能多地提供关于总体的信息,反映总体的特性,从而需要对抽样方法提出一些要求。具体而言,抽取的样本必须满足**独立性**和**代表性**。所谓独立性,是指 $X_1,X_2,\cdots,X_n$ 相互独立,即各次抽取应互不影响,这只需对有限总体采用放回抽取即可;所谓代表性,是指 $X_1,X_2,\cdots,X_n$ 中的每一个随机变量 X_i(总体单位)都与总体 X 有相同的概率分布,即样本中的每一总体单位 X_i 都能反映总体 X 的特性。这只需采用随机的方式抽取即可。为此,引进如下定义。

定义 6.1 如果随机变量 $X_1,X_2,\cdots,X_n$ 满足:

(1) $X_1,X_2,\cdots,X_n$ 相互独立;

(2) 每个 X_i 与 X 具有相同的概率分布,

则称 $X_1,X_2,\cdots,X_n$ 为来自总体 X 的**简单随机样本**(simple random sample),简称**样本**。

统计学中习惯上将概率抽样称为抽样调查。因此,**抽样调查**是按照随机原则,从总体中抽取一部分单位进行调查,并依据所获得的数据对总体的某一数量特征做出具有一定可靠程度估计或推断的一种方法。

抽样或抽样调查在现代信息社会的运用越来越广泛,计算机和通信网络也为抽样调查节省了大量经济成本和时间成本。

6.1.2 抽样调查的特点

一般调查可以分为全面调查和非全面调查,而抽样调查就是一种重要的非全面调查。与全面调查相比,抽样调查既能节省大量的人力、物力和财力,又能节约大量的时间,可谓既经济又快速。抽样调查的应用范围较广,在某些场合下,例如当总体太大或调查方法具有破坏性时,全面调查不可能进行,而抽样调查仍然可以实施。此外,抽样调查的结果在某些条件下可以比全面调查的结果更准确。许多人可能认为抽样调查用部分来推断总体,肯定会有抽样误差,结论不如全面调查得到的结论可靠。事实上,调查的误差除了抽样误差外,还有非抽样误差。全面调查涉及面广,由于参加调查的人员众多、水平参差不齐等,发生非抽样误差的可能性就大;而抽样误差则相反,由于调查工作量小,可以对人员进行严格的挑选和培训,或有条件采用更为先进可靠的调查测试手段,也可以对调查工作进行更认真仔细的监督,因而发生非抽样误差的可能性就可以很小。另外,一项经科学设计并且严格实施的抽样调查完全能够控制抽样误差。因此,抽样调查的总误差可以比全面调查的误差更小,从而得到更为准确的结果。

总结起来,抽样调查具有如下特点:

(1) 遵循随机原则;

(2) 用部分推断总体;

(3) 会产生抽样误差,但误差可以计算和控制。

6.1.3　抽样调查的使用范围

近几十年来,抽样调查的理论和实践有了迅速发展,抽样调查的应用越来越广泛。常常用于以下方面:

(1) 有些事物在测量或试验时具有破坏性;

(2) 有些事物从理论上讲可以进行全面调查,但实际上不可行;

(3) 抽样调查能节省人力、费用和时间,而且比较灵活;

(4) 有些情况下,抽样调查的结果比全面调查要准确;

(5) 可以用抽样调查的资料修正和补充全面调查资料;

(6) 抽样调查方法可以用于工业生产过程中的质量控制。

6.1.4　抽样调查的原则

抽样就是从总体中抽取能代表总体的一部分,即样本,然后根据样本数据中所包含的信息按一定的逻辑推理对总体进行推断,样本数据是判断的基础。而样本数据的准确、充分、有效又依赖于抽样的科学方法。抽样方法,不仅关系到抽样组织工作的好坏优劣,甚至决定了对总体进行推断的成效,影响全局。因此,如何科学地设计抽样,保证随机原则的实现,并且取得最佳的抽样效果,便是一个至关重要的问题。

设计抽样时,应注意以下几个问题:

1. 要保证随机原则的实现

随机原则抽样是推断的前提,失去这个前提,推断的理论和方法也就失去了存在的意义。从理论上说,随机原则就是要保证总体中的每一总体单位都有同等的中选机会,或样本的抽选的概率是已知的。但在实践上,如何保证这个原则的实现,需要考虑许多问题。**一是要有合适的抽样框**(sampling frame)。抽样框又称"抽样框架""抽样结构",是指对可以选择作为样本的总体单位列出名册或排序编号,以确定总体的抽样范围和结构。例如,要从 300 名学生中抽出 30 名组成一个样本,这 300 名学生的名册,就是抽样框。抽样框固然要具备可实施的条件,可以从中抽取样本单位。但仅仅这样是很不够的,一个合适的抽样框必须考虑它是不是能覆盖总体的所有总体单位。例如,某城市进行民意调查,如果以该市的电话号码簿名单为抽样框显然是不合适的,因为并不是所有居民都安装电话,从这里取得的样本资料很难说具有全市的代表性。抽样框还要考虑抽样中总体单位与总体中总体单位的对应问题。在实践中发生不一致的问题不少见。有的是多个抽样中的总体单位对应一个总体中的总体单位,例如,调查学校学生家庭情况,以学生名单为抽样框,在学生名单中可能有两个或更多的学生属于同一家庭。也有的是一个抽样中的总体单位对应几个总体中的总体单位,例如,人口调查中以住户列表为抽样框,每一住户就包括许多人口。像这类抽样很可能造成总体中的总体单位中选机会不均等,应该注意加以调整。**二是取样的实施问题**。当总体中的总体单位数很大甚至无限的情况下,要保证总体中每一总体单位中选的机会均等绝非是简单的工作。在设计中要考虑将总体中各总体单位加以分类、排队或分阶段的措施,尽量保证随机原则的实现。

2. 要考虑样本容量和结构问题

样本的容量究竟要多大才算是适应的?例如,在民意测验中,要调查多少人才能反映全国几亿人口的意见呢?调查总体单位多了会增加组织抽样的负担,甚至造成不必要的浪费;但调查总体单位太少又不能够有效地反映情况,直接影响着推断的效果。样本的容量取决于对抽样推断准确性、可靠性的要求,而后者又因所研究问题的性质和抽样结果的用途而不同,很难给出一个绝对的标准。但在抽样设计时应该重视研究现象的差异、误差的要求和样本容量之间的关系,作出适当的选择。**对相同的样本容量,还有容量的结构问题**,例如,一个县要求抽取 500 亩播种面积,它可以是先抽 5 个村,然后每村抽 100 亩,也可以是先抽 10 个村,然后每村抽 50 亩等,样本容量的结构不同,所产生的效果也不同。抽样设计应该善于评价和有效利用由于调整样本结构而产生的效果。

3. 要注意关于抽样的方法问题

不同的抽样方法,会有不同的抽样误差,因而就有不同的效果。一种科学的抽样方法往往有可能以更少的样本总体单位数,取得更好的抽样效果。在抽样设计时必须充分利用已经掌握的辅助信息,对总体中的总体单位加以预处理,并采取合适的方法取样。例如,粮食生产按地理条件分类,并分类取样。或按历史单产资料、当年估产资料,将各总体单位顺序排队,并等距取样等,都能收到更好的抽样效果。还应该指出,即使是同一种抽样方法,由于采用的分类标志不同,群体的划分不同等原因,仍然会产生不同的效果。因此应该认真细致地估计不同抽样方法的抽样误差,并进行对比分析,从中选择有效和切实可行的抽样方案。

在抽样设计中还必须重视调查费用这个基本因素。实际上,任何一项抽样调查都是在一定费用的限制条件下进行的,抽样设计应该力求调查费用节省的方案。调查费用可以分为可变费用和不变费用。可变费用随着调查总体单位的多少、远近、难易而变化,如数据搜集费、数据处理和制表费等。不变费用是指不随工作量大小而变化的固定费用,如工作机关管理费、出版费等。节约调查费用往往集中于可变费用的开支上。在设计方案中还要注意到,提高精确度的要求和节省费用的要求并非一致,有时是相互矛盾的。抽样误差要求越小,则调查费用往往需要越大,因此并非抽样误差越小的方案便是越好的方案,许多情况是允许一定范围的误差就能够满足分析研究的要求,即在一定误差的要求下选择费用最少的方案;或在一定费用开支的条件下,选择误差最小的方案。

6.2　抽样方法

推断统计对样本的依赖程度较大,如何进行科学合理的抽样是推断统计要解决的首要问题。抽样方案的设计必须遵循两项基本原则:随机原则和效果原则。常见的抽样方法(概率抽样)有:简单随机抽样、等距抽样、分层抽样、整群抽样。

6.2.1　简单随机抽样

简单随机抽样(simple random sampling)又称纯随机抽样,即在对总体未作任何处理的情况下,按随机原则直接从总体的 N 个总体单位中抽取 n 个总体单位作为样本,保证总体中的每一总体单位在抽选时都有相等的被抽中机会。

采用简单随机抽样,在进行抽样调查前应该先确定总体范围,并对总体的每一总体单位进行编号,然后用抽签的方式或根据"随机数字表"来抽选必要的总体单位数。

简单随机抽样简单易行,误差分析也容易,适用于各个总体单位之间差异较小的总体,通常需要较大的样本容量。

6.2.2　等距抽样

等距抽样(systematic sampling)又称机械抽样或系统抽样。它是在抽样之前将总体的所有总体单位按照一定的标志顺序排列,根据总体容量和样本容量计算出抽选间隔或抽选距离,然后按照这一间隔或距离抽选样本总体单位。

等距抽样分成按有关标志排队的等距抽样和按无关标志排队的等距抽样,它适合于总体容量较大的情形。

6.2.3　分层抽样

分层抽样(stratified sampling)又称分类抽样,是指在随机抽样时,将总体分成互不交叉的层,然后按照一定的比例,从各层中独立抽取一定数量的总体单位,从而得到所需的样本。应用分层抽样时,要求各层差异要大,层内差异要小。

6.2.4　整群抽样

整群抽样(group sampling)又称聚类抽样。随机抽样时,将总体的所有总体单位按一定的标志或要求分成若干群,使得每个群里均含有多个总体单位,然后以群为单位,从中随机抽取一部分群,对被抽中的群进行全面调查。整群抽样也常按地理区域划分群,这时又称区域抽样。

进行整群抽样时,可以按随机抽样方式进行抽选,也可以按等距抽样方式抽选。整群抽样的可靠程度取决于采取的抽样方法及抽选的总体单位数。

应用整群抽样时,要求各群有较好的代表性,即群内总体单位间的差异要大,群间差异要小。

抽样方法举例:

某高校工商管理系工商管理专业 2016 级有 10 个班,共 300 人,每个班有 30 人。如果想从这 300 名学生中抽取 30 人做身体质量指数 BMI(body mass index)测试,可以分别设计 4 种不同的抽样方法进行抽样检验。

1. 简单随机抽样

将 10 个班的所有学生全部混合放在一起,并将所有学生从 1~300 逐一编号,然后利用随机数生成器从中抽取编号毫无规律的 30 个学生组成样本。

2. 等距抽样

将 10 个班的所有学生全部混合放在一起,并将所有学生从 1~300 逐一编号,然后对 0,1,2,3,4,5,6,7,8,9 十个数随机抽取一个数,最后抽取编号个位数与先前获得的随机数相同的学生组成样本。

3. 分层抽样

在 10 个班中,每个班随机抽取 3 个学生,共 30 个学生组成样本。

4. 整群抽样

先从 10 个班中随机抽取 1 个班,然后对这 1 个班的学生进行全数检验,即把这一个班作为"整群",由它们组成 30 个学生样本。

抽样设计的方法有哪些?

6.3 抽样的一般步骤

(1)界定总体

在抽样前,首先对从总体中抽取样本的总体范围与界限作明确的界定。

(2)制定抽样框

依据已经明确界定的总体范围,收集总体中全部总体单位的名称,并通过对名称进行统一编号来建立起供抽样使用的抽样框。

（3）决定抽样方案

确定使用哪种抽样方法实施抽样。

（4）实际抽取样本

严格按照选定的抽样方案，从抽样框中选取一个个抽样的总体单位构成样本。

（5）评估样本质量

对样本的质量、代表性、偏差等进行初步的检验和衡量，其目的是防止由于样本的偏差过大导致推断的先天性失误。

由于简单随机抽样方法完全遵循随机原则，是其他抽样方法的基础。因此，本书对于抽样误差的计算、区间估计等内容的探讨采用的是简单随机抽样方法，除非另加说明。

6.4 抽样估计

6.4.1 总体特征

总体特征也称总体指标（general index），是根据总体中各总体单位的标志值或标志特征计算的、反映总体某种特征的综合指标。

总体是确定且唯一的，因此，总体指标也是确定且唯一的。

对于变量总体，各总体单位的标志可以用数量表示，常用的总体指标有：总体均值（$\overline{X}$）、总体方差（σ^2）、总体标准差（σ）。

设总体变量 X 里 N 个总体单位标志的取值分别为 $X_1, X_2, \cdots, X_N$，则总体均值

$$\overline{X} = \frac{\sum\limits_{i=1}^{N} X_i}{N}, \text{总体方差 } \sigma^2 = \frac{\sum\limits_{i=1}^{N}(X_i - \overline{X})^2}{N}, \text{总体标准差 } \sigma = \sqrt{\frac{\sum\limits_{i=1}^{N}(X_i - \overline{X})^2}{N}}\,。$$

对于属性总体，由于各总体单位的标志不能用数量表示，常用的总体指标有：总体成数（P）、总体方差（σ^2）、总体标准差（σ）。

设总体里 N 个总体单位中有 N_1 个具有某种属性，N_0 个不具有某种属性。总体中具有某种属性标志的个数在总体个数 N 中所占比重为 P，不具有某种属性标志的个数在总体个数 N 中所占比重为 Q。很明显，$N_1 + N_0 = N$，$P = \dfrac{N_1}{N}$，$Q = \dfrac{N_0}{N} = 1 - P$，$P + Q = 1$，则

$$\sigma^2 = P(1-P), \quad \sigma = \sqrt{P(1-P)}$$

由于总体是大量的，所以它往往是未知的，那么总体的特征值（均值或成数、标准差）也是不知道的，将总体未知的特征值称为**参数**。

6.4.2 样本特征

样本特征也称**样本指标**（sample index），是由样本中各总体单位的标志值或标志特征计算的综合指标。

对于变量总体，常用的样本指标有：样本均值（$\bar{x}$）、样本方差（s^2）、样本标准差（s）。

一般地，同一个总体中，可以抽取多个样本，即样本不是唯一的，全部样本的可能数目与每个样本的容量以及抽样方法有关。因此，样本指标也不是确定的、唯一的，是样本变量的函数，是随机变量。

设样本变量 x 里 n 个总体单位标志的取值分别为 $x_1, x_2, \cdots, x_n$，则样本均值

$$\bar{x} = \frac{\sum_{i=1}^{n} x_i}{n}, \quad \text{样本方差 } s^2 = \frac{\sum_{i=1}^{n}(x_i - \bar{x})^2}{n-1}, \text{样本标准差 } s = \sqrt{\frac{\sum_{i=1}^{n}(x_i - \bar{x})^2}{n-1}}。$$

对于属性总体，常用的样本指标有：样本成数（p）、样本方差（s^2）、样本标准差（s）。

设样本里 n 个总体单位中有 n_1 个具有某种属性，n_0 个不具有某种属性。样本中具有某种属性标志的个数在样本容量 n 中所占比重为 p，不具有某种属性标志的个数在样本容量 n 中所占比重为 q。很明显，$n_1 + n_0 = n$，$p = \frac{n_1}{n}$，$q = \frac{n_0}{n} = 1 - p$，则

$$s^2 = p(1-p), \quad s = \sqrt{p(1-p)}$$

虽然样本是随机的，但某次具体的抽样得到的样本是唯一的，也即样本是已知的，样本的特征值（均值或成数、标准差）是可以计算的，把样本的特征值称为统计量。统计量也是随机变量。抽样的目的就是通过观察样本的特征来推断总体的特征，用样本统计量来推断和估计总体的参数。

总体参数与样本统计量的区别是什么？

6.4.3 重复抽样与非重复抽样

简单随机抽样根据具体的抽样方法和过程，又分为重复抽样和非重复抽样。

所谓重复抽样（sampling with replacement），就是从总体中抽取一总体单位后，将此总体单位重新放回总体再进行下次的抽取，直至抽到规定的总体单位数量为止。这样的抽样方法可能会使某些总体单位被多次重复抽到，因此称为重复抽样。

所谓非重复抽样（sampling without replacement），就是已被抽到的总体单位不放回总体，之后的每一次抽取都是在总体中剩余的总体单位中进行，直至抽到规定的总体单位数量为止。这样的抽样方法保证了每一总体单位不可能被再次抽到，因此

称为非重复抽样。

重复抽样与非重复抽样除了抽样方式的不同,在后面的章节里还将发现:**重复抽样与非重复抽样所导致的样本均值、样本成数的方差完全不同,亦即样本统计量不同。**

前面提到,样本数目与样本容量有关,也与抽样方法有关。样本容量既定,样本数目取决于抽样的方法。

按照样本的要求不同,抽样又可分为考虑顺序抽样和不考虑顺序抽样。

以上结合为四种抽样方法:考虑顺序的非重复抽样、考虑顺序的重复抽样、不考虑顺序的非重复抽样和不考虑顺序的重复抽样。在总体容量为 N,样本容量为 n 的情况下,不同的抽样方法带来不同的样本数目。

(1)考虑顺序的非重复抽样

$$A_N^n = N(N-1)\cdots(N-n+1) = \frac{N!}{(N-n)!}$$

(2)考虑顺序的重复抽样

$$B_N^n = N^n$$

(3)不考虑顺序的非重复抽样

$$C_N^n = \frac{N(N-1)\cdots(N-n+1)}{n!} = \frac{N!}{n!(N-n)!}$$

(4)不考虑顺序的重复抽样

$$D_N^n = C_{N+n-1}^n$$

由此可见,样本的可能数目很多,要将所有的可能样本抽取完是不可能的,某次具体的抽样调查只会得到一个样本。

一个样本可以推断总体吗?答案是肯定的,因为样本包含了总体的部分信息。但是用任何一个样本的特征(比如均值)来估计总体的特征(比如均值),都会有误差,甚至得出完全错误的结论,因为样本有可能不具有代表性。

那么,用一个样本推断总体的理论依据是什么?样本均值替代总体均值的误差又该如何计算?这些问题将在后文展开讨论。

重复抽样和非重复抽样的区别在何处?

6.4.4 抽样调查的理论依据

1. 大数定律

(1)独立同分布大数定律(切比雪夫大数定律)

设 $x_1, x_2, \cdots$ 是一列两两相互独立的随机变量,服从同一分布,且存在有限的数

学期望和方差,则对任意小的正数 ε,有:

$$\lim_{n \to \infty} P(|\bar{x} - \overline{X}| < \varepsilon) = 1$$

该定律表明:随着样本容量 n 的增加,样本均值 $\bar{x}$ 将接近于总体均值 $\overline{X}$。这为统计推断中依据样本均值估计总体均值提供了理论依据。

（2）伯努利大数定律

设样本成数为 p,总体成数为 P,则对任意小的正数 ε,有:

$$\lim_{n \to \infty} P(|p - P| < \varepsilon) = 1$$

该定律表明:当样本容量 n 足够大(通常 $n > 30$)时,事件出现的频率将几乎接近于其发生的概率,即频率的稳定性。在抽样调查中,用样本成数去估计总体成数,其理论依据即在于此。

2. 中心极限定律

设 n 个随机变量 $x_1, x_2, \cdots, x_n$ 相互独立,且有相同的数学期望和方差,即 $E(x_i) = \mu$,$D(x_i) = \sigma^2$,$i = 1, 2, \cdots, n$,则:

$$\sum_{i=1}^{n} x_i \sim N(\mu, \sigma^2)$$

该定律表明:当样本容量 n 足够大(通常 $n > 30$)时,不论原来的总体是否服从正态分布,样本均值的抽样分布都将趋于正态分布,即:

$$\bar{x} = \frac{\sum_{i=1}^{n} x_i}{n} \sim N\left(\mu, \frac{\sigma^2}{n}\right)$$

这为**重复抽样下样本均值的标准差** $\sigma_{\bar{x}} = \frac{\sigma}{\sqrt{n}}$ 提供了理论依据。

类似地,当样本容量 n 很大且总体成数 P 与 $0,1$ 相差较大时,样本成数 p 的抽样分布近似于一正态分布,即:

$$p \sim N\left(P, \frac{P(1-P)}{n}\right)$$

这为**重复抽样下样本成数的标准差** $\sigma_p = \sqrt{\frac{P(1-P)}{n}}$ 提供了理论依据。

值得一提的是,当 $np \geqslant 10$,$n(1-p) \geqslant 10$ 时,p 的抽样分布近似于正态分布的程度更高。

什么是大数定律？什么是中心极限定律？它们有何作用？

6.5 样本均值、样本成数的抽样平均误差

6.5.1 抽样误差的概念

如图 6-1 所示,假如事先知道重庆某地 7 岁男童的平均身高为 119.41cm。为了估计 7 岁男童的平均身高(总体均值),研究者从所有符合要求的 7 岁男童中每次抽取 100 人,共计抽取了 5 次。

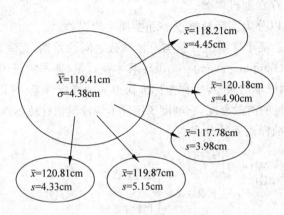

图 6-1   重庆某地 7 岁男童的平均身高

5 次抽样得到了不同的结果,原因何在? 这是因为不同男童的身高不同(总体单位变异),且每次抽到的人几乎不同(随机抽样)。

所谓**抽样误差**(sampling error),是指在抽样调查中产生的样本特征值与总体真实特征值之间的差距。

抽样误差通常来源于登记性误差和代表性误差。

1. 登记性误差

登记性误差又称调查误差或工作误差,是指在调查、编辑、编码、汇总过程中由于观察、测量、登记、计算上的差错或被调查者提供虚假资料而引起的误差。

这种误差的直接表现就是没有客观真实地搜集或记录被调查单位的标志值或标志特征,从而使所计算的统计量偏离其真实值。它存在于所有的统计调查中,而且调查的范围越大、调查的单位越多,产生误差的可能性越大。

登记性误差与测量工具的精度、测量技术、调查人员的责任心、被调查者的合作态度等密切相关。

2. 代表性误差

代表性误差是指由于样本的分布结构与总体分布不一致所产生的误差。这部分

误差来源于抽样过程以及推断总体过程中,一般不可避免。

代表性误差又分为两种:

系统性误差:由非随机因素(违背随机原则)造成样本代表性不足而产生的误差。表现为样本统计量值系统性偏高或偏低。这种误差也属于工作态度、水平、技术等的问题。应尽量避免。

偶然性误差(随机误差):遵循了随机原则,但可能抽到各种不同的样本而引起样本结构不能完全代表总体结构而产生的误差。随机误差不可避免,但可以估计和控制。全面调查不存在随机误差。

随机误差又可以分为实际抽样误差和抽样平均误差。

实际抽样误差:某个样本统计量与总体参数之间的差别,无法计算。

抽样平均误差(sampling average error):样本统计量(样本特征)的抽样分布的标准差,称为统计量的抽样平均误差,也称为标准误差或抽样标准差,可以计算。抽样平均误差衡量的是统计量的离散程度,它测度了用样本统计量估计总体参数的精确程度。

图 6-2 展示了抽样误差的分类。

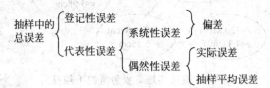

图 6-2 抽样误差的分类

每一总体参数都有抽样误差,本章主要以总体均值($\overline{X}$)、总体成数(P)为研究对象。

什么是抽样误差?什么是抽样平均误差。

6.5.2 样本均值、样本成数的抽样平均误差计算

样本均值、样本成数的抽样平均误差是指样本均值的标准差 $\sigma_{\bar{x}}$、样本成数的标准差 σ_p。计算公式如下:

$$变量总体 \ \sigma_{\bar{x}} = \sqrt{\frac{\sum(\bar{x}_i - \overline{X})^2}{m}}, \quad i = 1, 2, \cdots, m$$

$$属性总体 \ \sigma_p = \sqrt{\frac{\sum(p_i - P)^2}{m}}, \quad i = 1, 2, \cdots, m$$

其中,m 为某种抽样方法下的所有可能的样本数目。

实际上,总体均值 $\overline{X}$、总体成数 P 是未知的,而且实践中只会抽取一个样本。所以以上公式在实践中不采用。下面将给出重复抽样和非重复抽样这两种情况下样本均值、样本成数的抽样平均误差的实际使用公式(推导过程省略)。

(1) 重复抽样下变量总体的样本均值抽样平均误差: $\sigma_{\overline{x}} = \dfrac{\sigma}{\sqrt{n}}$。

结果表明:样本均值抽样平均误差 $\sigma_{\overline{x}}$ 仅为总体标准差 σ 的 $\dfrac{1}{\sqrt{n}}$。

(2) 非重复抽样下变量总体的样本均值抽样平均误差:

$$\sigma_{\overline{x}} = \sqrt{\frac{\sigma^2}{n}\left(\frac{N-n}{N-1}\right)}$$

$$\approx \sqrt{\frac{\sigma^2}{n}\left(1-\frac{n}{N}\right)} \quad (\text{当 } N \text{ 很大时})$$

$$\approx \sqrt{\frac{\sigma^2}{n}} \quad \left(\text{当抽样比 } \frac{n}{N} \text{ 很小}, <5\%\right)$$

很明显,非重复抽样下的样本均值抽样平均误差小于重复抽样下的样本均值抽样平均误差;当抽样比 $\dfrac{n}{N}$ 很小时,非重复抽样下的样本均值抽样平均误差约等于重复抽样下的样本均值抽样平均误差。

类似地,我们有以下两点:

(3) 重复抽样下属性总体的样本成数抽样平均误差: $\sigma_p = \sqrt{\dfrac{P(1-P)}{n}}$;

(4) 非重复抽样下属性总体的样本成数抽样平均误差:

$$\sigma_p \approx \sqrt{\frac{P(1-P)}{n}\left(1-\frac{n}{N}\right)}。$$

例 6-1 某高校 2016 级工商管理专业的学生 A,B,C,D,E 五人的兼职日薪为 34 元、38 元、42 元、46 元、50 元,则 5 名学生的总体日薪均值为:

$$\overline{X} = \frac{\sum\limits_{i=1}^{N} X_i}{N} = \frac{34+38+42+46+50}{5} = 42 \text{(元)}$$

总体日薪方差为:

$$\sigma^2 = \frac{\sum\limits_{i=1}^{N}(X_i-\overline{X})^2}{N}$$

$$= \frac{(34-42)^2+(38-42)^2+(42-42)^2+(46-42)^2+(50-42)^2}{5}$$

$$\approx 32(\text{元})$$

现用重复抽样的方法从 5 人中随机抽 2 人构成样本,并用样本平均日薪来推断总体平均日薪。由于是重复抽样,所以第 1 个总体单位是从总的 5 种日薪中取一种,第 2 个总体单位也是从同一总体的 5 种中取一种,共有 25 个样本,各样本的日薪均值列表如表 6-1 所示。

表 6-1　样本日薪均值　　　　　　　　　　　　　　单位:元

样本变量	34	38	42	46	50
34	34	36	38	40	42
38	36	38	40	42	44
42	38	40	42	44	46
46	40	42	44	46	48
50	42	44	46	48	50

从表 6-1 容易看出样本的均值及其出现次数,整理列出样本均值数据的分布表(表 6-2)以及分布图(图 6-3)如下。

表 6-2　样本日薪均值分布表

样本日薪均值/元	频数	频率 $p(\bar{x})$
34	1	1/25
36	2	2/25
38	3	3/25
40	4	4/25
42	5	5/25
44	4	4/25
46	3	3/25
48	2	2/25
50	1	1/25
合计	25	1

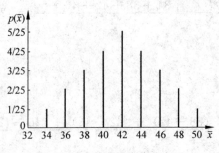

图 6-3　样本日薪均值分布图

根据以上资料,可以计算样本日薪均值的均值 $\bar{x}$ 和样本日薪均值的方差 $\sigma_{\bar{x}}^2$。

$$\bar{x} = \frac{\sum x_i f_i}{\sum f_i} = \frac{1}{25}(34 \times 1 + 36 \times 2 + 38 \times 3 + 40 \times 4 + 42 \times 5 + 44 \times 4 +$$

$$46 \times 3 + 48 \times 2 + 50 \times 1)$$

$$= 16(\text{元})$$

$$\sigma_{\bar{x}}^2 = \frac{\sum (x_i - \bar{x})^2 f_i}{\sum f_i} = \frac{1}{25}[(34-42)^2 \times 1 + (36-42)^2 \times 2 +$$

$$(38-42)^2 \times 3 + (40-42)^2 \times 4 + (42-42)^2 \times 5 + (44-42)^2 \times 4 +$$

$$(46-42)^2 \times 3 + (48-42)^2 \times 2 + (50-42)^2 \times 1)]$$

$$\approx 16(\text{元}^2)$$

$$\sigma_{\bar{x}} = \sqrt{\sigma_{\bar{x}}^2} \approx \sqrt{16} = 4(\text{元})$$

根据以上的计算可以得出两个重要的结论:

① 重复抽样下样本均值的均值 $\bar{x}$ 等于总体均值 $\overline{X}$,即: $\bar{x} = \overline{X}$。

上例两者都等于 42 元。这说明虽然每个样本均值的取值可能与总体均值有一定差距,但从总体来看,所有样本均值的均值和总体均值没有差距。

② 重复抽样下样本均值的方差 $\sigma_{\bar{x}}^2$ 为总体方差 σ^2 的 $\frac{1}{n}$。

上例中 $\sigma^2 \approx 32, n=2, \sigma_{\bar{x}}^2 \approx 16$。

实际工作中,在没有掌握总体容量 N 或总体容量 N 很大时,一般采用重复抽样下的抽样平均误差公式来计算非重复抽样下的抽样平均误差。

此外,当总体标准差未知时,常采用以下方法估计:

① 用过去取得总体资料的标准差(最大的标准差);

② 用样本标准差代替总体标准差;

③ 用小规模的调查资料;

④ 用预估的资料。

例 6-2 某超市于 2017 年 6 月 27 日第三次购进金龙鱼 5 升装食用油,抽取 30 瓶进行检验。经检验,这 30 瓶食用油的平均容量为 4.97 升,以往两批食用油容量的标准差为 0.12 升和 0.10 升。

(1) 计算这次检验的样本均值抽样平均误差;

(2) 按规定,容量大于或者等于 4.9 升为合格,若这 30 瓶食用油有两瓶不合格,计算这批食用油合格率的抽样平均误差。

解:(1) 由于总体容量未知,故采用重复抽样公式。又总体标准差未知,因此采用过去资料最大标准差作为估计值。

$$\sigma_{\bar{x}} = \frac{\sigma}{\sqrt{n}} \approx \frac{0.12}{\sqrt{30}} = 0.0219(\text{升})$$

（2）由题可知，合格率 $p = \frac{n_1}{n} = \frac{30-2}{30} \approx 93.3\%$，则：

$$\sqrt{p(1-p)} \approx \sqrt{93.3\% \times (1-93.3\%)} \approx 6.25\%$$

$$\sigma_p = \sqrt{\frac{P(1-P)}{n}} \approx \sqrt{\frac{p(1-p)}{n}} \approx \frac{6.25\%}{\sqrt{30}} \approx 1.14\%$$

6.5.3　样本均值、样本成数的抽样平均误差影响因素

样本均值、样本成数的抽样平均误差主要受以下三个因素的影响：

1. 总体标志的变动程度 σ^2

总体标志值变动越大，样本均值、样本成数的抽样平均误差越大，反之则越小。

2. 样本容量 n 的大小

其他条件不变，抽取的总体单位数越多，样本均值、样本成数的抽样平均误差越小，反之越大。

3. 抽样的方法

比如，重复抽样的样本均值、样本成数的抽样平均误差大于非重复抽样的样本均值、样本成数的抽样平均误差。

6.6　总体均值、总体成数的参数估计

在现实生活中，当了解了所要研究总体的全部信息，就可以直接对其进行描述性统计分析，计算相关的统计分析指标，如总体均值、总体成数、总体方差、最大（最小）值、中位数等。但实际上，由于各种条件限制，很多时候不可能获得总体中每个单位的基本信息，又或者为了节约成本、节省时间，也没有必要对每个总体单位进行了解。在这种情况下，参数估计是解决这个问题的较好办法。

6.6.1　参数估计的概念

所谓参数估计（parametric estimation），就是利用样本信息对总体数字特征作出推断和估计，即用样本估计量（样本特征）推断总体参数（总体特征）的具体数值或者一定概率下总体参数的所属区间。

值得提醒的是，要注意估计量与估计值的区别。如果给出的参数估计结果是由一个具体样本资料计算出来的，它是一个估计值，或者是所谓的"点估计"，是参数估计量的一个具体数值；如果把参数估计结果看成参数估计的一个表达式，那么，用来

估计总体参数的统计量名称为统计量,是一个随机变量,在这个角度上,称为估计量。

参数估计关注于用样本统计量推断总体的某一未知参数,它可分为点估计和区间估计两种方法。

6.6.2 点估计

点估计(point estimation)也称定值估计,是指在参数估计中,不考虑估计的误差,直接用样本估计量估计总体参数的一种参数估计方法。如直接用样本均值、样本成数估计总体均值、总体成数,用样本方差估计总体方差等。例如,要了解某个班统计学课程期末考试平均成绩,可以随机抽取几个学生作为一个样本,直接计算样本学生的平均分,以此作为全班统计学考试平均分的估计值。

参数估计是用样本估计量对总体参数进行的估计,对于一个未知参数,可以构造很多个估计量去估计它。比如,要估计总体均值,除了样本均值,也可以用样本中位数、样本众数等平均指标来估计,这就涉及如何评价估计量的优劣。究竟什么样的统计量是优良估计量,一般来说,主要有以下三个优良性准则。

1. 无偏性

由于估计量是随机变量,有许多可能数值,每次估计的估计值与总体参数的真实值之间会有偏差。然而一个好的估计量,多次使用它估计,该类偏差的平均值应该为0,这时就可称该总体参数的估计量为无偏估计量。也就是说,如果估计量的数学期望等于被估计的总体参数,这个估计量称为被估计参数的无偏估计。譬如预定的瓶装牛奶,今天送来的一瓶量多一点,就是正偏;明天可能会少一点,就是负偏。但长期预定瓶装牛奶此类偏差的平均数为0,即为无偏。马克思在资本论中有一句名言:"等价交换是在平均数中实现的"。

总体参数中最重要的参数是总体均值、总体成数,样本均值、样本成数就是总体均值、总体成数的无偏估计。

2. 有效性

有效性也称为最小方差性,亦即估计量在所有无偏估计量中具有最小方差。对同一总体参数的两个无偏估计量,有更小方差的估计量更有效。

3. 一致性

随着样本容量的增大,一个估计量的值稳定于待估计参数的真值,即随着样本容量的增大,样本估计量的值将在概率意义下越来越接近总体的真实值。

点估计的优点是简单,在实际中使用频繁。但由于样本的随机性,从一个样本得到的估计往往不会恰好等于实际值,总存在一定的抽样误差。而点估计本身无法说明抽样误差的大小,也无法说明估计结果有多大的把握程度。为弥补这一不足,6.6.3节将介绍参数的区间估计。

什么是无偏性、有效性和一致性？点估计在抽样推断中起到什么作用？

6.6.3 区间估计

区间估计(interval estimation)与点估计不同,对于一个未知参数,点估计给出了总体参数的一个估计值,而区间估计则是通过样本来估计出未知参数可能位于的区间,同时还给出此区间包含该总体参数真值的可信程度。这种方法要完成两方面的估计:一是根据样本统计量和抽样误差估计总体参数的可能范围;二是确定总体参数在这个范围的可靠程度。该估计方法有一定的数学理论依据,在抽样推断中得到了广泛的应用。

1. 抽样极限误差

以样本统计量来估计总体参数,要做到完全准确几乎是不可能的。用样本统计量估计总体参数,必须要考虑抽样误差的大小,误差越大,抽样估计的价值越小。但误差也不是越小越好,因为在一定限度之后减少抽样误差势必增加很多成本。因此在作估计时,需要确定一个可允许的误差范围,这种在一定概率下抽样误差的可能范围,即为抽样极限误差(又称为允许误差或者抽样误差范围)。一般用 Δ 表示抽样极限误差。

样本均值的抽样极限误差: $\Delta_{\bar{x}} = |\bar{x} - \bar{X}|$;

样本成数的抽样极限误差: $\Delta_p = |p - P|$ 。

上面两式可改写成以下两个不等式,即:

$\bar{x} - \Delta_{\bar{x}} \leqslant \bar{X} \leqslant \bar{x} + \Delta_{\bar{x}}$ 为总体均值的区间估计(置信区间);

$p - \Delta_p \leqslant P \leqslant p + \Delta_p$ 为总体成数的区间估计(置信区间)。

可见,抽样极限误差对于所估计的总体参数是至关重要的。但抽样极限误差不像抽样平均误差那样具有唯一性,它是可以变化的,往往需要根据实际需要加以确定。如果把抽样平均误差看作一把尺子,那么抽样极限误差就是用抽样平均误差这把尺子来衡量的。

什么是抽样极限误差？

2. 概率度

按照中心极限定律,不管总体服从什么分布,只要其总体均值 $\bar{X}$ (总体成数 P)和总体方差 σ^2 存在,样本容量 n 充分大($n \geqslant 30$),按简单随机抽样下的重复抽样方法,样本均值 $\bar{x}$ 、样本成数 p 也服从正态分布,即: $\bar{x} \sim N(\bar{X}, \sigma^2)$; $p \sim N(P, \sigma^2)$ 。而且,在重复抽样的条件下，样本均值的抽样平均误差 $\sigma_{\bar{x}}=\dfrac{\sigma}{\sqrt{n}}$，样本成数的抽样平均误差

$\sigma_p=\sqrt{\dfrac{P(1-P)}{n}}$。

以变量总体为例，将 $\bar{x}$ 标准化计算标准分 t，则：

$$t=\frac{\bar{x}-\overline{X}}{\dfrac{\sigma}{\sqrt{n}}}=\frac{\bar{x}-\overline{X}}{\sigma_{\bar{x}}}\sim N(0,1)。$$

这里，$t\in\mathbf{R}$ 可正可负可为 0，且 $\bar{x}-\overline{X}=t\dfrac{\sigma}{\sqrt{n}}=t\sigma_{\bar{x}}$。

因此，在重复抽样的条件下，当 $t\geqslant0$ 时，变量总体的抽样极限误差为：

$$\Delta_{\bar{x}}=|\bar{x}-\overline{X}|=t\frac{\sigma}{\sqrt{n}}=t\sigma_{\bar{x}}。$$

类似地，在重复抽样的条件下，当 $t\geqslant0$ 时，属性总体的抽样极限误差为：

$$\Delta_p=|p-P|=t\sqrt{\frac{P(1-P)}{n}}=t\sigma_p。$$

这表明样本均值、样本成数的抽样极限误差 $\Delta_{\bar{x}}$，Δ_p 是样本均值抽样平均误差、样本成数抽样平均误差的 t 倍。这里的 $t=\dfrac{\Delta_{\bar{x}}}{\sigma_{\bar{x}}}$，称为抽样误差的**概率度**，反映的是极限误差的相对程度。

概率度 t 决定了抽样误差范围的大小，在抽样平均误差一定的情况下，t 越大，极限误差 Δ 越大，估计的精度越低。抽样误差的范围越大，总体参数落在估计区间内的可靠性也越大。这表明：估计的可靠性和估计的精度是彼此消长的关系，是一对矛盾，在进行估计时必须在两者之间进行合理的选择。一般有两种办法：一是先提出可靠性的要求，然后查正态分布概率表（见附表）确定 t 值，进而计算抽样极限误差以进行区间估计；二是先给定估计的误差范围，根据极限误差与抽样平均误差的关系，计算概率度 t，进而确定置信度以进行区间估计，通常情况下用前者。

常用的置信度与对应的概率度如表 6-3 所示。

表 6-3　置信度与对应的概率度分布

置信度 $P/\%$	概率度 t
68.27	1.00
80.00	1.28
85.00	1.44
90.00	1.64

续表

置信度 $P/\%$	概率度 t
95.00	1.96
95.45	2.00
99.73	3.00

3. 总体均值的区间估计

在 $t \geqslant 0$ 时,将 $\Delta_{\bar{x}} = |\bar{x} - \overline{X}| = t\dfrac{\sigma}{\sqrt{n}} = t\sigma_{\bar{x}}$ 的绝对值打开,得:

$$-t\sigma_{\overline{x}} \leqslant \bar{x} - \overline{X} \leqslant t\sigma_{\bar{x}}, \quad t \geqslant 0$$

则 $\bar{x} - t\sigma_{\bar{x}} \leqslant \overline{X} \leqslant \bar{x} + t\sigma_{\bar{x}}$,$t \geqslant 0$ 为总体均值在概率度 t 下的置信区间。$\sigma_{\bar{x}}$ 的计算参照 6.5.2 节样本均值抽样平均误差的计算。

例 6-3 某制造厂质量管理部门希望估计本厂生产的 5500 包原材料的平均重量,抽出 250 包,测得平均重量 65kg。总体标准差 15kg。总体为正态分布,在置信度为 95% 的条件下建立这种原材料的置信区间。

解: 由题可知,$n = 250$;$\bar{x} = 65\text{kg}$;$\sigma = 15\text{kg}$;95% 的置信度对应的概率度 $t = 1.96$。故

$$\bar{x} \pm t\sigma_{\overline{x}} = 65 \pm 1.96 \times \frac{15}{\sqrt{250}} \approx 65 \pm 1.86$$

即在 95% 的置信度下,5500 包原材料的平均重量在 $[63.14, 66.86]$ 之间。

4. 总体成数的区间估计

类似地,$p - t\sigma_p \leqslant P \leqslant p + t\sigma_p$,$t \geqslant 0$ 为总体成数在概率度 t 下的置信区间。σ_p 的计算参照 6.5.2 节样本成数抽样平均误差的计算。

例 6-4 对一批成品按重复抽样的方法抽选 100 件,其中废品 4 件,当概率为 95.45%（$t = 2$）时,可否认为这批产品的废品率不超过 6%?

解: 由题可知,$n = 100$;$p = \dfrac{4}{100} = \dfrac{1}{25}$;$t = 2$。所以

$$\sigma_p \approx \sqrt{\frac{p(1-p)}{n}} = \frac{\sqrt{\dfrac{1}{25}\left(1 - \dfrac{1}{25}\right)}}{\sqrt{n}} = \frac{\dfrac{2\sqrt{6}}{25}}{10} = \frac{\sqrt{6}}{125}$$

$$p \pm t\sigma_p \approx \frac{1}{25} \pm 2 \times \frac{\sqrt{6}}{125} \approx 4\% \pm 3.92\%$$

即在置信度为 95.45% 的条件下,这批产品的废品率在 $[0.08\%, 7.92\%]$ 之间。因此,不能认为这批产品的废品率不超过 6%。

总体均值或总体成数的区间估计一般要考虑哪些情况?

6.7 简单随机抽样下必要样本容量的确定

组织抽样调查的一项重要工作是要确定合适的样本容量。在设计的时候,通常是先根据研究问题的性质确定允许的误差范围 Δ 和必要的置信度(或概率度 t),然后根据历史资料或其他试点资料确定总体的标准差 σ,通过抽样平均误差公式来推算必要的样本容量 n。

6.7.1 样本容量的影响因素

在实际设计抽样方案时还有一个重要问题:应抽选多大的样本,或应如何确定样本容量? 决定样本容量大小的影响因素主要有:

(1) 总体方差。总体方差越大,抽样误差越大,则应多抽一些样本总体单位;

(2) 可靠性程度。要求可靠性越高,所必需的样本容量就越大;

(3) 允许误差范围。若允许误差范围大一些,样本总体单位数就可以少一些。

6.7.2 必要样本容量的确定

1. 估计总体均值时样本容量的确定

在重复抽样下,样本均值的抽样平均误差公式为:

$$\sigma_{\bar{x}} = \frac{\sigma}{\sqrt{n}}$$

又因为 $\Delta_{\bar{x}} = t\sigma_{\bar{x}} = t\frac{\sigma}{\sqrt{n}}$,所以样本均值的必要样本容量 $n = \frac{t^2\sigma^2}{\Delta_{\bar{x}}^2}$。

在非重复抽样下,样本均值的抽样平均误差公式为:

$$\sigma_{\bar{x}} \approx \sqrt{\frac{\sigma^2}{n}\left(1 - \frac{n}{N}\right)}$$

又 $\Delta_{\bar{x}} = t\sigma_{\bar{x}} \approx t\sqrt{\frac{\sigma^2}{n}\left(1 - \frac{n}{N}\right)}$,所以样本均值的必要样本容量 $n = \frac{Nt^2\sigma^2}{N\Delta_{\bar{x}}^2 + t^2\sigma^2}$。

2. 估计总体成数时样本容量的确定

类似地,重复抽样下样本成数的必要样本容量 $n = \frac{t^2 P(1-P)}{\Delta_p^2}$;

非重复抽样下样本成数的必要样本容量 $n = \frac{Nt^2 P(1-P)}{N\Delta_p^2 + t^2 P(1-P)}$。

确定必要样本容量的公式表明:必要的样本容量受允许的误差范围 Δ 的制约,Δ 要求越小则样本容量 n 就需要越大,但两者并不保持反比例的变化。以重复抽样来说,在其他条件不变的情况下,误差范围 Δ 缩小一半,样本容量 n 必须增至四倍;Δ

扩大一倍,样本容量 n 只需原来的 $\dfrac{1}{4}$。所以在抽样方案的设计中对抽样误差可以允许的范围要十分慎重地考虑。

值得一提的是,计算出的必要样本容量可能不是整数,此时,通常将样本容量取成较大的整数,即将小数点后面的数一律进位成整数,如 50.2 取成 51。

例 6-5 对某批木材进行检验,根据以往经验,木材长度的标准差为 0.4m,合格率为 90%。现采用重复抽样方式,要求在 95.45% 的置信度下,木材平均长度的极限误差不超过 0.08m,抽样合格率的极限误差不超过 5%,问必要的样本容量应该是多少?

解:由题可知,$\sigma=0.4$m;$P=0.9$;95.45% 的概率保证度对应的概率度 $t=2$;$\Delta_{\bar{x}} \leqslant 0.08$m;$\Delta_p \leqslant 5\%$。

样本均值的必要容量 $n=\dfrac{t^2\sigma^2}{\Delta_{\bar{x}}^2}=\dfrac{2^2 \times 0.4^2}{0.8^2} \geqslant 100$ 棵;

样本成数的必要容量 $n=\dfrac{t^2 p(1-p)}{\Delta_p^2}=\dfrac{2^2 \times 0.9 \times 0.1}{5\%^2} \geqslant 144$ 棵。

6.8 本章小结

参数估计就是样本统计量对总体的参数值进行估计或推断。参数估计可以分为点估计和区间估计。本章首先介绍抽样调查的一些基本概念,而后着重讨论样本均值和样本成数的抽样分布,最后是总体均值和总体成数的区间估计方法以及必要样本容量的确定方法。

1. 点估计就是用样本统计量的值直接作为总体参数的估计值。点估计的关键是选择合适的统计量,优良统计量的标准包括:无偏性、有效性和一致性。

2. 样本均值、样本成数与样本方差是总体均值、总体成数与总体方差的点估计量,且满足无偏性、有效性和一致性的要求。

3. 区间估计是在点估计的基础上,给出总体参数估计的一个区间范围。评价区间估计优劣的标准有精度和可靠性,在样本容量确定的条件下精度与可靠性是一对矛盾概念,想要同时提高精度和可靠性,只有扩大样本容量。

4. 在大样本条件下,无论总体服从什么分布,在概率度为 t 的条件下,总体均值的置信区间为 $[\bar{x}-t\sigma_{\bar{x}}, \bar{x}+t\sigma_{\bar{x}}]$;总体成数的置信区间为 $[\bar{x}-t\sigma_p, \bar{x}+t\sigma_p]$。值得一提的是,区间估计前应先计算相应的抽样平均误差。

5. 抽样前需要确定样本容量,精度和费用是影响样本容量的主要因素,并且它们对样本容量的影响是矛盾的,常用的准则是在精度得到保证的前提下寻求使费用最省的样本容量。

重复抽样条件下,在估计总体均值和总体成数时,常用的必要样本容量确定公式为: $n = \dfrac{t^2 \sigma^2}{\Delta_{\bar{x}}^2}, n = \dfrac{t^2 P(1-P)}{\Delta_p^2}$。

非重复抽样条件下,在估计总体均值和总体成数时,常用的必要样本容量确定公式为: $n = \dfrac{N t^2 \sigma^2}{N \Delta_{\bar{x}}^2 + t^2 \sigma^2}, n = \dfrac{N t^2 P(1-P)}{N \Delta_p^2 + t^2 P(1-P)}$。

6.9 练习题

一、单选题

1. 抽样平均误差是(　　)。

　　A. 抽样指标的标准差　　　　　　B. 总体参数的标准差

　　C. 样本变量的函数　　　　　　　D. 总体变量的函数

2. 抽样调查所必须遵循的基本原则是(　　)。

　　A. 准确性原则　　B. 随机性原则　　C. 可靠性原则　　D. 灵活性原则

3. 在简单随机重复抽样条件下,当抽样平均误差缩小为原来的 1/2 时,则样本容量为原来的(　　)。

　　A. 2 倍　　　　　　　B. 3 倍　　　　　　　C. 4 倍　　　　　　D. 1/4

4. 按随机原则直接从总体的 N 个总体单位中抽取 n 个总体单位作为样本,这种抽样方法是(　　)。

　　A. 简单随机抽样　　B. 类型抽样　　　C. 等距抽样　　　　D. 整群抽样

5. 事先将总体中的各总体单位按某一标志排列,然后依排列顺序和按相同的间隔来抽选调查总体单位的抽样成为(　　)。

　　A. 简单随机抽样　　B. 类型抽样　　　C. 等距抽样　　　　D. 整群抽样

6. 反映样本指标与总体指标之间的平均误差程度的指标是(　　)。

　　A. 平均数离差　　　　　　　　　B. 抽样极限误差

　　C. 抽样平均误差　　　　　　　　D. 概率度

7. 在其他条件不变的情况下,提高估计的置信度,其估计的精确程度(　　)。

　　A. 随之扩大　　　B. 随之缩小　　　C. 保持不变　　　D. 无法确定

8. 对某种连续生产的产品进行质量检验,要求每隔一小时抽出 10 分钟的产品进行检验,这种抽查方式是(　　)。

　　A. 简单随机抽样　　B. 分层抽样　　　C. 等距抽样　　　　D. 整群抽样

9. 按地理区域进行划片,并以片为单位进行的抽样属于(　　)。

　　A. 简单随机抽样　　B. 等距抽样　　　C. 整群抽样　　　　D. 分层抽样

10. 为了了解某工厂职工家庭收支情况,按该厂职工名册依次每 50 人抽取 1

人,对其家庭进行调查,这种调查属于(　　　)。

    A. 简单随机抽样　　　　　　　　　B. 等距抽样

    C. 整群抽样　　　　　　　　　　　D. 分层抽样

11. 抽样调查的主要目的是(　　　)。

    A. 计算和控制抽样误差　　　　　　B. 了解总体情况

    C. 用样本指标估计总体指标　　　　D. 对样本总体单位做深入的研究

12. 在抽样推断中,抽样误差是(　　　)。

    A. 可以避免的　　　　　　　　　　B. 可避免且可控制的

    C. 不可避免且无法控制的　　　　　D. 不可避免但可控制的

13. 抽样平均误差反映了样本统计量与总体参数之间的(　　　)。

    A. 平均误差程度　　　　　　　　　B. 可能误差范围

    C. 极差的大小　　　　　　　　　　D. 误差系数

14. 成数方差的最大值是(　　　)。

    A. 1　　　　　　B. 0.9　　　　　C. 0.5　　　　　D. 0.25

15. 抽样调查的误差(　　　)。

    A. 包括登记性误差和代表性误差

    B. 只有登记性误差没有代表性误差

    C. 没有登记性误差,只有代表性误差

    D. 既没有登记性误差,也没有代表性误差

16. 其他条件相同情况下,重复抽样的抽样平均误差(　　　)。

    A. 大于非重复抽样的平均误差　　　B. 小于非重复抽样的平均误差

    C. 等于非重复抽样的平均误差　　　D. 不确定

17. 抽样平均误差与极限误差的关系是(　　　)。

    A. 抽样平均误差大于极限误差

    B. 抽样平均误差小于极限误差

    C. 抽样平均误差等于极限误差

    D. 抽样平均误差可能大于、小于或等于极限误差

18. 在重复抽样条件下,不影响抽样平均误差的因素有(　　　)。

    A. 总体标准差　　B. 样本容量　　　C. 抽样方式　　　D. 总体容量

19. 抽样平均误差公式 $\dfrac{N-n}{N-1}$ 中的数值(　　　)。

    A. 大于1　　　　B. 小于1　　　　C. 等于1　　　D. 不确定

20. 若总体包含的总体单位数越多,则非重复抽样对总体中的总体单位每次被抽中的概率影响(　　　),故可按重复抽样对待。

    A. 越大　　　　　　B. 等于0　　　　C. 越小　　　　D. 不确定

二、判断题

（　　）1. 对总体中的全部总体单位按照随机原则抽取部分总体单位组成样本，只可能组成一个样本。

（　　）2. 在抽样推断中，总体参数是确定的、唯一的，而样本统计量是一个随机变量。

（　　）3. 样本成数的特点是：样本成数越大，则抽样平均误差越大。

（　　）4. 抽样平均误差总是小于抽样极限误差。

（　　）5. 在其他条件不变的情况下，提高抽样估计的可靠程度，则降低了抽样估计的精确程度。

（　　）6. 从总体中的所有总体单位中抽取部分单位构成样本，在样本变量相同的情况下，重复抽样构成的样本个数大于非重复抽样构成的样本个数。

（　　）7. 抽样平均误差反映抽样误差的一般水平，每次抽样的误差可能大于抽样平均误差，也可能小于抽样平均误差。

（　　）8. 在抽样推断中，抽样误差的概率度越大，则抽样极限误差就越大于抽样平均误差。

（　　）9. 抽样估计的优良准则有三个：无偏性、可靠性和一致性。

（　　）10. 样本容量的多少与总体中各总体单位标志值的变异程度成反比，与抽样极限误差范围的大小成正比。

（　　）11. 抽样调查虽是非全面调查，但要取得的资料却是总体的全面资料。

（　　）12. 样本的平均数是无偏估计量。

（　　）13. 区间估计中，推断的可靠程度与精确度成反比关系。

（　　）14. 由于抽样调查中既有登记性误差又有抽样误差，所以比只有登记性误差的全面调查的准确性差。

（　　）15. 总体方差会影响抽样调查，所以人们可以调整总体方差，以便控制抽样平均误差。

（　　）16. 抽样平均误差是指一个样本的统计量与总体参数之间的差距。

（　　）17. 抽样平均误差是误差的算术平均数。

（　　）18. 样本容量的大小可以影响抽样误差的大小，而总体标志变异程度的大小和抽样误差无关。

（　　）19. 调查经费最小的方案是最好的抽样方案。

（　　）20. 总体内各总体单位的差异较大时，一般不用简单随机抽样。

（　　）21. 区间估计的要素中有样本方差。

（　　）22. 总体平均数的点估值是样本平均数。

（　　）23. 有效性是优良估计量的标准之一。

（　　）24. 样本成数不是优良的估计量。

三、简答题

1. 抽样推断中,参数和统计量之间有何区别?

2. 简述抽样平均误差的含义。

3. 简述影响抽样平均误差的因素。

4. 简述影响样本容量的因素。

四、计算题

1. 某乡有 5000 农户。按随机原则重复抽取 100 户调查,得平均每户年纯收入 12000 元,标准差 2000 元。试以 95% 的置信度（$t=1.96$）估计全乡平均每户年纯收入的区间。

2. 对某种茗茶包装重量的抽查结果如表 6-4 所示。

表 6-4　茶叶重量分布

包装重量/克	包数/包
149 以下	10
148～150	20
150～151	50
151 以上	20
合计	100

要求：（1）对这批茗茶平均重量做点估计;

（2）在估计误差不超过 0.18 克条件下,对该批茗茶平均每包重量做区间估计。

3. 用非重复抽样的方法从 10000 个电子管中随机抽取 4% 进行耐用性检查,样本计算结果平均寿命为 4500 小时,样本寿命时数方差为 15000,要求以 95.45% 的置信度（$t=2$）估计该批电子管的平均寿命所在区间。

4. 为调查农民生活水平,在某地区 5000 户农民中按重复抽样抽取 400 户,其中拥有彩色电视机的农户为 287 户,试以 95% 的置信度（$t=1.96$）估计该地区全部农户拥有彩色电视机的比重所在区间;又若要求抽样允许误差不超过 0.02,则至少应抽取多少户作为样本?

5. 有一批供出口用的自行车轮胎,共 50000 条,从中随机不重复抽取 100 条进行检验,测定的使用寿命资料如表 6-5 所示。

表 6-5　自行车轮胎使用寿命资料

使用寿命/万千米	轮胎数/条
1～1.2	15
1.2～1.4	25
1.4～1.6	40
1.6～1.8	20
合 计	100

要求：在 99.73% 的置信度($t=3$)下估计：

(1) 50000 条轮胎平均寿命所在区间。

(2) 使用寿命在 1.6 万千米以上的轮胎数所占比重的区间。

6. 某手表厂在某段时间内生产 100 万个某种零件，用不重复抽样方法抽取 1000 个零件进行检验，测得有 20 个废品。求：试在 99.73% 的置信度($t=3$)下估计该厂零件废品率所在区间。

7. 某地区为估计居民家庭月平均收入，抽取若干家庭作为样本。根据以往资料，家庭收入的标准差为 850 元，要求估计的置信度为 95.45%($t=2$)，误差不得超过 200 元，则需抽取多少户家庭？

8. 某企业对某批进货原材料进行抽样检验，已知过去几次抽样检验的合格率分别为 92%、93%、95%，现要求以 95.45% 的置信度($t=2$)估计该批原材料的合格率，估计误差不得超过 5%，则需抽多少原材料进行检验？

9. 成数方差未知，设总体成数与样本成数的误差应不超过 5%，在 99.73% 的置信度($t=3$)下，则至少应抽取多少样本单位才能满足要求(假定为重复抽样)？

10. 某工厂对 1000 箱入库的产品进行质量检验，随机不重复抽取 100 箱，对箱内所有的产品进行检验，结果如表 6-6 所示。

表 6-6　产品检验情况

废品率/%	箱数/箱
2 以下	80
2～3	10
3～4	8
4 以上	2
合 计	100

求在 95.45% 的置信度($t=2$)下，估计 1000 箱内全部产品废品率所在的区间。

第 7 章　相关与回归分析

学习目标

1. 理解相关分析的含义、种类、意义及内容；
2. 掌握利用相关表和相关图来测定现象之间是否存在线性相关关系；
3. 掌握相关系数的计算与应用；
4. 学会利用最小平方法确定线性回归模型及回归系数的经济意义。

基本概念

相关分析　相关系数　回归分析　回归系数　可决系数

案例导入

收入水平相同的人，其受教育的程度也可能不同，而受教育程度相同的人，其收入水平也往往不同。因此，收入水平与受教育程度是否有关？如果相关，受教育程度是否是决定收入的唯一因素？如果不是，收入水平还跟哪些因素有关？

章节导言

不要过于教条地对待研究的结果，尤其当数据的质量受到怀疑时。

——古扎拉蒂

客观事物之间是相互联系、相互影响的。为了更加深入地了解客观事物之间的相互关系，往往需要描述事物之间的数量关系。相关分析和回归分析是研究客观事物之间数量关系与规律性的重要统计方法，也是建立各种经济模型、进行结构分析、政策评价、预测和控制的重要工具。

相关关系主要根据现象的历史资料，分析现象之间是否存在相关关系。如果现象之间存在相关关系，则有必要进一步分析关系的密切程度。若现象之间的关系很密切，还需要对现象进行回归分析，建立反映现象之间关系的数学回归模型，进而对现象的未来发展趋势进行定量预测。

7.1 相关分析

7.1.1 相关关系的概念

无论是自然界还是社会经济领域,客观事物之间往往存在着各种各样的关系,如果用变量来代表不同的事物,便表现为变量之间的各种关系。概括起来一般可以分为两种类型:函数关系和相关关系。本章将探讨两个变量之间的关系,若两个变量分别记为 x 与 y,现解释如下:

1. 函数关系,又称为确定性关系。变量 x 与 y 之间存在着严格的依存关系,即当 x 取一定的值时,y 有确定值与之对应,并且这种关系可以用一个数学表达式反映出来,即以 $y=f(x)$ 的形式表示。例如,圆的面积 s(相当于变量 y)与半径 r(相当于变量 x)之间的关系可表示为 $s=\pi r^2$。当圆的半径 r 的值取定后,其圆的面积 s 也随之确定。

2. 相关关系,又称为非确定性关系。变量 x 与 y 之间没有严格的确定性依存关系,即当 x 取一定的值时,y 值也随之在一定的范围内变化,但 y 值并不是由变量 x 的值唯一确定的。它们之间没有严格的一一对应关系。例如,居民的消费支出和收入水平,两者密切相关,但消费支出并不完全由收入水平确定,它还受消费习惯、储蓄、信贷水平等因素的影响。

注意:(1) 变量之间的函数关系和相关关系,在一定条件下可以**相互转化**。本来具有函数关系的变量,当存在测量误差时,其函数关系往往以相关的形式表现出来;而具有相关关系的变量,我们掌握了其统计规律以后,相关关系也经常可以用一定的函数形式去近似地描述。(2)函数关系是相关关系的一种独特的形式。

因此,相关关系是相关分析的研究对象,函数关系是相关分析的工具。

3. 因果关系,简单地说,就是 $A \to B$。即事件 A 的发生导致事件 B 的发生。因果关系中最常见的是一因一果,另外还有一因多果,一果多因,多因多果等形式。因果关系属于相关关系,但相关关系不一定是因果关系。

混淆因果关系与相关关系是一种常见的心理误区,尤其在投资实践中,因为误把相关关系当作因果关系而造成决策失误,导致投资损失的例子屡见不鲜。(如房价、人们的预期等)

相关关系与函数关系、相关关系与因果关系有何区别与联系?

7.1.2 相关关系的种类

社会经济现象之间的相互关系是复杂的,它们各以不同的方向、不同的表现形式、不同的联系程度相互作用着。而各种相关关系,根据研究的目的不同,可按不同的标准进行划分。

1. 按相关程度划分

相关关系可分为完全相关、不完全相关和完全不相关。当一个变量完全由另一个变量的数量变化所确定时，这两个变量之间的关系为完全相关。例如，在销售价格不变的条件下，某种商品的销售额就完全取决于其销售量的变化。此时，相关关系便成为函数关系。当两个变量互不影响，即数量变化各自独立时，称为完全不相关。例如，银行存款利率的高低与气温的高低是不相关的。当两个变量之间的关系介于完全相关和完全不相关之间，称为不完全相关。一般的相关关系都属于不完全相关。例如，某商品的销售量与其广告费用之间的关系是不完全相关的。

2. 按相关方向划分

相关关系可分为正相关和负相关。当两个变量的变化方向相同时，即一个变量的值由小到大，另一个变量的值也相应由小变大，这种相关关系称为正相关；当两个变量的变化方向相反时，即一个变量的值由小到大，另一个变量的值由大变小，这种相关关系称为负相关。例如，工人的工资随劳动生产率的提高而相应增加，即为正相关；某商品的需求量随价格的上升而下降，即为负相关。

3. 按相关形式划分

相关关系可分为线性相关和非线性相关。当两个变量的关系大致呈现直线关系时，称为线性相关。例如，一个人的收入水平和其受教育程度一般呈线性相关关系。当两个变量之间的关系呈现于某种曲线（如抛物线、指数曲线、双曲线等）时，称为非线性相关。例如，产品的单位成本与产品产量之间的相关关系就是一种非线性相关关系。

4. 按变量多少划分

相关关系可分为单相关、复相关和偏相关。两个变量的相关关系，即一个变量对另一个变量的相关关系，称为单相关。当相关变量个数大于两个，其中一个变量对两个及以上其他变量的相关关系，称为复相关。例如，某商品的销售额与其价格及广告费之间的相关关系是一种复相关。当相关变量个数大于两个，其中一个变量与多个变量相关时，假定其他变量不变，其中两个变量的相关关系称为偏相关。例如，假定某种商品价格不变，其销售额与广告费之间的相关关系为偏相关。

 相关关系的种类有哪些？如何进行划分？

7.1.3 相关关系的测量

相关表和相关图是测量相关关系的直观工具。在进行相关分析时，首先需要编制相关表和相关图来直观地判断变量之间是否存在相关关系,以及大致会呈现何种关系形态。而其中最基本的是简单线性相关分析,它是相关分析的基础。这里所说的简单指的是只考虑两个变量,线性是指这两个变量呈现出直线相关的特性。

1. 相关表

相关表是一种反映变量之间相关关系的统计表。将两个变量的具体数值按照一定顺序平行排列在一张表上,以观察它们之间的相关关系,这种表就称为相关表。根据《中国统计年鉴 2016》的数据,将 2006—2015 年我国国内生产总值(GDP)与税收收入编制成相关表(如表 7-1 所示)。

表 7-1　我国国内生产总值与税收收入数据　　单位:亿元

年份	国内生产总值	税收收入
2006 年	219438.5	34804.35
2007 年	270232.3	45621.97
2008 年	319515.5	54223.79
2009 年	349081.4	59521.59
2010 年	413030.3	73210.79
2011 年	489300.6	89738.39
2012 年	540367.4	100614.28
2013 年	595244.4	110530.70
2014 年	643974.0	119175.31
2015 年	685505.8	124922.20

资料来源:《中国统计年鉴 2016》

从表 7-1 中可以比较直观地看出:2006—2015 年我国国内生产总值与税收收入呈现同向增加的正相关趋势。

2. 相关图

相关图又称**散点图**。它是以直角坐标系的横轴代表变量 x,纵轴代表变量 y,将两个变量之间相对应的变量值用坐标点的形式描绘出来,用来表明两个变量之间相关关系的图形。图 7-1 就是两个变量之间不同形态的散点图。

图 7-1(a)和图 7-1(b)是典型的线性相关形态,两个变量的观测点分布在一条直线周围。其中,图 7-1(a)表明一个变量的数值增加,另一个变量的数值也相应增加,因而称为**正线性相关**;图 7-1(b)表明一个变量的数值增加,另一个变量的数值则相应减少,因而称为**负线性相关**。

图 7-1(c)和图 7-1(d)表明两个变量的观测点完全落在直线上,称为**完全线性相关**(实际上是函数关系)。其中,图 7-1(c)称为**完全正相关**,图 7-1(d)称为**完全负**

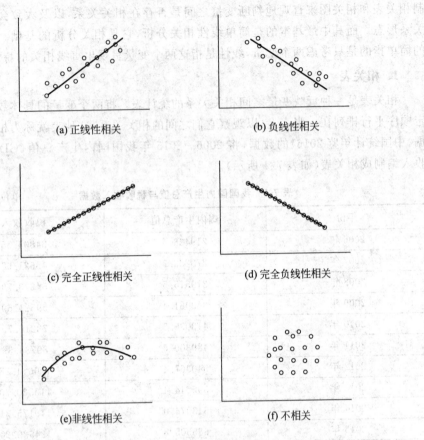

图 7-1　不同相关形态的散点图

相关。

图 7-1(e)表明两个变量间是非线性相关。图 7-1(f)中的观测点很分散,无任何规律,表明两个变量间没有相关关系。

如果与某个现象相关的因素不止一个,可以分别绘制许多相关图,从这些相关图的对比中,大致可以看出与各个因素的关系,从中判断出哪个是主要因素,哪个是次要因素。

7.1.4　相关系数

1. 相关系数的计算

通过相关表和相关图,可以判断变量之间有无相关关系,大致反映变量之间相关关系的表现形态,但不能准确反映出相关关系的密切程度。如果通过相关表和相关图发现变量之间基本是线性相关的,那么如何判定其线性关系的密切程度呢? 此时需要用相关系数来衡量。

相关系数是对两个变量之间具有线性相关程度的度量,反映两个变量之间线性相关关系的密切程度和相关方向。若相关系数是根据总体全部数据计算的,则称为总体相关系数,记为 ρ;若是根据样本数据计算的,则称为样本相关系数,记为 r。我们通常将样本相关系数 r 作为总体相关系数 ρ 的近似估计。样本相关系数 r 的计算公式为:

$$r = \frac{\sum (x - \bar{x})(y - \bar{y})}{\sqrt{\sum (x - \bar{x})^2 \cdot \sum (y - \bar{y})^2}}$$

该公式可以变形为:

$$r = \frac{n \sum xy - \sum x \sum y}{\sqrt{n \sum x^2 - \left(\sum x\right)^2} \cdot \sqrt{n \sum y^2 - \left(\sum y\right)^2}}$$

式中: $\bar{x}$——变量 x 的平均数;

$\bar{y}$——变量 y 的平均数;

n——样本容量。

按上述公式计算的相关系数也称为线性相关系数(linear correlation coefficient)。第一个公式为基本形式,即为两变量的协方差与标准差乘积之比;第二个公式为变形公式,在实际计算中通常采用变形公式。

2. 相关系数的性质

相关系数 r 的性质可总结如下:

(1) r 的取值介于 -1 与 1 之间。若 $0 < r \leqslant 1$,表示 x 与 y 之间存在正线性相关关系;若 $-1 \leqslant r < 0$,表示 x 与 y 之间存在负线性相关关系;若 $r = 0$,表示 x 与 y 之间不存在线性相关关系。特别地,若 $|r| = 1$,则表明 x 与 y 完全线性相关,即为函数关系。此时,若 $r = 1$,则 x 与 y 之间完全正线性相关;若 $r = -1$,则 x 与 y 之间完全负线性相关。

(2) r 仅仅是 x 与 y 之间线性关系的一个度量,它不能描述和反映非线性关系或因果关系。这意味着 $r = 0$ 只是表明两个变量之间不存在线性相关关系,它并不意味着 x 与 y 之间不存在其他类型的相关关系或因果关系。

了解相关系数的性质有助于分析两个变量之间线性关系的密切程度。通常将线性相关程度分为以下几种情况:当 $|r| \geqslant 0.8$ 时,可视为**高度相关**;当 $0.5 \leqslant |r| < 0.8$ 时,可视为**显著相关**;当 $0.3 \leqslant |r| < 0.5$ 时,可视为**低度相关**;当 $|r| < 0.3$ 时,说明两个变量之间的线性相关程度极弱,可视为**微弱相关**。

例 7-1 学生在期末考试之前用于复习的时间(单位:小时)和考试分数(单位:分)之间是否有关系?为研究这一问题,一位研究者抽取了由 8 名学生构成的一个随机样本,得到的数据如表 7-2 所示。

表 7-2   复习时间 x 与考试分数 y 的资料

复习时间 x	20	16	34	23	27	32	18	22
考试分数 y	64	61	84	70	88	92	72	77

试计算复习时间与考试分数之间的相关系数。

解:由题可得,相关系数的计算过程如表 7-3 所示。

表 7-3   相关系数的计算表

序号	x/小时	y/分	x^2	y^2	xy
1	20	64	400	4096	1280
2	16	61	256	3721	976
3	34	84	1156	7056	2856
4	23	70	529	4900	1610
5	27	88	729	7744	2376
6	32	92	1024	8464	2944
7	18	72	324	5184	1296
8	22	77	484	5929	1694
合计	192	608	4902	47094	15032

将表 7-3 的相关数据代入相关系数的计算公式,得:

$$r = \frac{n\sum xy - \sum x \sum y}{\sqrt{n\sum x^2 - \left(\sum x\right)^2} \cdot \sqrt{n\sum y^2 - \left(\sum y\right)^2}}$$

$$= \frac{8 \times 15032 - 192 \times 608}{\sqrt{8 \times 4902 - 192 \times 192} \cdot \sqrt{8 \times 47094 - 608 \times 608}}$$

$$= 0.86$$

因此,$|r| > 0.8$,可视为高度相关。

值得一提的是,相关分析的两个变量是对等的关系,它不分自变量和因变量。而且,用于相关分析的两个变量均为随机变量,因此相关系数只有一个。

最简单的相关关系是哪一种? 如何来度量它的相关程度?

7.2   回归分析

相关分析,它可以反映变量之间相关关系的方向和程度,却不能说明变量之间具体的相关形式和数量因果关系。不能指出两个变量间相互关系的具体形式,也就无法从变量的一个数量变化来推测其另一个数量的变化情况。另外,在相关分析中,一般不必区分自变量和因变量,它不能说明两个变量是主从关系还是因果关系。此时,需要用到回归分析的方法。回归分析的目的就在于将相关的因素进行测定,确定其因果关系,并以数学模型来表现其具体关系式,从而进行各类统计分析。

7.2.1 回归分析概述

高尔顿被誉为现代回归和相关技术的创始人。1875 年,高尔顿利用豌豆实验来确定豌豆尺寸的遗传规律。他挑选了 7 组不同尺寸的豌豆,并说服他在英国不同地区的朋友每一组种植 10 粒种子,最后把原始的豌豆种子(父代)与新长的豌豆种子(子代)进行尺寸比较。当结果被绘制出来之后,他发现并非每一个子代都与父代一样,不同的是,尺寸小的豌豆会得到更大的子代,而尺寸大的豌豆却得到较小的子代。高尔顿把这一现象叫做"返祖"(趋向于祖先的某种平均类型),后来又称之为"向平均回归"。一个总体中在某一时期具有某一极端特征(低于或高于总体均值)的个体在未来的某一时期将减弱它的极端性(或者是单个个体或者是整个子代),这一趋势现在被称作"回归效应"。人们发现它的应用很广,而不仅限于从一代到下一代豌豆的大小问题。

正如高尔顿进一步发现的那样,平均来说,非常矮小的父辈倾向于有偏高的子代;而非常高大的父辈则倾向于有偏矮的子代。在第一次考试中成绩最差的那些学生在第二次考试中倾向于有更好的成绩(比较接近所有学生的平均成绩),而第一次考试中成绩最好的那些学生在第二次考试中则倾向于有较差的成绩(同样比较接近所有学生的平均成绩)。同样,平均来说,第一年利润最低的公司第二年不会最差,而第一年利润最高的公司第二年则不会是最高的。

如果把父代和子代看作两个变量,找出这两个变量的关系,并根据这种关系建立适当的数学模型,就可以根据父代的数值预测子代的取值,这就是经典的回归方法要解决的问题。

回归分析(regression analysis)是研究既具有相关关系,又具有因果关系的现象之间的一种统计分析方法。它在经济管理、科学研究、工程技术等领域具有广泛的应用价值。即通过建立模型来研究一个变量(称之为因变量或被解释变量)与另一个或多个变量(称之为自变量或解释变量)之间相互关系具体形式的一种统计方法。它对具有相关关系的变量之间的数量联系进行测定,确定一个回归方程,根据这个回归方程可以从已知量来推测未知量,从而为估算和预测提供依据。

回归模型的形式多种多样。按使用自变量的个数,回归模型可分为一元回归模型和多元回归模型。只有一个自变量的,称为一元回归模型;自变量个数大于等于两个的,称为多元回归模型。按变量之间的相关关系,回归模型可分为线性回归模型和非线性回归模型。自变量与因变量呈直线相关的回归模型称为线性回归模型,不呈直线相关的回归模型称为非线性回归模型。其中,一元线性回归模型是最简单、最基本的回归模型形式。

1. 回归分析与相关分析的联系

回归分析和相关分析都是对变量之间数量依存关系的分析。它们有着密切联系,不仅具有共同的研究对象,而且在具体应用时也是相互补充的。相关分析是回归分析的基础与前提,一般只有当变量存在着相关关系时,才开展回归分析。相关程度越高,回归测定的结果越有效。而回归分析是相关分析的深入和继续。对于具有密切相关关系的变量进行深入分析,建立它们之间的数学表达式,并进行统计推断与预测,是相关分析的深入和拓展。

2. 回归分析与相关分析的区别

回归分析与相关分析在变量的地位、数据分析的作用等方面又有区别。它们的区别归纳起来如表 7-4 所示。

表 7-4 回归与相关分析的主要差别

回 归 分 析	相 关 分 析
变量 x 为自变量,处于解释地位;变量 y 为因变量,处于被解释地位	变量 x 与变量 y 处于对等的地位
因变量 y 是随机变量,自变量 x 是确定性变量	所涉及的变量 x 与 y 都是随机变量
不仅可以揭示变量 x 对 y 的影响大小,还可应用回归方程进行预测与控制	主要刻画变量 x 与 y 之间线性相关的密切程度

回归分析与相关分析有何联系与区别?

7.2.2 一元线性回归分析

1. 一元线性回归模型

在许多问题的研究中,经常需要研究某一现象与影响它的最主要因素之间的关系。若变量 x 与 y 之间存在着相关关系和因果关系,因变量 y 主要受自变量 x 的影响。一般来说,对于具有线性关系的两个变量,可以借助于一个线性模型来刻画它们的关系:

$$y = a + bx + \varepsilon$$

其中,a 与 b 是未知的常数,称为回归系数。ε 称为误差项随机变量,它反映了除变量 x 与 y 之间的线性关系之外的随机因素对 y 的影响,是不能由 x 与 y 之间的线性关系来解释的变异性。

上式表达了变量 x 与 y 密切相关，但密切程度又没有到 y 由 x 唯一确定的这种特殊关系。一般地，我们称 y 为被解释变量或因变量；x 为解释变量或自变量。

2. 一元线性回归系数的确定

回归模型的回归系数 a 与 b 在一般情况下都是未知数，必须根据样本观察数据 $(x_i, y_i)(i=1,2,\cdots,n)$ 来估计。确定回归系数的原则是要使得样本的回归直线同观察值的拟合状态最好，即要使得各观察点离样本回归直线最近。根据这一思想确定回归系数的方法称为**最小平方法**，也叫**最小二乘法**。

这里讲的最小平方法与 4.4.2 节里的长期趋势分析的最小平方法是同一方法。实际上，长期趋势的测定也是回归法的一种，它是把时间作为自变量，动态指标作为因变量计算的。因此，4.4.2 节讲的有关公式，在这里也都适用，只需要把 4.4.2 节的公式里的时间变量符号 t 改为自变量 x 即可，亦即：

$$b = \frac{n\sum xy - \sum x \sum y}{n\sum x^2 - \left(\sum x\right)^2}$$

$$a = \frac{\sum y}{n} - b\frac{\sum x}{n} = \bar{y} - b\bar{x}$$

利用这两个公式可以算出 a 和 b，从而得出回归方程 $\hat{y}=a+bx$。

3. 一元线性回归方程的拟合优度检验

对于任意两个变量的一组观测值，可以运用最小平方法得到一条线性回归方程。在建立回归方程以后，下一步就是要测定回归估计值的可靠性。在实际研究中，估计值 $\hat{y}$ 与对应的观测值 y 之间有一定离差，称为估计误差。这种误差的大小就是反映回归直线的拟合优度。因变量的各个观测值点聚集在回归直线 $\hat{y}=a+bx$ 周围的紧密程度，称作回归直线对观测值点的拟合程度，通常用可决系数 R^2 来表示。

可决系数 R^2 是检验回归方程拟合优度的一个重要指标，R^2 的取值范围是：$0\leqslant R^2\leqslant 1$。若全部观测点 $y_i(i=1,2,\cdots,n)$ 都落在回归直线上，则 $R^2=1$；若自变量的观测值完全无助于解释因变量的变差，则 $R^2=0$。显然，R^2 越接近于 1，用自变量 x 的变化解释因变量 y 的变差的部分就越多，表明回归直线与各观测值点越接近，回归直线的拟合度越高。相反 R^2 的取值较小，说明了回归方程所引入的自变量不是一个好的解释变量，它所能解释的变差占总变差的比例较低。

回归直线拟合优度的另一个测度是线性相关系数 r。在一元线性回归中，线性相关系数 $r = \dfrac{n\sum xy - \sum x \sum y}{\sqrt{n\sum x^2 - \left(\sum x\right)^2}\cdot\sqrt{n\sum y^2 - \left(\sum y\right)^2}}$ 实际上是可决系数 R^2 的

平方根，即 $r = \pm\sqrt{R^2}$。$|r|$ 越接近于 1，表明回归直线拟合优度越高。

例 7-2 根据表 7-2 的数据，以考试分数 y 为因变量，以复习时间 x 为自变量，建立一元线性回归方程，并对回归方程进行拟合优度检验。假设某学生在期末考试之前复习时间为 38 小时，请根据已建立的方程预测其考试分数。

解：已知 $n=8$，$\sum x = 192$，$\sum y = 608$，$\sum x^2 = 4902$，$\sum xy = 15032$，则：

$$b = \frac{n\sum xy - \sum x\sum y}{n\sum x^2 - \left(\sum x\right)^2} = \frac{8 \times 15032 - 192 \times 608}{8 \times 4902 - 192^2} \approx 1.50$$

$$a = \frac{\sum y}{n} - b\frac{\sum x}{n} \approx \frac{608}{8} - 1.50 \times \frac{192}{8} \approx 40.08$$

所以，一元线性回归方程为

$$\hat{y} = a + bx \approx 40.08 + 1.50x$$

上式中，回归系数 1.50 表示复习时间每增加 1 小时，该学生的考试分数平均增加 1.50 分。当 $x=38$ 时，相应的 $\hat{y} \approx 40.08 + 1.50 \times 38 = 97.08$，亦即若某学生在期末考试之前复习时间为 38 小时，他相应的考试分数约为 97.08 分。

结合例 7-1 可知：复习时间与考试分数之间的相关系数 $r \approx 0.86$，可决系数 $R^2 = 0.86^2 \approx 0.74$，这表明可决系数高度接近于 1，回归方程拟合程度很好。

7.2.3 多元线性回归分析

一元线性回归反映的是一个自变量和一个因变量之间的线性关系。然而，在许多实际问题中，影响因变量的因素往往有多个。例如，一个企业的利润除了受销售量的影响外，还受到销售价格、产品成本的影响。因此，仅仅考虑一个自变量因素还是不够的，需要对多个自变量进行分析。这种一个因变量和多个自变量的回归就是多元回归。当因变量与各自变量之间为线性关系时，称为多元线性回归。多元线性回归模型的分析原理同一元线性回归模型基本相同，但计算上要复杂得多，这将在第 8 章借助 Excel 软件来实现。

7.3 本章小结

通过学习、思考与练习，学生应能理解与掌握以下相关知识点。

1. 相关分析

（1）相关关系的概念

一般来说，概括起来可以分为两种类型：函数关系和相关关系。

（2）相关关系的种类

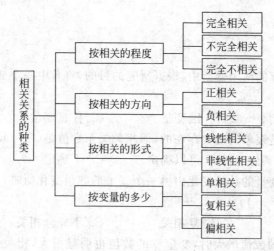

图 7-2　相关关系的种类

（3）相关关系的测量工具

相关关系的两种测量工具，即相关表与相关图。相关表和相关图是测量相关关系的直观工具。在进行相关分析时，首先需要编制相关表和相关图来直观地判断变量之间是否存在相关关系，以及大致会呈现何种关系形态。

（4）相关系数的计算

相关系数是对两个变量之间具有**线性相关程度**的度量，反映两个变量之间线性相关关系的密切程度和相关方向。样本相关系数 r 的计算公式为：

$$r = \frac{\sum (x - \bar{x})(y - \bar{y})}{\sqrt{\sum (x - \bar{x})^2 \cdot \sum (y - \bar{y})^2}}$$

2. 回归分析

回归分析概述；回归分析的种类；回归分析与相关分析的联系与区别；一元线性回归模型及拟合优度检验；多元线性回归概述。其中，回归分析的种类可用图 7-3 表示。

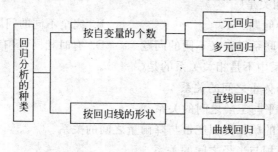

图 7-3　回归分析的种类

7.4 练习题

一、单选题

1. 在相互依存的两个变量中,根据研究的目的,将其中一个变量定为自变量,另一个变量定为( )。

    A. 固定变量　　　　B. 因变量　　　　　C. 任意变量　　　　D. 自变量

2. 相关关系是现象间确实存在的,但相关关系数值是( )的相互依存关系。

    A. 不完全确定　　　B. 可以确定　　　　C. 不确定　　　　　D. 无法确定

3. 如果一个变量的数量变化由另一个变量的数量变化所唯一确定,这时两个变量间的关系称为( )。

    A. 单相关　　　　　B. 复相关　　　　　C. 不完全相关　　　D. 完全相关

4. 当变量 x 的数值增大时,变量 y 的数值也明显增大,相关点的分布集中呈直线状态,则表明这两个变量间是( )。

    A. 强正相关　　　　B. 弱正相关　　　　C. 强负相关　　　　D. 弱负相关

5. 在计算相关系数时,要求相关的两个变量( )。

    A. 都是随机变量

    B. 都是非随机变量

    C. 一个是随机变量,另一个是非随机变量

    D. 区分出因变量和自变量

6. 判定现象之间相关关系密切程度的主要方法是( )。

    A. 绘制相关图　　　　　　　　　B. 编制相关表

    C. 进行定性分析　　　　　　　　D. 计算相关系数

7. 若所有的观察值 y 都落在回归直线方程 $\hat{y} = a + bx$ 上,则 x 与 y 之间的相关系数为( )。

    A. $-1 \leqslant r \leqslant 0$　　B. $|r| = 1$　　　C. $r = 0$　　　　D. $0 < r < 1$

8. 在相关分析中,由于两个变量的关系是对等的,从而变量 x 与变量 y 相关同变量 y 与变量 x 相关是( )。

    A. 同一个问题　　　　　　　　　B. 完全不同的问题

    C. 有一定联系但意义不同的问题　　D. 有时相同,但有时不同的问题

9. 下面的关系中不是相关关系的是( )。

    A. 身高与体重之间的关系

    B. 工资水平与工龄之间的关系

    C. 农作物的单位面积产量与降雨量之间的关系

    D. 圆的面积与半径之间的关系

10. 具有相关关系的两个变量的特点是(　　)。

    A. 一个变量的取值不能由另一个变量唯一确定

    B. 一个变量的取值由另一个变量唯一确定

    C. 一个变量的取值增大时另一个变量的取值也一定增大

    D. 一个变量的取值增大时另一个变量的取值肯定变小

11. 下面的假定中,属于相关分析中的假定是(　　)。

    A. 两个变量之间是非线性关系

    B. 两个变量都是随机变量

    C. 自变量是随机变量,因变量不是随机变量

    D. 一个变量的数值增大,另一个变量的数值也应增大

12. 如果一个变量的取值完全依赖于另一个变量,各观测点落在一条直线上,则称这两个变量之间为(　　)。

    A. 完全相关关系   B. 正线性相关关系

    C. 非线性相关关系   D. 负线性相关关系

13. 根据你的判断,下面的相关系数取值哪一个是错误的:(　　)。

    A. -0.86 B. 0.78 C. 1.25 D. 0

14. 设产品产量与产品单位成本之间的线性相关关系为 -0.87,这说明二者之间存在着(　　)。

    A. 高度相关   B. 中度相关   C. 低度相关   D. 极弱相关

15. 在回归分析中,描述因变量 y 如何依赖于自变量 x 和误差项 ε 的方程称为(　　)。

    A. 回归方程   B. 回归模型

    C. 估计回归方程   D. 经验回归方程

16. 在回归模型 $y = \beta_0 + \beta_1 x + \varepsilon$ 中,误差项 ε 反映的是(　　)。

    A. 由于 x 的变化引起的 y 的线性变化部分

    B. 由于 y 的变化引起的 x 的线性变化部分

    C. 除 x 和 y 的线性关系之外的随机因素对 y 的影响

    D. 由于 x 和 y 的线性关系而对 y 产生的影响

17. 如果两个变量之间存在负相关关系,下列回归方程中哪个肯定有误:(　　)。

    A. $\hat{y} = 25 - 0.75x$ B. $\hat{y} = -120 + 0.86x$

    C. $\hat{y} = 200 - 2.5x$ D. $\hat{y} = -34 - 0.74x$

18. 说明回归方程拟合优度的统计量是(　　)。

    A. 相关系数   B. 回归系数

    C. 判定系数   D. 估计标准误差

19. 一个由 100 名年龄在 30～60 岁的男子组成的样本,测得其身高与体重的相

关系数 $r=0.45$,则下列陈述中不正确的是(   )。

  A. 较高的男子趋于较重   B. 身高与体重存在低度正相关

  C. 体重较重的男子趋于较高   D. 45% 的较高的男子趋于较重

20. 若变量 x 与 y 之间的相关系数 $r=0.8$,则回归方程的判定系数 R^2 为(   )。

  A. 0.8   B. 0.89   C. 0.64   D. 0.40

21. 对具有因果关系的现象进行回归分析时(   )。

  A. 只能将原因作为自变量   B. 只能将结果作为自变量

  C. 二者均可作为自变量   D. 没有必要区分自变量

二、多选题

1. 相关关系的关系程度不同有(   )。

  A. 单相关   B. 复相关   C. 不相关

  D. 完全相关 E. 不完全相关

2. 相关关系的判断,一般用(   )来判断。

  A. 定性分析 B. 相关表   C. 相关图

  D. 建立回归直线方程   E. 估计标准误差

3. 若变量 x 的数值增大时,变量 y 的数值显著减少,相关点的分布集中呈直线状,反映了两个变量间的(   )。

  A. 负相关   B. 正相关   C. 强负相关

  D. 弱负相关 E. 直线相关

4. 在回归分析中,变量 y 与变量 x 的关系是(   )。

  A. 不对等的

  B. 对等的

  C. 自变量是确定性的,因变量是随机的

  D. 自变量是随机的,因变量确定性的

  E. 如果 x 是自变量,y 就是因变量

5. 由变量 y 依变量 x 回归和由变量 x 依变量 y 回归所得的回归方程是不同的,这个不同表现在(   )。

  A. 与方程对应的两条直线,只有一条经过点 $(\bar{x}, \bar{y})$

  B. 方程的参数值一般不一样

  C. 参数的实际意义不一样

  D. 估计标准差也会不同的

  E. 计算方程式的参数的方法可能不同

6. 在直线相关条件下,可以据以判定变量之间相关关系密切程度的统计分析指标是(   )。

  A. 回归系数 B. 相关系数 C. 复相关系数

D. 判定系数　　　E. 估计标准误差

7. 如下的现象属于负相关的有（　　）。

A. 家庭收入越多，其消费支出也越多

B. 流通费用率随商品销售额的增加而降低

C. 生产单位产品所耗用的工时，随着劳动生产率的提高而减少

D. 产品的单位成本会随产量的扩大而降低

E. 工人劳动生产率越高，则创造的产值会越多

8. 产品的单位成本 y（单位：元）对产量 x（单位：千件）的回归直线方程为 $\hat{y}=77.37-1.82x$，这意味着（　　）。

A. 如果产量每增加 1000 件，单位成本平均下降 1.82 元

B. 如果产量每减少 1000 件，单位成本平均上升 1.82 元

C. 如果产量是 1000 件，则单位成本是 77.37 元

D. 如果产量是 2000 件，则单位成本将是 73.73 元

E. 如果产量是 1000 件，则单位成本是 75.55 元

9. 下列现象不具有相关关系的有（　　）。

A. 人口自然增长率与农业贷款　　　B. 圆的半径长度与周长

C. 降雨量与农作物产量　　　　　　D. 商品销售额与利润率

E. 单位产品成本与劳动生产率

10. 一个由 500 人组成的成人样本资料，表明其收入水平与受教育程度之间的相关系数 $r=0.6314$，这说明（　　）。

A. 二者之间具有显著的正线性相关关系

B. 二者之间只有 63.14% 的正线性相关关系

C. 63.14% 的高收入者具有较高的受教育程度

D. 63.14% 的受教育程度较高者有较高的收入

E. 通常来说受教育程度较高者有较高的收入

三、判断题。（对的打√，错的打×）

（　　）1. 正相关指的是两个变量之间的变动方向都是上升的。

（　　）2. 当相关系数为正时，回归系数一定为正。

（　　）3. 负相关指的是两个变量变化趋势相反。一个上升，而另一个下降。

（　　）4. 计算相关系数的两个变量都是随机变量。

（　　）5. 相关系数是测定变量之间相关程度的唯一方法。

（　　）6. 回归分析和相关分析一样，所分析的两个变量都一定是随机变量。

（　　）7. 对于没有明显因果关系的两个变量可以求得两个回归方程。

（　　）8. 利用一个回归方程，两个变量可以互相推算。

（　　）9. 相关系数是在曲线相关条件下，说明两个变量之间相关关系密切程度

的统计分析指标。

(　　)10. 一项研究显示,医院的大小(用病床数 x 反映)和病人住院天数的人数 y 之间是正相关,这说明二者之间有一种必然的联系。

四、简答题

1. 试述相关分析与回归分析的联系和区别。

2. 相关关系的特点是什么?

3. 相关关系与函数关系有何区别?

4. 相关分析的作用有哪些?

5. 回归分析的主要任务是什么?

五、计算题

1. 一国的货币供应量与该国的国内生产总值(GDP)之间应保持一定的比例关系,否则就会引起通货膨胀。为研究某国的一段时间内通货膨胀状况,研究人员搜集了该国的货币供应量和同期国内生产总值的历史数据,如表 7-5 所示。

表 7-5　货币供应量与国内生产总值资料　　　　　　　单位:亿元

年份	货币供应量	国内生产总值
1991	2.203	6.053
1992	2.276	6.659
1993	2.454	8.270
1994	2.866	8.981
1995	2.992	11.342
1996	3.592	11.931
1997	4.021	12.763
1998	4.326	12.834
1999	4.392	14.717
2000	4.804	15.577
2001	5.288	15.689
2002	5.348	15.715

要求:(1) 试以货币供应量为因变量 y,该国国内生产总值为自变量 x,建立回归直线方程。

(2) 若该国的国内生产总值达到 16.0,那么请对货币供应量进行预测。(结果保留两位小数)

2. 研究结果表明受教育时间与个人的年薪之间呈正相关关系。研究人员搜集了不同行业在职人员的有关受教育年数和年薪的数据,如表 7-6 所示。

表 7-6　受教育时间与年薪资料

受教育年数 x	年薪 y/万元	受教育年数 x	年薪 y/万元
8	3.00	7	3.12
6	2.00	10	6.40
3	0.34	13	8.54
5	1.64	4	1.21
9	4.30	4	0.94
3	0.51	11	4.64

要求：（1）做散点图，并说明变量之间的关系；

（2）建立回归直线方程。

（3）当受教育年数为 15 年时，试对其年薪进行预测。（结果保留两位小数）

3．某企业的产品产量和成本资料如下：

表 7-7　产量和成本资料

月份	产量/千台	单位成本/（元/台）
1	2	73
2	3	72
3	4	71
4	3	73
5	4	69
6	5	68

要求：（1）计算相关系数。

（2）建立单位成本为因变量的线性回归方程。分析产量每增 1000 台，单位成本是如何变化的？

（3）当产量为 6000 台时，单位成本将是多少元？

4．某公司的广告费支出与产品销售额资料如下：

表 7-8　广告费和销售额资料

广告费 x/百元	6	4	8	2	3	5
销售额 y/百元	50	40	70	30	45	60

要求：建立线性回归方程，并说明回归系数的统计含义。

第 8 章　Excel 的统计数据分析应用

学习目标

1. 掌握 Excel 在数据整理与汇总中的应用；
2. 掌握 Excel 在时间序列长期趋势分析中的应用；
3. 掌握 Excel 在抽样与区间估计中的应用；
4. 掌握 Excel 在线性回归分析中的应用。

基本概念

数据整理　统计图表　时间数列　抽样分析　区间估计　回归分析

案例导入　中国旅游市场发展现状

旅游业,国际上称为旅游产业,是以旅游资源为凭借、以旅游设施为条件,专门或者主要从事招徕、接待游客,为其提供交通、游览、住宿、餐饮、购物、文娱等六个环节服务的综合性行业。旅游业由旅游资源、旅游设施、旅游服务三大要素组成。按业务种类划分,旅游业可分为组织国内旅客在本国进行旅行游览活动,组织国内旅客到国外进行旅行游览活动和接待外国人到自己国家进行旅行游览活动。

近年来,中国旅游业一直保持高速发展,国内旅游收入也一直保持不断增长的势头(如表 8-1 所示)。旅游业作为国民经济新的增长点,在整个社会经济发展中的作用日益显现。中国的旅游业分为国内旅游和入境旅游两大市场,国内旅游发展迅速,与此同时入境旅游也在不断增加。随着居民消费能力的提升以及城市化进程的持续加快,我国居民旅游潜力将加速释放,我国旅游业将迎来新一轮的黄金增长期。

2015 年,国内旅游人数达到 40 亿人次,比上年增长 10.5%,增长速度略低于上年同期的 10.7%；国内旅游收入 34195 亿元,增长 13.1%,增长速度低于上年同期的 15.4%。国内旅游人均消费增速有抬头之势,城镇居民旅游人均消费水平进入回升通道。我国国内旅游人均消费的增长动力主要源于城镇居民人均旅游消费水平的提升,中国将从初步小康型旅游大国迈向全面小康型旅游大国,在规模、质量、效益上都达到世界旅游大国的水平。预计到 2020 年,国内游人数达 73.5 亿人次,旅游收入接近 7 万亿元,城乡平均出游次数差距将进一步缩小,城镇居民出游次数为 5.6 次,农村居民出游为 4.7 次,平均为人均 5 次,旅游活动将更加广泛地覆盖中国城乡人口。中国人均国内旅游消费将达到 1700 元,国内旅游消费总额将达到 10.5 万亿元,入境旅游人数达到 1.6 亿人次,旅游外汇收入超过 1600 亿美元。国内旅游业现已发展成一个集食、住、行、游、购、娱为一体的多业态产业群,它将成为寻常百姓的日常生活方式。中国将成为全球最大国内游市场。

表 8-1   1996—2015 年中国旅游发展情况

年份	国内旅游收入 y/亿元	国内旅游人数 x_1/万人次	人均旅游支出 x_2/元
1996	1638.4	64000	256.2
1997	2112.7	64400	328.1
1998	2391.2	69500	345.0
1999	2831.9	71900	394.0
2000	3175.5	74400	426.6
2001	3522.4	78400	449.5
2002	3878.4	87800	441.8
2003	3442.3	87000	395.7
2004	4710.7	110200	427.5
2005	5285.9	121200	436.1
2006	6229.7	139400	446.9
2007	7770.6	161000	482.6
2008	8749.3	171200	511.0
2009	10183.7	190200	535.4
2010	12579.8	210300	598.2
2011	19305.4	264100	731.9
2012	22706.2	295700	767.9
2013	26276.1	326200	805.5
2014	30311.9	361100	839.7
2015	34195.1	400000	857.0

数据来源:《中国统计年鉴 2016》

其中,在国内人均旅游支出方面,包括城镇居民人均旅游支出和农村居民人均旅游支出。其数据资料如表 8-2 所示。

表 8-2   1996—2015 年人均旅游支出构成

人均旅游支出/元	城镇居民/元	农村居民/元
256.2	534.1	70.5
328.1	599.8	145.7
345.0	607.0	197.0
394.0	614.8	249.5

续表

人均旅游支出/元	城镇居民/元	农村居民/元
426.6	678.6	226.6
449.5	708.3	212.7
441.8	739.7	209.1
395.7	684.9	200.0
427.5	731.8	210.2
436.1	737.1	227.6
446.9	766.4	221.9
482.6	906.9	222.5
511.0	849.4	275.3
535.4	801.1	295.3
598.2	883.0	306.0
731.0	877.8	471.4
767.9	914.5	491.0
805.5	946.6	518.9
839.7	975.4	540.2
857.0	985.5	554.2

数据来源:《中国统计年鉴 2016》

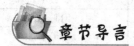 **章节导言**

开发微观调查数据,服务经济社会发展。——许宪春

Microsoft Excel 2013 作为 Microsoft Office 2013 电子表格文件处理工具,不仅具有进行相关电子表格处理的功能,而且还带有一个可以用来进行统计数据处理分析的宏程序库,叫"分析工具库"。如果 Excel 电子表格"工具"项的下拉菜单中没有"数据分析"功能,Excel 并不能直接用来进行统计数据的处理分析,需要加载宏,启动"数据分析→宏→分析工具库"系统后才能运行统计数据的处理分析工具。

加载"数据分析"宏,可单击 Excel 中"工具"菜单,在弹出的"加载宏"对话框中选中"分析工具库",如图 8-1 所示。然后单击"确定"。"数据分析"宏程序加载后,会在 Excel 的"工具"菜单出现"数据分析"的命令选项。

图 8-1　加载宏对话框

Excel 具有大量的内置函数,内置函数就是预定义的内置公式,它使用参数并按照特定的顺序进行计算。函数的参数可以是数字、文本、逻辑值或单元格的引用,也可以是常量公式或其他函数。Excel 提供了 77 个统计函数。在 Excel 运行过程中调用统计函数主要采用两种方法:第一种是在单元格中直接输入等号及统计函数的函数名称,然后在有关的参数选项中填入正确的参数,即可得到计算结果;第二种是打开"插入"菜单中的"函数",选择其中的"统计"选项,然后选定需要调用的统计函数名称,再输入确定的参数就能得到函数的计算结果。

8.1 Excel 在数据整理与汇总中的应用

8.1.1 统计数据分组、编制变量分配数列与绘制统计图

整理统计数据的重要方法是进行统计数据分组,建立频数分布,较好地描述数据分布状态。

现从某市某个旅游景区里,随机抽取了 32 名旅客,并得到了其在 2016 年 6 月份的旅游消费支出数据,如表 8-3 所示。

表 8-3　32 名旅客的旅游消费支出　　　　　　　　　　单位:元

1510	1450	1480	1460	1520	1480	1490	1460
1480	1510	1530	1470	1500	1520	1510	1470
1380	1470	1510	1500	1400	1610	1650	1320
1350	1610	1650	1320	1430	1550	1530	1520

下面以表 8-3 中的旅游消费支出数据为例,以 1375、1430、1485、1540、1595、1650 为组限,对旅客 6 月份旅游消费支出编制组距式变量分配数列,并计算其频数。同时对分组资料用统计表和统计图的形式加以体现。

1. 统计数据分组与编制变量分配数列

在 Excel 中有一个专门用于统计数据分组的函数 FREQUENCY,能进行统计数据分组,计算各组的频数和频率。

(1) 将原始数据或排序后的数据输入到 A2:A33,把各组的上下限确定好后,任意选择放到 B6:B11。

(2) 单击 C6 单元格,从"插入→函数",弹出"插入函数"对话框,选择统计函数类别,再选择"FREQUENCY"函数,如图 8-2 所示。单击"确定"按钮。

(3) 在弹出的"函数参数"对话框中,"Data_array"栏输入待分组计算频数分布的原数据,本例为 A2:A33。在"Bins_array"栏中输入分组标志(按组距上限分组,上组

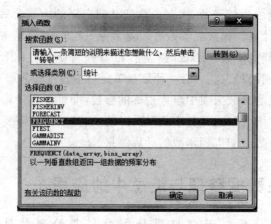

图 8-2　插入函数对话框

限不在内原则),本例为输入"{1374;1429;1484;1539;1594;1649}"。在输入过程中,数据前后必须加大括号,数据间用分号分隔,如图 8-3 所示。单击"确定"按钮。

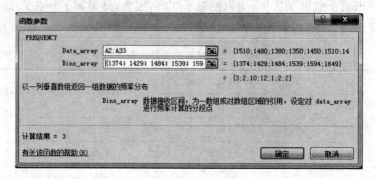

图 8-3　函数参数对话框

(4) 在 C6 中显示 3,选定 C6:C11 单元格为放置计算结果的区域,按 F2 键,再按 Shift+Ctrl+Enter 组合键,即可显示组距式变量频数分布数列,如图 8-4 所示。

2. 绘制统计图

(1) 反映分组数据的统计图——直方图

① 在 Excel 中输入数据。分别输入"旅游消费支出"和组限,如图 8-6 所示。

② 在 B2:B7 中设定各组上限:1375,1430,1485,1540,1595,1650。

③ 单击 C1 单元格,执行菜单命令"数据(或工具)→数据分析",调出"数据分析"对话框,选择"直方图"选项,如图 8-5 所示。

④ 在"直方图"对话框中,输入相关数据。输入区域为 \$A\$1:\$A\$33,接收区域为 \$B\$1:\$B\$7,输出区域为 \$C\$1。同时选中"标志""累积百分比""图表输出"这三个复选框。单击"确定"按钮,输出结果如图 8-6 所示。

	A	B	C
1	旅客旅游支出		
2	1510	组数	6
3	1480	组距	55
4	1380		
5	1350	旅游支出分组	频数
6	1450	1320-1375	3
7	1510	1375-1430	2
8	1470	1430-1485	10
9	1610	1485-1540	12
10	1480	1540-1595	1
11	1530	1595-1650	4
12	1510	合计	32
13	1650		
14	1460		
15	1470		
16	1500		
17	1320		
18	1520		
19	1500		
20	1400		
21	1430		
22	1480		
23	1520		

图 8-4　组距式变量分配数列

图 8-5　分析工具对话框

	A	B	C	D	E
1	旅游消费支出	组限（上限）	组限（上限）	频率	累积 %
2	1510	1375	1375	3	9.38%
3	1480	1430	1430	3	18.75%
4	1380	1485	1485	9	46.88%
5	1350	1540	1540	12	84.38%
6	1450	1595	1595	1	87.50%
7	1510	1650	1650	4	100.00%
8	1470		其他	0	100.00%
9	1610				
10	1480				
11	1530				
12	1510				
13	1650				
14	1460				
15	1470				
16	1500				
17	1320				
18	1520				
19	1500				
20	1400				
21	1430				
22	1480				
23	1520				

图 8-6　直方图

⑤ 修改图 8-6。为了使图更直观理解,需要将各个柱形连接起来。点中图 8-6 中的某个柱形,单击右键。在弹出的菜单中,选择"数据系列格式",此时在弹出的数据系列格式对话框中,点击"选项"按钮,将"分类间距"调整为 0。单击"确定"按钮,即得到如图 8-7 所示的结果。

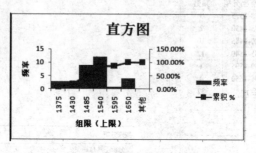

图 8-7 直方图

很明显,样本数据在 1430-1485、1485-1540 两组中的频率最大,分别为 28.13%、37.5%,旅游消费支出分布存在左偏倾向。

(2) 反映定性数据的统计图——条形图、饼图

2015 年,国内旅游人数为 400000 万人次。假设东部地区的旅游人数为 200000 万人次,中部地区的旅游人数为 150000 万人次,西部地区的旅游人数为 50000 万人次,以此来绘制条形图、饼图。

绘制条形图

① 在 Excel 中输入相关数据;

② 执行菜单命令"插入→图表→条形图",然后单击"下一步"按钮;如图 8-8 所示;

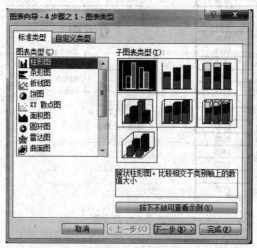

图 8-8 图表向导对话框

③ 在"数据区域"栏中选中 A1:C4,单击"下一步"按钮;

④ 生成图 8-9,可以对图表进行适当的定义与修改;

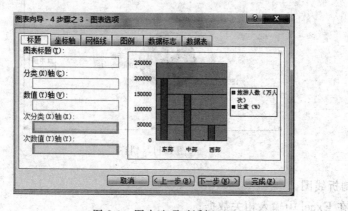

图 8-9　图表选项对话框

⑤ 单击"完成"按钮,就生成相应的条形图,如图 8-10 所示。

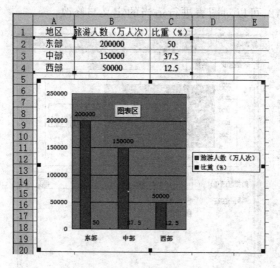

图 8-10　条形图

绘制饼图

同理,绘制饼形图可以按照与条形图同样的步骤进行操作。最后生成的饼形图如图 8-11 所示。

(3) 反映时序数据的统计图——折线图、散点图

国内人均旅游支出,包括城镇居民人均旅游支出和农村居民人均旅游支出两方面。以表 8-2 的数据进行绘制。

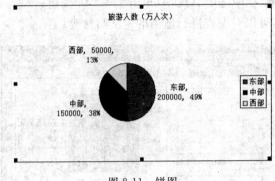

图 8-11　饼图

绘制折线图

① 在 Excel 中输入相关数据；

② 执行菜单命令"插入→图表→折线图"，然后单击"下一步"按钮；

③ 在"数据区域"栏选中 A1：C21，单击"下一步"按钮；

④ 生成图 8-12，可以对图表进行适当的定义与修改。

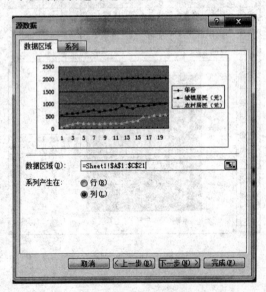

图 8-12　源数据对话框

⑤ 单击"完成"按钮，就生成相应的折线图，如图 8-13 所示。

绘制散点图

根据表 8-1 中的国内旅游收入数据来绘制散点图，从而判断 1996—2015 年间旅游收入的发展趋势。

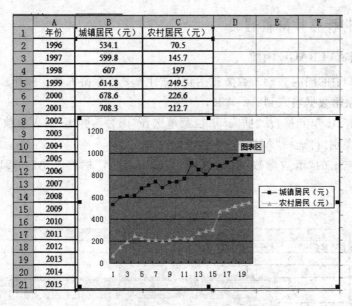

	A	B	C	D	E	F
1	年份	城镇居民（元）	农村居民（元）			
2	1996	534.1	70.5			
3	1997	599.8	145.7			
4	1998	607	197			
5	1999	614.8	249.5			
6	2000	678.6	226.6			
7	2001	708.3	212.7			
8	2002					
9	2003					
10	2004					
11	2005					
12	2006					
13	2007					
14	2008					
15	2009					
16	2010					
17	2011					
18	2012					
19	2013					
20	2014					
21	2015					

图 8-13　折线图

① 打开 Excel 录入相关数据；

② 选中 A1:B21，执行菜单命令"插入→图表→散点图"，然后单击"下一步"按钮；生成图 8-14。

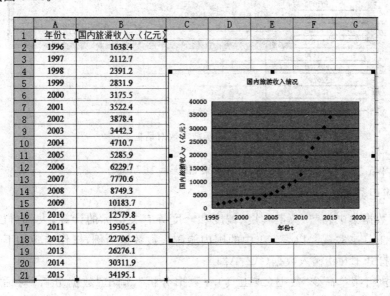

	A	B	C	D	E	F	G
1	年份t	国内旅游收入y（亿元）					
2	1996	1638.4					
3	1997	2112.7					
4	1998	2391.2					
5	1999	2831.9					
6	2000	3175.5					
7	2001	3522.4					
8	2002	3878.4					
9	2003	3442.3					
10	2004	4710.7					
11	2005	5285.9					
12	2006	6229.7					
13	2007	7770.6					
14	2008	8749.3					
15	2009	10183.7					
16	2010	12579.8					
17	2011	19305.4					
18	2012	22706.2					
19	2013	26276.1					
20	2014	30311.9					
21	2015	34195.1					

图 8-14　散点图

8.1.2　集中趋势与离散程度

1. 使用 AVERAGE 函数

以表 8-1 中的国内旅游人数数据为例,试计算平均旅游人数。操作步骤如下:

(1) 将原始数据输入到 A2:A21;

(2) 单击 B1 单元格,从"插入"下拉菜单选择"函数",弹出"插入函数"对话框,选择统计函数类别,再选择"AVERAGE"函数;

(3) 在弹出的"函数参数"对话框中,在"Number1"栏输入 A2:A21,如图 8-15所示;

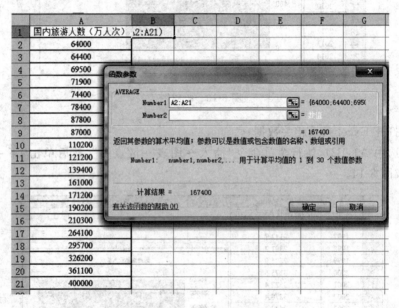

图 8-15　函数参数对话框

(4) 单击"确定"按钮。得到计算结果,即 $\bar{x} = 167400$。

2. 使用分析工具

关于数据集中趋势、离散程度、偏度和峰度等有关指标的计算,大都可以用描述统计分析工具来实现。以表 8-1 中的国内旅游人数数据为例,操作步骤如下:

(1) 打开 Excel 输入数据(A2:A21);

(2) 执行菜单命令"数据(或工具)→数据分析",调出"数据分析"对话框,选择"描述统计"选项,单击"确定"按钮;

(3) 在"输入区域"栏选中 A2:A21,"输出区域"选中 B3。同时勾选"汇总统计"

复选框,如图 8-16 所示;

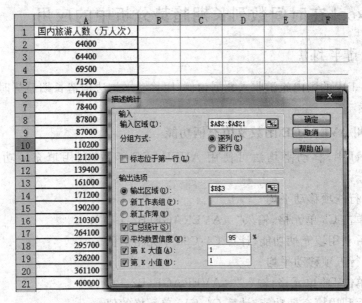

图 8-16　描述统计对话框

(4) 单击"确定"按钮,就得到如图 8-17 所示的结果。

	A	B	C
1	国内旅游人数（万人次）		
2	64000		
3	64400	列1	
4	69500		
5	71900	平均	167400
6	74400	标准误差	24095.9
7	78400	中位数	130300
8	87800	众数	#N/A
9	87000	标准差	107760
10	110200	方差	1.2E+10
11	121200	峰度	-0.3409
12	139400	偏度	0.94002
13	161000	区域	336000
14	171200	最小值	64000
15	190200	最大值	400000
16	210300	求和	3348000
17	264100	观测数	20
18	295700	最大(1)	400000
19	326200	最小(1)	64000
20	361100	置信度(95.0%)	50433.3
21	400000		

图 8-17　描述统计结果

8.2 Excel 在时间数列长期趋势分析中的应用

8.2.1 移动平均法

以表 8-1 中的国内旅游收入数据为例,用移动平均法构造长期趋势时间数列,操作步骤如下:

1. 使用 AVERAGE 函数及填充柄功能

在 Excel 中,移动平均法可使用 AVERAGE 函数,利用填充柄功能求得,如图 8-18 所示。

(1)进行三项移动平均

① 可单击 C3 单元格,输入"=AVERAGE(B2:B4)";

② 然后利用填充柄功能,计算 C4:C20 单元格的值。

(2)进行五项移动平均

① 可单击 D4 单元格,输入"=AVERAGE(B2:B6)";

② 然后利用填充柄功能,计算 C4:C19 单元格的值。

	A	B	C	D
1	年份	国内旅游收入（亿元）	三项移动平均	五项移动平均
2	1996	1638.4	—	
3	1997	2112.7	2047.433333	—
4	1998	2391.2	2445.266667	2429.94
5	1999	2831.9	2799.533333	2806.74
6	2000	3175.5	3176.6	3159.88
7	2001	3522.4	3525.433333	3370.1
8	2002	3878.4	3614.366667	3745.86
9	2003	3442.3	4010.466667	4167.94
10	2004	4710.7	4479.633333	4709.4
11	2005	5285.9	5408.766667	5487.84
12	2006	6229.7	6428.733333	6549.24
13	2007	7770.6	7583.2	7643.84
14	2008	8749.3	8901.2	9102.62
15	2009	10183.7	10504.26667	11717.76
16	2010	12579.8	14022.96667	14704.88
17	2011	19305.4	18197.13333	18210.24
18	2012	22706.2	22762.56667	22235.88
19	2013	26276.1	26431.4	26558.94
20	2014	30311.9	30261.03333	—
21	2015	34195.1	—	—
22				

图 8-18 移动平均法计算

2. 使用分析工具

(1)在 Excel 中输入数据(B2:B21);

(2)执行菜单命令"数据(或工具)→数据分析",调出"数据分析"对话框,选择

"移动平均"选项(如图 8-19 所示);

(3) 在"移动平均"对话框中,"输入区域"输入 $B$2：$B$21,"间隔"可以选择 3 或 5,本例中选择 3。"输出区域"为 $C$1,单击"确定"按钮。得到三项移动平均时间数列(如图 8-20 所示)。

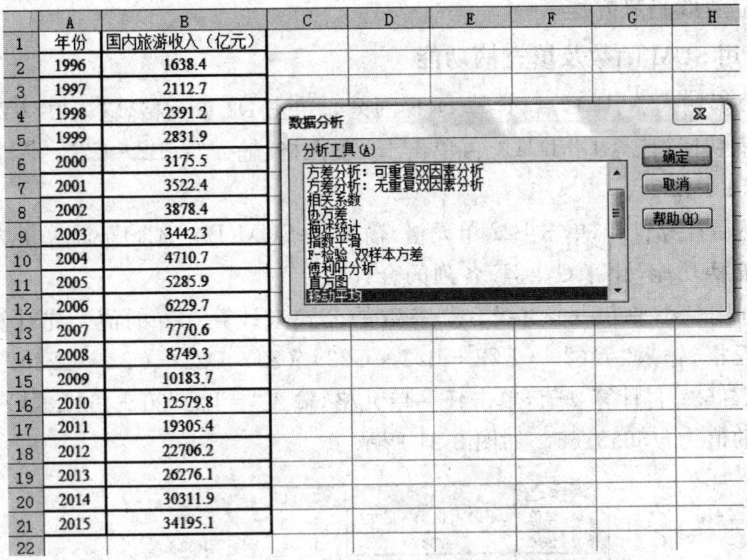

	A	B	C	D	E	F	G	H
1	年份	国内旅游收入（亿元）						
2	1996	1638.4						
3	1997	2112.7						
4	1998	2391.2						
5	1999	2831.9						
6	2000	3175.5						
7	2001	3522.4						
8	2002	3878.4						
9	2003	3442.3						
10	2004	4710.7						
11	2005	5285.9						
12	2006	6229.7						
13	2007	7770.6						
14	2008	8749.3						
15	2009	10183.7						
16	2010	12579.8						
17	2011	19305.4						
18	2012	22706.2						
19	2013	26276.1						
20	2014	30311.9						
21	2015	34195.1						
22								

数据分析

分析工具(A)

方差分析: 可重复双因素分析
方差分析: 无重复双因素分析
相关系数
协方差
描述统计
指数平滑
F-检验 双样本方差
傅利叶分析
直方图
移动平均

确定
取消
帮助(H)

图 8-19 分析工具对话框

	A	B	C
1	年份	国内旅游收入（亿元）	
2	1996	1638.4	
3	1997	2112.7	2047.4333
4	1998	2391.2	2445.2667
5	1999	2831.9	2799.5333
6	2000	3175.5	3176.6
7	2001	3522.4	3525.4333
8	2002	3878.4	3614.3667
9	2003	3442.3	4010.4667
10	2004	4710.7	4479.6333
11	2005	5285.9	5408.7667
12	2006	6229.7	6428.7333
13	2007	7770.6	7583.2
14	2008	8749.3	8901.2
15	2009	10183.7	10504.267
16	2010	12579.8	14022.967
17	2011	19305.4	18197.133
18	2012	22706.2	22762.567
19	2013	26276.1	26431.4
20	2014	30311.9	30261.033
21	2015	34195.1	

图 8-20 移动平均结果

8.2.2 最小平方法

下面来介绍如何运用最小平方法来建立直线趋势方程,从而进行线性趋势分析。以表 8-1 中的国内旅游收入数据为例,可以判断该旅游收入的发展趋势近似于直线,因此可建立直线趋势方程。

1. 使用 SUM 函数及填充柄功能

(1) 数据输入 A,B,C 后,计算 D,E 两列。单击 D2 单元格,输入"=C2 * C2",并利用填充柄功能,计算 D3-D21。再单击 E2 单元格,输入"=B2 * C2",并利用填充柄功能,计算 E3-E21。

(2) 然后计算合计,单击 B22 单元格,输入"=SUM(B2:B21)",计算得 211297.2。并利用填充柄功能,计算 C,D,E 各列的合计数。

(3) 利用最小平方法求直线方程参数的公式来计算 a,b 的值。先计算 b 值,单击任一单元格,输入"=(20 * E22-B22 * C22)/(20 * D22-C22 * C22)",计算得 b 的值为 1544.62;再计算 a 值,单击任一单元格,输入"=B22/20-1544.62 * C22/20",计算得 a 的值为 -5653.65。如图 8-21 所示。

	A	B	C	D	E
1	年份	国内旅游收入 y(亿元)	t	t^2	yt
2	1996	1638.4	1	1	1638.4
3	1997	2112.7	2	4	4225.4
4	1998	2391.2	3	9	7173.6
5	1999	2831.9	4	16	11327.6
6	2000	3175.5	5	25	15877.5
7	2001	3522.4	6	36	21134.4
8	2002	3878.4	7	49	27148.8
9	2003	3442.3	8	64	27538.4
10	2004	4710.7	9	81	42396.3
11	2005	5285.9	10	100	52859
12	2006	6229.7	11	121	68526.7
13	2007	7770.6	12	144	93247.2
14	2008	8749.3	13	169	113740.9
15	2009	10183.7	14	196	142571.8
16	2010	12579.8	15	225	188697
17	2011	19305.4	16	256	308886.4
18	2012	22706.2	17	289	386005.4
19	2013	26276.1	18	324	472969.8
20	2014	30311.9	19	361	575926.1
21	2015	34195.1	20	400	683902
22	合计	211297.2	210	2870	3245792.7
23		1544.619699			
24		-5653.65			

图 8-21 最小平方法

所以,建立的国内旅游收入的直线趋势方程为 $y_t=-5653.65+1544.62t$。将不同年份的 t 值代入趋势方程,即可得出各年旅游收入的趋势值。若预测 2018 年的国内旅游收入,将 $t=23$ 代入趋势方程,即:

$$y_t=-5653.65+1544.62\times23=29872.61(亿元)$$

最小平方法计算量较大,有必要寻求最小平方法的简捷算法来拟合直线趋势方程并进行预测,可以当作练习进行操作。

2. 使用分析工具

(1) 打开 Excel 录入相关数据,作趋势直线图;

(2) 选中 A1:B21,执行菜单命令"插入→图表→散点图",然后单击"下一步"按钮;生成散点图(如图 8-14 所示);

(3) 选中散点图中的散点,单击右键,在菜单中选择"添加趋势线",在类型中选择"线性",单击"确定"按钮,生成图 8-22;

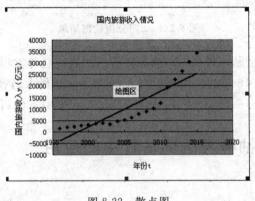

图 8-22　散点图

(4) 执行菜单命令"数据(或工具)→数据分析",调出"数据分析"对话框,选择"回归"选项,单击"确定"按钮;

(5) 在"回归"对话框中,Y 值输入区域为 $B$1:$B$21,X 值输入区域为 $C$1:$C$21。输出区域为 $D$1,并勾选上"标志"(也可不勾选),如图 8-23 所示;

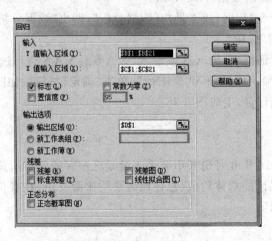

图 8-23　回归对话框

(6) 单击“确定”按钮,生成图 8-24。

	A	B	C	D	E	F	G	H	I	J	K	L
1	年份	国内旅游收入y（亿元）	t	SUMMARY OUTPUT								
2	1996	1638.4	1									
3	1997	2112.7	2	回归统计								
4	1998	2391.2	3	Multiple R	0.892325							
5	1999	2831.9	4	R Square	0.796244							
6	2000	3175.5	5	Adjusted R Square	0.784924							
7	2001	3522.4	6	标准误差	4749.292							
8	2002	3878.4	7	观测值	20							
9	2003	3442.3	8									
10	2004	4710.7	9	方差分析								
11	2005	5285.9	10		df	SS	MS	F	nificance F			
12	2006	6229.7	11	回归分析	1	1.59E+09	1.59E+09	70.34074	1.24E-07			
13	2007	7770.6	12	残差	18	4.06E+08	22555779					
14	2008	8749.3	13	总计	19	1.99E+09						
15	2009	10183.7	14									
16	2010	12579.8	15		Coefficien	标准误差	t Stat	P-value	Lower 95%	Upper 95%	下限 95.0%	上限 95.0%
17	2011	19305.4	16	Intercept	-5653.65	2206.196	-2.56262	0.019576	-10288.7	-1018.6	-10288.7	-1018.6
18	2012	22706.2	17	t	1544.62	184.1697	8.386939	1.24E-07	1157.694	1931.546	1157.694	1931.546
19	2013	26276.1	18									
20	2014	30311.9	19									
21	2015	34195.1	20									

图 8-24　回归分析输出结果

根据图 8-24 中结果,可以得出国内旅游收入的直线趋势方程为 $y_t=-5653.65+1544.62t$。若预测 2018 年的国内旅游收入,可将 $t=23$ 代入趋势方程,即:

$$y_{2018}=-5653.65+1544.62\times 23=29872.61(\text{亿元})$$

8.3　Excel 在抽样与区间估计中的应用

8.3.1　抽样分析

现从某市某个旅游景区里,随机抽取了 32 名旅客,并得到了 2016 年 6 月份的旅游消费支出数据,如表 8-3 所示。随后又从这 32 个数据中随机抽取 16 个数据构成一个样本。已知旅客的消费支出数据近似服从正态分布,计算样本数据的统计量。

1. 打开 Excel 输入数据(A2:A33)。

2. 执行菜单命令“数据(或工具)→数据分析”,调出“数据分析”对话框,选择“抽样”选项,单击“确定”按钮。

3. 在“抽样”对话框中,输入区域输入“$A$2:$A$33”,选择“随机”选项,定义样本数为“16”。输出区域输入“$B$2”,单击“确定”按钮。如图 8-25 所示。

4. 计算样本统计量,生成图 8-26。

8.3.2　区间估计

假定想了解 2016 年 6 月份某市某个旅游景区旅客的旅游消费支出情况,利用以上数据,可对这个景区的总体均值(总体旅客平均旅游支出)在置信度为 95%的情况下做相应的区间估计。

图 8-25　抽样对话框

	A	B	C	D
1	旅游消费支出			
2	1510	1520	列1	
3	1450	1490		
4	1480	1400	平均	1456.25
5	1460	1350	标准误差	19.29756
6	1520	1510	中位数	1465
7	1480	1460	众数	1400
8	1490	1320	标准差	77.19024
9	1460	1550	方差	5958.333
10	1480	1450	峰度	-0.32191
11	1510	1480	偏度	0.062339
12	1530	1610	区域	290
13	1470	1380	最小值	1320
14	1500	1400	最大值	1610
15	1520	1470	求和	23300
16	1510	1400	观测数	16
17	1470	1510	最大(1)	1610
18	1380		最小(1)	1320
19	1470		置信度(95.0%)	41.13178
20	1510			
21	1500			
22	1400			
23	1610			
24	1650			
25	1320			
26	1350			
27	1610			
28	1650			
29	1320			

图 8-26　样本统计量结果

1. 借助样本统计量及公式

图 8-26 为置信度 95% 的描述统计结果，根据总体均值的区间估计公式 $\bar{x}-t\sigma_{\bar{x}}\leqslant\bar{X}\leqslant\bar{x}+t\sigma_{\bar{x}}$，可以代入图中的平均数、标准差和置信度的值，估计总体均值。所以，总体均值的区间为 $[1456.25-1.96*77.19/4,1456.25+1.96*77.19/4]$，即：在 95% 的置信度下，旅客的平均旅游支出在 $[1418.43,1494.07]$ 之间。

2. 使用 CONFIDENCE 函数

可以直接使用 CONFIDENCE 函数求置信区间，其操作步骤如下：

（1）执行菜单命令"插入→函数"，调出"插入函数"对话框，选择统计函数类别，再选择"CONFIDENCE"函数，单击"确定"按钮。

（2）在弹出的"函数参数"对话框中，输入有关参数：$\alpha=1-0.95=0.05$，样本标准差 $s=77.19$，样本容量 $n=16$。单击"确定"按钮。如图 8-27 所示。

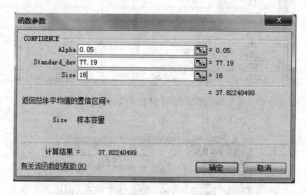

图 8-27　CONFIDENCE 函数对话框

（3）得到 $t\dfrac{\sigma}{\sqrt{n}}=37.82$，再用样本均值 $\bar{x}\pm t\dfrac{\sigma}{\sqrt{n}}$，即 1456.25 ± 37.82。因此，在 95% 的置信度下，旅客的平均旅游支出在 $[1418.43,1494.07]$ 之间。

8.4　Excel 在线性回归分析中的应用

8.4.1　一元线性回归分析

一个国家或地区的旅游收入通常受旅游人数、人均旅游支出等因素的影响。在表 8-1 中，国内旅游收入为因变量，设为 y；人均旅游支出为自变量，设为 x。试建立国内旅游收入与人均旅游支出的一元线性回归方程，并对回归方程进行拟合优度检验。假设 2018 年国内人均旅游消费支出为 1000 元，请根据已建立的方程预测 2018 年的国内旅游收入。（置信度为 $1-\alpha=95\%$）

1. 作相关图（散点图）

（1）打开 Excel 输入相关数据；

（2）执行菜单命令"插入→图表→散点图"，然后单击"下一步"按钮；

（3）在"数据区域"中选中 A1:B21，单击"下一步"按钮；

（4）在"图表标题"可描述为"国内旅游收入趋势"，x 轴数值可描述为"人均旅游支出 x"，y 轴数值可描述为"国内旅游收入 y"，单击"完成"按钮。生成图 8-28。

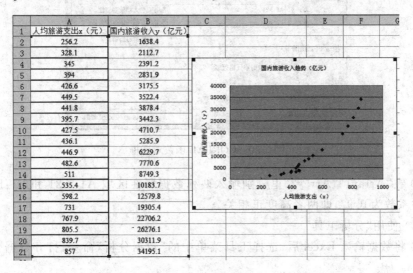

图 8-28　散点图

（5）选中散点图中的散点，单击右键，在菜单中选择"添加趋势线"，在类型中选择"线性"，单击"确定"按钮，生成图 8-29。

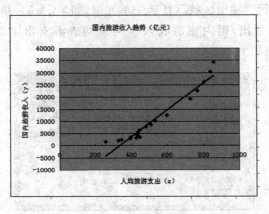

图 8-29　趋势直线图

2. 计算相关系数

（1）使用 CORREL 函数

① 执行菜单命令"插入→函数"，选择函数类别"统计"里的"CORREL"函数，打开相关系数 CORREL 函数对话框，如图 8-30 所示。

图 8-30　CORREL 函数对话框

② 在"Array1""Array2"里分别输入两列数据所在区域 A1：A21 和 B1：B21，即得相关系数为 0.97，即两者高度正相关。

（2）使用"分析工具"

① 将数据输入 Excel 后，选择工具菜单中的"数据分析"命令，打开数据分析对话框；

② 在分析工具列表框中，选择"相关系数"，点击"确定"按钮，显示出如图 8-31 所示的"相关系数"对话框；

③ 在输入框中指定输入参数。依次选中"输出区域"（＄A＄1：＄B＄21），"逐列""标志位于第一行""输出区域"（任选一单元格，如＄C＄3），单击"确定"按钮。如图 8-32 所示。可以看出，国内旅游收入 y 与人均旅游支出 x 之间的相关系数为 0.97，即两者高度正相关。

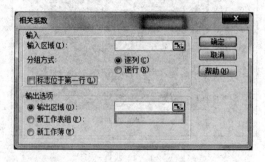

图 8-31　相关系数对话框

C	D	E
	人均旅游支出x（元）	国内旅游收入y（亿元）
人均旅游支出x	1	
国内旅游收入y	0.972121977	1

图 8-32　相关系数输出结果

3. 求解一元线性回归方程

通过 Excel 可以进行一元线性回归分析。具体步骤如下：

（1）选择工具菜单中的"数据分析"中"回归"选项，打开如图 8-33 所示"回归"对话框。

	A	B	C	D	E
1	国内旅游收入y（亿元）	人均旅游支出x（元）			
2	1638.4	256.2			
3	2112.7	328.1			
4	2391.2	345			
5	2831.9	394			
6	3175.5	426.6			
7	3522.4	449.5			
8	3878.4	441.8			
9	3442.3	395.7			
10	4710.7	427.5			
11	5285.9	436.1			
12	6229.7	446.9			
13	7770.6	482.6			
14	8749.3	511			
15	10183.7	535.4			
16	12579.8	598.2			
17	19305.4	731			
18	22706.2	767.9			
19	26276.1	805.5			
20	30311.9	839.7			
21	34195.1	857			

回归

输入
Y 值输入区域(Y): $A$1:$A$21
X 值输入区域(X): $B$1:$B$21
☑标志(L)　　□常数为零(Z)
□置信度(N)　95　%

输出选项
◉ 输出区域(O):　$C$3
○ 新工作表组(P):
○ 新工作薄(W)
残差
□残差(R)　　　　　□残差图(D)
□标准残差(T)　　　□线性拟合图(I)
正态分布
□正态概率图(N)

确定
取消
帮助(H)

图 8-33　回归对话框

（2）在"Y 值输入区域"设置因变量的输入区域，本例中为 A1:A21，在"X 值输入区域"设置自变量的输入区域，本例中为 B1:B21，选择"标志"，"置信度"根据要求选择，如 95％，"输出选项"根据个人爱好选择，对于一些特殊的回归模型，可以根据需要指定"常数为零"（即本书中的 $\alpha=0$）。

（3）指定输出选项。这里选择输出到"输出区域"，输入 C3，单击"确定"按钮，得到回归分析的计算结果，如图 8-34 所示。

可决系数 R^2 为 0.945，其统计含义是：在国内旅游收入的总变差中，有 94.5％可以由线性回归方程来解释；或者说，在国内旅游收入的变动中，有 94.5％可以由人均旅游支出因素解释，说明该回归方程的拟合程度较好。

综合上述计算结果，确定一元线性回归方程为：

SUMMARY OUTPUT					
回归统计					
Multiple R	0.972121977				
R Square	0.945021139				
Adjusted R Sq	0.941966758				
标准误差	2467.010836				
观测值	20				
方差分析					
	df	SS	MS	F	gnificance F
回归分析	1	1883043716	1.88E+09	309.3986	8.73E-13
残差	18	109550564.4	6086142		
总计	19	1992594281			
	Coefficients	标准误差	t Stat	P-value	Lower 95%Upper 95%下限 95.0%上限 95.0%
Intercept	-18302.96191	1731.404708	-10.5712	3.77E-09	-21940.5 -14665.4 -21940.5 -14665.4
人均旅游支出x	55.1138767	3.133298827	17.58973	8.73E-13	48.53106 61.69669 48.53106 61.69669

图 8-34　回归分析输出结果

$$\hat{y} = -18302.96 + 55.11x$$

其中,变量 x 的回归系数为 55.11,其统计含义是:在其他影响因素不变的条件下, 人均旅游支出每增加 1 元,国内旅游收入就平均增加 55.11 万元。

将 $x=1000$ 代入回归方程,得到 2018 年国内旅游收入的预测值为:

$$\hat{y} = -18302.96 + 55.11 \times 1000 = 36807.04(亿元)$$

8.4.2　多元线性回归分析

在表 8-1 中,国内旅游收入为因变量,设为 y;国内旅游人数为自变量,设为 x_1, 人均旅游支出为自变量,设为 x_2,建立国内旅游收入与国内旅游人数、人均旅游支出 的二元线性回归方程。假设 2018 年国内旅游人数为 550000 万人,人均旅游消费支 出为 1000 元,试根据已建立的方程预测 2018 年的国内旅游收入。(置信度为 $1-\alpha=95\%$)

利用 Excel 进行多元线性回归模型估计与一元线性回归的方法相同。在回归模 型中,"X 值输入区域"可同时存放多个自变量,形成一个多"列"的方式。每一列存放 一个自变量的数据,即是多元回归分析。需要注意的是,作为回归模型自变量的各个 变量,要以相邻的方式安排在 Excel 数据表中。

① 选择工具菜单中的"数据分析"中"回归"选项,打开如图 8-35 所示的"回归" 对话框。

② 在"Y 值输入区域"设置因变量的输入区域,本例中为 A1:A21,在"X 值输入 区域"设置自变量的输入区域,本例中为 B1:C21,选择"标志","置信度"根据要求选 择,如 95%,"输出选项"根据个人爱好选择,对于一些特殊的回归模型,也可以根据 需要指定"常数为零"。

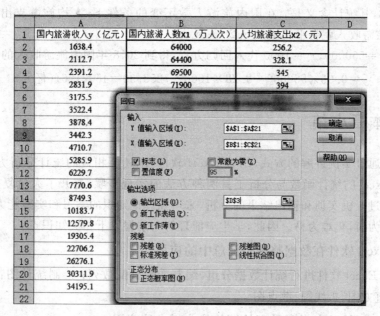

图 8-35   回归对话框

③ 指定输出选项。这里选择输出到"输出区域",输入 D3,单击"确定"按钮,得到回归分析的计算结果。如图 8-36 所示。

SUMMARY OUTPUT					
回归统计					
Multiple R	0.990618384				
R Square	0.981324783				
Adjusted R Squ	0.979127699				
标准误差	1479.509649				
观测值	20				
方差分析					
	df	SS	MS	F	mificance F
回归分析	2	1955382151	9.78E+08	446.6487	2.02E-15
残差	17	37212129.65	2188949		
总计	19	1992594281			
	Coefficients	标准误差	t Stat	P-value	Lower 95% Upper 95% 下限 95.0% 上限 95.0%
Intercept	-7258.385154	2183.884993	-3.32361	0.00402	-11866 -2650.79 -11866 -2650.79
国内旅游人数X1	0.080567947	0.014015079	5.748662	2.36E-05	0.050999 0.110137 0.050999 0.110137
人均旅游支出X2	8.278531958	8.361066475	0.990129	0.335996	-9.36178 25.91884 -9.36178 25.91884

图 8-36   回归分析输出结果

根据上述结果,可得到二元线性回归方程为

$$\hat{y} = 0.08x_1 + 8.28x_2 - 7258.39$$

其中,变量 x_1 的回归系数为 0.08,其统计含义是:在人均旅游支出不变的条件下,国内旅游人数每增加 1 万人,国内旅游收入就平均增加 0.08 万元。变量 x_2 的回归系数为 8.28,其统计含义是:在国内旅游人数不变的条件下,人均旅游支出每增加 1 元,国内旅游收入就会平均增加 8.28 万元。

将 $x_1=550000$,$x_2=1000$ 代入回归方程,得到 2018 年国内旅游收入的预测值为
$$\hat{y}=0.08\times550000+8.28\times1000-7258.39=45021.61(\text{亿元})$$

8.5 本章小结

本章通过实例讲解的方式,结合 Excel 软件,阐述了相应的统计分析方法,详细给出了 Excel 的统计函数与分析工具两种方法的实现步骤,避开了大量复杂的公式计算。通过上机实训和输出结果的分析,来增强理论知识的学习和实践能力的培养,做到化繁为简,化难为易。因此,学生应能理解与掌握以下相关知识点:

1. Excel 软件在数据整理与汇总中的应用

运用 Excel 软件进行统计数据分组,编制变量分配数列;绘制统计图:条形图、饼形图、直方图、折线图、散点图。

2. Excel 软件在时间数列长期趋势分析中的应用

运用 Excel 软件进行三项移动平均、五项移动平均以及通过最小平方方法对时间数列进行分析与预测。

3. Excel 软件在抽样与区间估计中的应用

运用 Excel 软件进行抽样分析,获得样本数据的统计量;利用样本数据的描述统计量进行总体均值的区间估计。

4. Excel 软件在相关与回归分析中的应用

运用 Excel 软件进行线性相关关系的测定、寻找拟合度较高的一元或多元线性回归方程并根据需要进行相应的预测。

8.6 练习题

1. 根据某班级 50 名学生统计学课程的考试成绩(例 2-8),编制组距式变量分配数列。

2. 某车间有 30 名工人,每人看管机器数量的资料如表 8-4 所示。

表 8-4 30 名工人看管机器数量　　　　单位:台

5	4	2	4	3	4	3	4	4	5
4	3	4	2	6	4	4	2	5	3
4	5	3	2	4	3	6	3	5	4

要求：（1）根据以上资料，编制频数分布表；

（2）绘制每人看管机器数量的频数分布直方图和频数分布折线图。

3. 某车间同工种的 50 名工人完成个人生产定额百分比如表 8-5 所示。

表 8-5　50 名工人个人生产定额

97	88	123	115	119	128	112	134	117	108
105	110	107	127	120	126	125	128	102	118
103	87	115	114	111	124	129	99	100	103
92	95	113	126	107	104	108	119	127	105
101	100	116	120	110	106	98	132	121	109

要求：（1）根据以上资料，编制频数分布表；

（2）根据频数分布表绘制直方图；

（3）根据累计频数分布表绘制折线图。

4. 根据某石油企业某年的石油销售量（例 4-27），分别计算 3 月移动平均和 5 月移动平均。

5. 根据某服装企业 2012—2017 年的产量资料（例 4-22），用最小平方法拟合直线趋势方程，并预测 2020 年的产量。

6. 根据某企业在 2016—2017 年各季度产值（第 4 章练习题中的计算题 10），用最小平方法建立直线趋势方程，并预测 2018 年第三季度的产值。

7. 某制造厂质量管理部门希望估计本厂生产的 5500 包原材料的平均重量，抽出 250 包，测得平均重量 65 千克。总体标准差 15 千克，总体为正态分布（例 6-3）。要求：在置信度为 95% 的条件下建立这种原材料的置信区间。

8. 假定保险公司从投保人中随机抽取 36 人，得到其年龄数据如表 8-6 所示。

表 8-6　36 名投保人年龄

23	35	39	27	36	44
36	42	46	43	31	33
42	53	45	54	47	24
34	28	39	36	44	40
39	49	38	34	48	50
34	39	45	48	45	32

若总体方差未知，要求：在置信度为 95% 的条件下建立投保人年龄的置信区间。

9. 研究结果表明受教育时间与个人的年薪之间呈正相关关系，研究人员搜集了不同行业在职人员的有关受教育年数和年薪的数据（第 7 章练习题中的计算题 2）。

要求：（1）做出散点图，并说明变量之间的关系；

(2) 建立回归直线方程；

(3) 当受教育年数为 15 年时，试对其年薪进行预测。（置信度为 $1-\alpha=95\%$）

10. 学生在期末考试之前用于复习的时间（单位：小时）和考试分数（单位：分）之间是否有关系？为研究这一问题，一位研究者抽取了由 8 名学生构成的一个随机样本（例 7-1），并以考试分数 y 为因变量，以复习时间 x 为自变量。

要求：(1) 计算复习时间和考试分数之间的相关系数；

(2) 建立一元线性回归方程，并对回归方程进行拟合优度检验；

(3) 假设某学生在期末考试之前复习时间为 38 小时，请根据已建立的方程预测其考试分数。（置信度为 $1-\alpha=95\%$）

11. 某超市组织人员收集了各个营业点某周六的销售额、该营业点营业面积及所花费的促销费用等信息。通过研究分析认为，影响该超市销售额的主要因素有营业面积和促销费用，从而可以为今后的决策提供必要的帮助。现搜集有关数据如表 8-7 所示。

表 8-7　某超市各营业点资料

营业点编号	营业面积 x_1/百平方米	促销费用 x_2/万元	销售额 y/万元	营业点编号	营业面积 x_1/百平方米	促销费用 x_2/万元	销售额 y/万元
1	1.2	0.8	2	11	3	2.5	28
2	1.5	1	2.5	12	2.6	2.5	22
3	1.3	2.2	5	13	4	4	41
4	1.3	2	5	14	3.5	4.1	42
5	1.5	2	10	15	3.5	4	44
6	1.5	2.3	10	16	3.5	4.3	45
7	2	2.5	22	17	5.5	4.5	48
8	2.5	2.5	22	18	5	4.4	46
9	2	2.4	21	19	6	4	47
10	2	2.6	21	20	7	4.1	48

要求：试确定销售额对营业面积和促销费用的线性回归方程，并说明回归参数的经济含义。（置信度为 $1-\alpha=95\%$）

$$F(x) = \int_{-\infty}^{x} \frac{1}{\sqrt{2\pi}} e^{-\frac{t^2}{2}} dt$$

	0.00	0.01	0.02	0.03	0.04	0.05	0.06	0.07	0.08	0.09
0.0	0.5000	0.5040	0.5080	0.5120	0.5160	0.5199	0.5239	0.5279	0.5319	0.5359
0.1	0.5398	0.5438	0.5478	0.5517	0.5557	0.5596	0.5636	0.5675	0.5714	0.5753
0.2	0.5793	0.5832	0.5871	0.5910	0.5948	0.5987	0.6026	0.6064	0.6103	0.6141
0.3	0.6179	0.6217	0.6255	0.6293	0.6331	0.6368	0.6406	0.6443	0.6480	0.6517
0.4	0.6554	0.6591	0.6628	0.6664	0.6700	0.6736	0.6772	0.6808	0.6844	0.6879
0.5	0.6915	0.6950	0.6985	0.7019	0.7054	0.7088	0.7123	0.7157	0.7190	0.7224
0.6	0.7257	0.7291	0.7324	0.7357	0.7389	0.7422	0.7454	0.7486	0.7517	0.7549
0.7	0.7580	0.7611	0.7642	0.7673	0.7704	0.7734	0.7764	0.7794	0.7823	0.7852
0.8	0.7881	0.7910	0.7939	0.7967	0.7995	0.8023	0.8051	0.8078	0.8106	0.8133
0.9	0.8159	0.8186	0.8212	0.8238	0.8264	0.8289	0.8315	0.8340	0.8365	0.8389
1.0	0.8413	0.8438	0.8461	0.8485	0.8508	0.8531	0.8554	0.8577	0.8599	0.8621
1.1	0.8643	0.8665	0.8686	0.8708	0.8729	0.8749	0.8770	0.8790	0.8810	0.8830
1.2	0.8849	0.8869	0.8888	0.8907	0.8925	0.8944	0.8962	0.8980	0.8997	0.9015
1.3	0.9032	0.9049	0.9066	0.9082	0.9099	0.9115	0.9131	0.9147	0.9162	0.9177
1.4	0.9192	0.9207	0.9222	0.9236	0.9251	0.9265	0.9279	0.9292	0.9306	0.9319
1.5	0.9332	0.9345	0.9357	0.9370	0.9382	0.9394	0.9406	0.9418	0.9429	0.9441
1.6	0.9452	0.9463	0.9474	0.9484	0.9495	0.9505	0.9515	0.9525	0.9535	0.9545
1.7	0.9554	0.9564	0.9573	0.9582	0.9591	0.9599	0.9608	0.9616	0.9625	0.9633
1.8	0.9641	0.9649	0.9656	0.9664	0.9671	0.9678	0.9686	0.9693	0.9699	0.9706
1.9	0.9713	0.9719	0.9726	0.9732	0.9738	0.9744	0.9750	0.9756	0.9761	0.9767
2.0	0.9772	0.9778	0.9783	0.9788	0.9793	0.9798	0.9803	0.9808	0.9812	0.9817
2.1	0.9821	0.9826	0.9830	0.9834	0.9838	0.9842	0.9846	0.9850	0.9854	0.9857
2.2	0.9861	0.9864	0.9868	0.9871	0.9875	0.9878	0.9881	0.9884	0.9887	0.9890
2.3	0.9893	0.9896	0.9898	0.9901	0.9904	0.9906	0.9909	0.9911	0.9913	0.9916

	0.00	0.01	0.02	0.03	0.04	0.05	0.06	0.07	0.08	0.09
2.4	0.9918	0.9920	0.9922	0.9925	0.9927	0.9929	0.9931	0.9932	0.9934	0.9936
2.5	0.9938	0.9940	0.9941	0.9943	0.9945	0.9946	0.9948	0.9949	0.9951	0.9952
2.6	0.9953	0.9955	0.9956	0.9957	0.9959	0.9960	0.9961	0.9962	0.9963	0.9964
2.7	0.9965	0.9966	0.9967	0.9968	0.9969	0.9970	0.9971	0.9972	0.9973	0.9974
2.8	0.9974	0.9975	0.9976	0.9977	0.9977	0.9978	0.9979	0.9979	0.9980	0.9981
2.9	0.9981	0.9982	0.9982	0.9983	0.9984	0.9984	0.9985	0.9985	0.9986	0.9986
3.0	0.9987	0.9987	0.9987	0.9988	0.9988	0.9989	0.9989	0.9989	0.9990	0.9990
3.1	0.9990	0.9991	0.9991	0.9991	0.9992	0.9992	0.9992	0.9992	0.9993	0.9993
3.2	0.9993	0.9993	0.9994	0.9994	0.9994	0.9994	0.9994	0.9995	0.9995	0.9995
3.3	0.9995	0.9995	0.9995	0.9996	0.9996	0.9996	0.9996	0.9996	0.9996	0.9997
3.4	0.9997	0.9997	0.9997	0.9997	0.9997	0.9997	0.9997	0.9997	0.9997	0.9998
3.5	0.9998	0.9998	0.9998	0.9998	0.9998	0.9998	0.9998	0.9998	0.9998	0.9998
3.6	0.9998	0.9998	0.9999	0.9999	0.9999	0.9999	0.9999	0.9999	0.9999	0.9999
3.7	0.9999	0.9999	0.9999	0.9999	0.9999	0.9999	0.9999	0.9999	0.9999	0.9999
3.8	0.9999	0.9999	0.9999	0.9999	0.9999	0.9999	0.9999	0.9999	0.9999	0.9999
3.9	1.0000	1.0000	1.0000	1.0000	1.0000	1.0000	1.0000	1.0000	1.0000	1.0000

部分练习题参考答案

第1章 绪论

一、单选题

1～5：CABAC   6～7：DB

二、判断题

1～5：×√×××   6～10：×××√√   11～14：√×√√

三、简答题(略)

四、思考题(略)

第2章 统计数据的搜集与整理

一、单选题

1～5：DCDBD   6～10：BABBA   11～15:DDDCC   16～20：CACAD

二、多选题

1. ABEF   2. ABE   3. BDE   4. BCD   5. ABCDE   6. ABE

三、判断题

1～5：√√×××   6～10：×√×××

四、计算题(略)

第3章 统计数据的描述性分析

一、单选题

1～5：BDBBB   6～10：BADCC   11～15：ABDCB

二、判断题

1～5：××××√   6～10：××√××   11～15：×××××

三、计算题

1. 合格率 $x = \dfrac{合格品数量\ xf}{全部产品数量\ f}$ 产品平均合格率 $\bar{x} = \dfrac{\sum xf}{\sum f} = \dfrac{5740}{6000} = 95.67\%$

2. 因为 $\dfrac{(190+250+609)/3}{\left(\dfrac{190}{95\%}+\dfrac{250}{100\%}+\dfrac{609}{105\%}\right)}=101.84\%$

所以 $\dfrac{(180\times190+250\times12+609\times15)/3}{(190+250+609)/3}=14.83(元/件)$

3. 2016 年产量计划增长的百分数：10%。

4. 2017 年计划销售量：528 万件；销售量计划完成程度：104.55%。

5. 2017 年销售额计划完成程度：107.14%。

6. 不合理；因为时间已经过去 9 个月了，即时间过去 75%，但项目进度才 72%，即 72%<75%，因此，为了按时完成该项目，需要加快进度。

7. 该公司销售额 5 年计划完成程度：116.15%；提前完成的时间：1 个季度。

8. 该公司销售额 5 年计划完成程度：124.62%；提前完成的时间：2 个季度。

9. 工资的众数：4440 元；工资的中位数：4325 元。

10. 工资的四分位差：1383.12 元。

11. (1) 以职工人数为权数计算职工的平均工资：4040 元；

(2) 以各组职工人数所占的比重为权数计算职工的平均工资：4040 元。

12. 甲、乙两个企业的平均单位成本分别为：15.43 万元/件、14.7815.43 万元/件。从平均单位成本来看，乙企业比甲企业好。

13. 略。

14. 该企业工资的平均差：23；标准差：$\sqrt{535804}$。

15. (1) 甲、乙两村的平均亩产分别为：248 千克/亩、249 千克/亩。乙村的平均亩产高。

(2) 略。

第 4 章 时间数列

一、单选题

1~5：DBCAD   6~10：DBBCA   11~15：BADCC   16~20：ADABB

二、多选题

1. BDE   2. ABCD   3. AE   4. BCE   5. CD

三、判断题

1~5：×××√√   6~10：√×√√×   11~15：√√×××

四、计算题

1. 略。

2. 151(辆)。

3. 28(人)。

4. 56.34%。

5. (1) 4 月劳动生产率＝22 件/人；5 月劳动生产率＝20 件/人；6 月劳动生产率＝18 件/人。

(2) 19.79 件/人。

(3) 59.34 件/人。

6. 第三季度商品流转次数是 106.09；第三季度平均月商品流转次数是 35.36。

7. 略。

8. 略。

9. 略。

10. $y = 133.75 + 4.8t$；2018 年第三季度产值为 196.15 万元。

11. 略。

12. 四个季度的季节指数依次是：81.58%，112.16%，136.84%，68.42%。

第 5 章 统 计 指 数

一、单选题

1～5：BABAB   6～10：AADAC   11～15：CDBDB   16～21：CCABBB

二、多选题

1. ABCE   2. CE   3. CEF   4. ABC   5. AB   6. BD   7. AC

8. BDE   9. BC   10. BCD

三、判断题

1～5：√√√×√   6～10：××××√

四、简单题（略）

五、计算题

1. 99.7%。

2. 112.2%。

3. 0.89%。

4. $\overline{K}_p = \dfrac{249900}{268000} = 93.2\%$；$\Delta_p = 249900 - 268000 = -18100$ 元。

$\overline{K}_q = \dfrac{\sum q_1 p_0}{\sum q_0 p_0} = \dfrac{268000}{136200} = 196.8\%$；

$\Delta_q = \sum q_1 p_0 - \sum q_0 p_0 = 268000 - 136200 = 131800$ 元。

5. $\overline{K}_q = \dfrac{1816}{1404} = 129.3\%$；$\Delta_q = 1816 - 1404 = 412$ 元。

销售量增长了 29.3%，使销售额增加了 412 元。

价格下降了 30.1%，使销售额减少了 546 元。

销售额总指数 $\overline{K}=\dfrac{1270}{1404}=90.5\%$。

销售额变动的绝对值 $\Delta=1270-1404=-134$ 元。

$\overline{K}_p=\dfrac{1270}{1816}=69.6\%$；$\Delta_p=1270-1816=-546$ 元。

相对分析：$\overline{K}=\overline{K}_q\times\overline{K}_p=129.3\%\times69.9\%=90.5\%$；

绝对分析：$\Delta=\Delta_q+\Delta_p=412+(-546)=-134$ 元。

根据以上分析，促销活动使日均销售额降低 9.5%，减少了 134 元，虽然销售量增长 29.3% 使销售额增加 412 元，但不足以抵消价格下降 30.1% 所导致的销售额的减少。

6.（1）销售额变动分析

说明销售额在报告期比基期增长了 24.01%，增加的具体销售额数值为 67 万元。

（2）销售物价的变动

说明在销量不变的情况下，原材料单价在报告期比基期提高了 14.70%，导致销售额数值增加了 44.35 万元。

（3）销售量的变动

说明在销售单价不变的情况下，销售量在报告期比基期提高了 8.12%，导致销售额数值增加了 22.65 万元。

7.（1）单位成本个体指数：$p_A=110\%$，$p_B=105\%$，$p_C=80\%$。

说明在产量不变的情况下，单位成本在报告期比基期降低了 4.5%，导致总成本降低了 26.36 万元。

（2）总成本的变动

说明总成本在报告期比基期降低了 6.67%，降低的具体销售额数值为 40 万元。

（3）产量的变动

以上分析表明，产量降低 2.27%，导致总成本降低 13.64 万元，产品单位成本降低 4.5%，导致总成本降低 26.36 万元，两者共同作用使总成本下降了 6.67%，绝对额为 40 万元。

第6章　抽样分布与参数估计

一、单选题

1~5：ABCAC　　　6~10：CBCDB　　　11~15：CDADA　　　16~20：ADDBC

二、判断题

1~5：×√××√　　　6~10：√√√××　　　11~15：×√√√√

16~20：××××√　　　21~24：××√√

三、简答题(略)

四、计算题

1. 在 95% 的置信度下,全乡平均每户年纯收入的区间为 [11608,12392] 元。

2. (1) 点估计值为 $\bar{x}=150.3$ 克;

(2) 在 95.45% 的置信度下,该批茗茶平均每包重量所在区间为 [150.12,150.48]。

3. 在 95.45% 的置信度下,该批电子管平均寿命所在区间为 [4488,4512]。

4. 在 95% 的置信度下,该地区全部农户拥有彩色电视机的比例所在区间为 [67.34%,76.16%];若允许误差不超过 0.02,至少应抽取 1947 户。

5. (1) 在 99.73% 的置信度下,50000 条轮胎平均寿命所在区间为 [1.37,1.49];

(2) 在 99.73% 的置信度下,使用寿命在 1.6 万千米以上轮胎数所在区间为 [8%,32%]。

6. 在 99.73% 的置信度下,该厂废品率所在区间为 [0.68%,3.32%]。

7. 至少应抽取 73 户家庭。

8. 至少抽取 118 千克原材料。

9. 至少应抽取 900 个单位。

10. 在 95.45% 的置信度下,1000 箱内全部废品率所在区间为 [1.68%,1.96%]。

第7章　相关与回归分析

一、单选

1~5:BBDAD　　6~10:DBADA　　11~15:BACAB　　16~21:CBCDCA

二、多选

1. CDE　　2. ABC　　3. ACE　　4. ACE　　5. ABCD

6. ABCD　　7. BCD　　8. ADE　　9. AB　　10. AE

三、判断题

1~5:×√√√×　　6~10:×√×××

四、简答题(略)

五、计算题

1. (1) $\hat{y}=0.0093+0.316x$;

(2) $\hat{y}=0.0093+0.316\times16=5.065$ 亿元。

2. (1) $\hat{y}=-2.01+0.732x$;

(2) $\hat{y}=-2.01+0.732\times15=8.97$ 万元。

3. (1) $r=-0.909$;

(2) $\hat{y}=35.77-0.45x$;

(3) 33.7 元。

4. $\hat{y}=21.49+5.93x$。

参 考 文 献

[1] 张梅琳.应用统计学[M].上海：复旦大学出版社，2012.

[2] 郭思亮,等.统计学：方法与运用——以 Excel 为分析工具[M].成都：西南交通大学出版社，2014.

[3] 贾俊平,等.统计学[M].北京：中国人民大学出版社，2014.

[4] 杜欢政,宁自军.统计学[M].北京：科学出版社，2013.

[5] 吴建荣,林锐.市场调查与分析[M].成都：四川大学出版社，2016.

[6] 宋旭光.统计学[M].大连：东北财经大学出版社，2012.

[7] 黄小艳.统计学[M].重庆：重庆大学出版社，2015.

[8] 米娟.统计学[M].北京：科学出版社，2012.

[9] 潘鸿,张小宇,吴勇民.统计学[M].北京：科学出版社，2015.

[10] 胡宝珠.统计学[M].北京：科学出版社，2011.

[11] 李洁明,祁新娥.统计学[M].北京：科学出版社，2010.

[12] 袁卫,庞皓,曾五一,贾俊平.统计学[M].北京：科学出版社，2009.